U0148081

新文京開發出版股份有限公司
NEW WCDP
新世紀・新視野・新文京 — 精選教科書・考試用書・專業參考書

New Wun Ching Developmental Publishing Co., Ltd.

New Age · New Choice · The Best Selected Educational Publications — NEW WCDP

主編

新常態下的 兩岸

RESEARCH INTO
CROSS-STRAIT RELATIONS

吳瑟致

關係 研究

編著者

趙文志・洪耀南・吳瑟致・林展暉・吳建忠
王智盛・招名威・陳亮智・王國臣・林威志

（依章節順序）

國家圖書館出版品預行編目資料

新常態下的兩岸關係研究/趙文志, 洪耀南, 吳瑟致,
　林展暉, 吳建忠, 王智盛, 招名威, 陳亮智, 王國臣,
　林威志編著；吳瑟致主編. -- 初版. -- 新北市：
　新文京開發出版股份有限公司, 2024.02
　　面；　公分

　ISBN　978-626-392-004-0（平裝）

　1.CST：兩岸關係　2.CST：文集

573.09　　　　　　　　　　　　　　　112022920

新常態下的兩岸關係研究　　　　　　（書號：ST25）

主　　　　編	吳瑟致
編　著　者	趙文志　洪耀南　吳瑟致　林展暉　吳建忠 王智盛　招名威　陳亮智　王國臣　林威志
出　版　者	新文京開發出版股份有限公司
地　　　址	新北市中和區中山路二段 362 號 9 樓
電　　　話	(02) 2244-8188（代表號）
Ｆ　Ａ　Ｘ	(02) 2244-8189
郵　　　撥	1958730-2
初　　　版	西元 2024 年 02 月 15 日

掌握全球—識讀中國—透視兩岸

國際與兩岸情勢變化迅速，國際間的俄烏戰事、以巴衝突以及美中兩強競爭等因素，以及中共習政權的「定於一尊」權力結構與燃燒民族主義的歷史任務，不僅牽動兩岸關係，影響國際局勢從全球化到民主陣營與專制陣營的衝突與競合，這些都是過去兩岸關係著作未及提出，又是影響中國大陸與兩岸關係發展關鍵變數。

兩岸關係發展跌宕起伏，從李登輝總統、陳水扁總統、馬英九總統、蔡英文總統以及即將展開任期的賴清德總統，不同階段時期，中共對臺政策也呈現明顯差異，而相應的，從而發展相應的中華民國臺灣的兩岸政策，目前中共領導人習近平，與其前輩江澤民、胡錦濤，其對臺政策相當不同，如何維持兩岸關係和平穩定，不僅是臺灣總統大選的攻防焦點，更是國際矚目的地緣要衝，更是攸關臺灣生存發展的重要顯學，對生活在臺灣這塊土地的人，也是國民應知的知識與基本常識。

臺灣經過三次政黨輪替，中國大陸也歷經毛、鄧、江、胡與習等五代領導人的不同階段治理，兩岸情勢劇變、領導人事更迭，影響兩岸政策延續與變動，因此沒有一成不變的兩岸關係，也沒有一貫到底的兩岸政策。面對變動不居的國際與兩岸情勢，以及因應複雜、敏感、微妙而關鍵的兩岸關係，此時此刻，亟需一套與時俱進與兼顧理論與實務的教材，就成為識讀中國大陸與兩岸關係不可缺的教科書與入門工具書。

在吳瑟致博士費盡苦心積極籌畫，邀集國內最傑出研究國際關係與兩岸事務的優秀俊彥，共同撰擬《新常態下的兩岸關係研究》，於 2024 年本書終於隆重上市，相信可滿足社會大眾與莘莘學子理解與認識兩岸關係變遷的發展脈絡，同時增補最

新的國際與兩岸不可或缺的必要資訊，強化讀者對全球民主陣營與專制陣營對抗競合國際趨勢最新情勢，以及中共習政權下中國大陸最新政治經濟社會發展以及對臺政策，都有精彩詳實分析，同時有系統重新歸納兩岸關係史演變，更是提供兩岸關係初學者最基礎的入門之作。

對本書問世要恭喜吳瑟致等十位學者的集體努力有成，期許可藉再版重刷之際，持續增補修潤，為國人提供最新形勢識讀中國與兩岸關係發展的優質教科書。

財團法人海峽交流基金會祕書長
前大陸委員會副主任委員
邱垂正　於淡水

　　全球情勢丕變，臺灣民主政治發展也有新的里程碑，這都是影響兩岸關係的重要因素。然而中國的內政發展也和過去有所不同，中共二十大開始，習近平取得改革開放以來前所未有的第三任期，全面掌權後也會牽動著中共對臺政策。

　　兩岸交流也影響著兩岸關係的發展，2022 年國臺辦主任宋濤上任後，積極推動「兩岸大交流」，全國政協主席王滬寧也將 2023 定為兩岸「民主協商元年」，這意味著中共對臺政策扣緊著習近平所提出的「一國兩制臺灣方案」，未來對臺「軟硬兼施」將更具「精準性」的統戰作為。然而，兩岸官方互動卻呈現持續停擺的跡象，兩會（海基會、海協會）的角色與作用也受到一定程度的限制，該如何重構溝通將考驗著兩岸領導人的智慧及路線。

　　展望未來的兩岸情勢，「新常態」下的兩岸關係，除了需以過去經驗來積累，也必須正視當前局勢的變化，才能擘劃具前瞻性的發展藍圖，在「維持現狀」的思維下，兩岸關係鑲嵌在全球形勢發展，我們應進一步思考，臺灣的主體性該如何走進全球的同時，國內要擬具共識來攜手讓臺灣走向對的路，以及和國際社會並肩而行。兩岸各自有內部的政治邏輯，是複雜的因素讓每個環節都極具重要性，這是需要理性、實務及學理的討論。

　　兩岸關係不只是現況的時事議題，也是需要學術研究腦力激盪的辯證，與時俱進的知識分享與觀點交集，是本書編輯的宗旨，為兩岸關係提出創新的發想，以此勉勵參與本書撰寫的專家學者。

吳瑟致　謹識

編著者簡介 AUTHORS

主編
暨編著者

吳瑟致

現職｜臺北海洋科技大學通識教育中心助理教授
學歷｜國立政治大學國家發展研究所博士
經歷｜海基會顧問
　　　臺灣智庫中國問題研究中心主任
　　　兩岸政策協會研究員
　　　復興廣播電臺「兩岸脈動」節目主持人
　　　光華之聲「兩岸進行式」節目主持人
　　　新頭殼專欄作家
　　　中央廣播電臺專欄作家

編著者
（依章節順序）

趙文志

現職｜國立中正大學戰略暨國際事務研究所教授
學歷｜國立政治大學國家發展研究所博士
經歷｜國立中正大學戰略暨國際事務研究所所長
　　　國立成功大學東南亞研究中心特邀研究員
　　　雲林縣政府兩岸事務小組委員

洪耀南

現職｜淡江大學外交系中國大陸研究所專任助理教授
　　　中國一帶一路研究學會理事長
學歷｜文化大學國家發展與中國大陸研究所博士
經歷｜政治大學預測市場研究中心執行長

編著者簡介

林展暉

現職 | 民主進步黨中央黨部中國事務部研究員
　　　逢甲大學通識教育中心兼任助理教授
學歷 | 國立臺灣大學國家發展研究所法學博士
經歷 | 民進黨社會運動部副主任
　　　財團法人商業發展研究院董事長特助
　　　立法院立委國會辦公室主任

吳建忠

現職 | 中華民國空軍官校通識教育中心副教授
學歷 | 臺灣師範大學政治學研究所博士
經歷 | 臺北海洋科技大學專任副教授
　　　東吳大學政治系兼任副教授

王智盛

現職 | 中央警察大學國境警察學系助理教授
　　　中華亞太菁英交流協會祕書長
學歷 | 國立臺灣大學國家發展研究所博士
經歷 | 國立金門大學海洋與邊境管理學系助理教授
　　　澳門科技大學行政管理學院客座教授
　　　復興廣播電臺「兩岸脈動」節目主持人
　　　行政院大陸委員會研究員

招名威

現職｜中原大學生物科技系教授
　　　臺灣教授協會理事
　　　美國毒理學會認證專家
學歷｜美國羅格斯大學毒理學博士
經歷｜麻省理工學院博士後研究員
　　　中原大學科教中心主任
　　　中原大學奈米中心副主任
　　　肽研生醫創辦人
　　　未來新藥科學顧問

陳亮智

現職｜國防安全研究院國防戰略與資源研究所副研究員
學歷｜美國加州大學河濱分校政治學博士
經歷｜國防安全研究院國防戰略與政策研究所助理研究員
　　　私立環球科技大學公共事務管理研究所專任助理教授
　　　國立中正大學戰略暨國際事務研究所「專案」助理教授
　　　2019年美國華府智庫全球臺灣研究所(GTI)短期訪問學者

王國臣

現職｜中華經濟研究院第一研究所助研究員
學歷｜國立政治大學國家發展研究所博士
經歷｜淡江大學外交與國際關係學系兼任助理教授
　　　中央研究院政治學研究所博士後研究員

林威志

現職｜臺北海洋科技大學助理教授
　　　臺灣智庫諮詢委員
　　　新臺灣國策智庫諮詢委員
　　　臺灣經濟研究院顧問
學歷｜臺灣師範大學政治所博士
　　　淡江大學中國大陸研究所碩士

目錄 CONTENTS

編著者　趙文志

CHAPTER
01

兩岸關係史

第一節　前　言

　　兩岸關係是一段不同於國際社會分裂國家的關係發展。在國際上最引人注目的分裂國家案例是過去的東、西德與現在的南、北韓。這兩個案例中，不管是東、西德還是南、北韓，彼此在互動與發展過程中，雖然有時充滿敵意，有時充滿善意，但都有一個共同點就是兩個案例四個國家都認為雙方最終必將統一。然而，兩岸關係發展與上述案例並不相同。不同的地方在於，一方面南、北韓，東、西德都是聯合國會員國，彼此也都承認對方是一個國家，但兩岸之間從過去不承認對方是一個國家，轉變為中華民國政府承認中華人民共和國的存在，但中華人民共和國政府卻仍不承認中華民國的存在，只把中華民國政府視為臺灣地區的地方政府。因此，中華民國就在中華人民共和國反對與阻撓下無法重返聯合國成為聯合國會員；另一方面，南北韓、東西德都存在彼此最終將會統一的想法（只不過是誰統一誰的差異而已），但兩岸雙方從過去都認為兩岸最終將會統一的認知，逐漸轉變成為中華人民共和國仍然認為兩岸最終將會統一，但在臺灣的中華民國內部不同政黨與民意卻對此一議題已經有了不同選項與看法，包括兩岸維持現狀、臺灣獨立與兩岸統一等各種不同想法與觀點，統一不再是唯一的選項。這樣的差異，也讓兩岸關係成為國際社會獨特的案例，這也凸顯出兩岸關係的複雜性以及目前要對兩岸關係進行討論與論述的挑戰性。

　　兩岸關係的發展經歷了不同階段、不同的外部環境變化與不同的人、事、物。如何對於兩岸關係發展的歷史，進行系統性與簡要性的梳理，以給大學部同學能夠對兩岸關係發展過程描繪出一幅完整圖像，進而讓同學有一完整的認識，是本章的主要目的。本章主要是從我國的視角出發去論述兩岸關係的發展過程，以歷任總統任期作為主要時間區隔，來描繪兩岸關係的變遷並輔以中國大陸的反應與政策作為以呈現兩岸關係的動態過程。[1]需要特別說明的是，這當中，本文將蔣介石與蔣經國兩位總統放在一起梳理，其主

---

[1] 本文對於兩岸關係以總統作為階段區分並不會提到嚴家淦任職總統時期。因為在當時的政治環境，嚴家淦總統基本上並無實權，整個權力重心在蔣中正總統兒子蔣經國身上，嚴家淦實為一位虛位元首，是一位準備要將權力轉移到蔣經國的過渡時期總統，且在當時其任內，兩岸關係並無重大變化，因此，本文並不談論嚴家淦總統時期的兩岸關係，也一併特此說明。

要原是一方面兩位總統採取的大陸政策與作為具有一貫性與連結性；另一方面，此時期兩岸關係在兩位蔣總統一致性大陸政策下，並沒有產生重大轉折，因此放在一起談論較為妥適。此外，在本文第三節中共二十大（中國共產黨第二十次全國代表大會）前後兩岸政治關係，本章的處理方式是以蔡英文總統任期作為論述的時間範圍，主要原因在於蔡總統上任時是習近平就任的期間，特別是二十大的召開確定了習近平打破中共領導人兩任十年任期的慣例下，這讓蔡總統直到卸任為止，中國領導人都仍是由習近平擔任，基於習近平對臺政策是具有一定程度連慣性，也因此對於第三節中共二十大兩岸政治關係的論述會以蔡總統任期作為時間範圍的劃分，也一併說明。

第二節　兩岸關係變遷史

　　兩岸關係的起源要從 1949 年當時的中華民國國民黨政府因為與中國共產黨（簡稱中共）內戰失敗撤退到臺灣開始起算。一方面中國共產黨在北京成立「中華人民共和國」並實質控制中國大陸；另一方面，中國國民黨則將整個中華民國政府遷至臺灣，並實質控制臺澎金馬，維持動員戡亂政策，並以「反攻大陸」作為主要施政目標，雙方各自在當時都宣稱代表整個中國，擁有中國主權。這樣的分立狀況開始了兩岸複雜的關係史。

一、蔣介石總統時期至蔣經國總統時期（1948 年～1988 年）：軍事對峙與法統的競爭

（一）蔣介石總統時期：軍事衝突與法統的競爭

　　由於此時期國民黨政府在中國大陸對中國共產黨的戰爭失利，被迫將中華民國中央政府遷到臺灣，與此同時中國共產黨（以下稱中共）在 1949 年 10 月 1 日宣布成立中華人民共和國，並宣稱中華民國已是一個滅亡政權，由中華人民共和國繼承中國法統，同時也將使用武力解放臺灣，將臺灣納入「新中國」。也因此，在此時期毛澤東開啟對臺灣的解放戰爭，雙方發生激烈軍事衝突。就在 1949 年 10 月 1 日成立中華人民共和國後，中共軍隊（亦稱

中國人民解放軍）第三野戰軍第 10 兵團於同月 15 日攻取廈門。在占領廈門後，中共在 25 日出動近萬名部隊渡海進犯金門，在古寧頭、壠口一帶登陸，雙方發生激烈戰鬥，經過三天浴血奮戰，戰爭於 27 日結束，我方總共有 1200 多人陣亡，1900 多人受傷，中共軍隊則有 4000 多人陣亡，5000 多人被我方俘虜，史稱「古寧頭戰役」。此戰役對於中華民國來說至關重要，也是臺灣免於被中共「解放」的關鍵戰役，讓中華民國政權得以轉危為安。[2]

在經過將近四年平靜期，中共於 1954 年 9 月 3 日突然再度向金門發動砲擊，我方亦予以還擊，此後雙方你來我往間歇性的相互攻擊。到了 1955 年 1 月 18 日共軍對浙江一江山島進行陸、海、空三軍聯合作戰，1 月 20 日，我軍失去該島，由於一江山島是大陳島的屏障，隨著一江山島失守，政府隨即進行撤離大陳島軍隊與民眾的行動，並由美國第七艦隊協助，將約兩萬八千名的軍人與一般民眾帶離大陳島，軍人部分移防到金門與馬祖等地，民眾則前往臺灣。至此，中華民國政府實質控制的領土只剩臺澎金馬等島嶼。

1958 年 8 月 23 日，中國人民解放軍再度集結數百門大砲於當日下午五點三十分同時向大、小金門、大擔、小擔等島，進行密集性的砲擊，在短短八十五分鐘內共發射了三萬多發砲彈，試圖以密集火力拿下金門。中共此舉讓美國下令所屬第七艦隊布防臺灣，並提供十二門八吋砲給我方在金門使用，國軍自此開始扭轉我方在攻擊火力上的劣勢。砲戰持續到 1959 年 1 月 7 日，總計中國人民解放軍向金門等地砲擊的數量超過四十萬枚。[3]

---

[2] 蔡東杰、洪銘德、李玫憲，圖解兩岸關係（臺北：五南圖書公司，2017 年），頁 4。陳偉寬，「古寧頭戰役海空軍作戰之研究」，海軍學術雙月刊，第 53 卷第 6 期（2019 年 12 月），頁 7。(6-22)

[3] 1958 年 10 月 5 日，中華人民共和國國防部長彭德懷宣布，「基於人道立場，對金門停止砲擊 7 天」，讓金門軍民「得到充分補給」。解放軍以砲彈封鎖金門進入打打停停、半打半停的外交政治為主，軍事手段為輔的新階段。1958 年 10 月 25 日，彭德懷發布《再告臺灣同胞書》，宣布「雙日停火」且單日也不一定砲擊，即「單打雙不打」。後期著重封鎖海運線，以圍困金門。「八二三 2 小時被轟 5 萬砲！金門撐過 20 年「單打雙不打」歲月」，**ETtoday 新聞雲** https://www.ettoday.net/news/20180823/1240304.htm#ixzz7vuaben5R，2023 年 3 月 14 日下載。薛化元，「八二三砲戰及其歷史意義」，**吳三連臺灣史料基金會**，2001 年 8 月 20 日，http://www.twcenter.org.tw/thematic_series/history_class/tw_window/e02_20010820，2023 年 3 月 14 日下載。

隨後，由於中國大陸內部在毛澤東推動一系列政治改造運動與鬥爭：生產大躍進、人民公社以及長達十年的文化大革命，再加上，1969 年 3 月中國與蘇聯在烏蘇里江的珍寶島發生軍事衝突，1971 年林彪墜機身亡、1976 年毛澤東、周恩來去世、批鄧（小平）運動、批四人幫運動與 1978 年倒華（國鋒）運動，以至於使中國大陸無力對臺灣使用武力。[4]也至此，海峽兩岸就沒有再發生過大規模軍事衝突，但雙方軍事對峙在此期間仍然持續。

然而，除了軍事衝突與對峙外，海峽兩岸雙方也同時在聯合國場域進行中國代表權的法統競爭。中國共產黨認為其已推翻國民黨建立的中華民國，成立中華人民共和國。因此，中國在國際社會的代表權與中國主權已由中華人民共和國繼承，中華民國在國際組織的席位理應由中華人民共和國取代。然而，遷至臺灣的中華民國政府卻認為，中國共產黨是叛亂組織，其所建立的中華人民共和國是「偽政權」，「竊據」大陸國土，在臺灣的中華民國仍然存在，只是「暫時」將中華民國政府遷至臺灣，待「反攻大陸」成功後，「將來」有一天仍會把中華民國政府遷回中國大陸。

也因此，在雙方軍事衝突之外，彼此也在國際場合較勁。1950 年 1 月，中華人共和國透過當時蘇聯向聯合國提案，要求驅逐當時中國在聯合國的代表中華民國政府，改由中華人民共和國政府取得聯合國席位以及擔任安全理事會常任理事國。當時中華民國在美國協助下，成功阻止中華人民共和國進入聯合國的要求。

然而，隨著時空環境的轉變，1971 年美國也開始改變立場，尋求與中華人民共和國關係正常化並不再排斥中華人民共和國進入聯合國。當時美國在聯合國提出替代方案，希望以雙重代表權方案，解決中華民國與中華人民共和國在聯合國席位的方式，同意在維持中華民國席位下，中華人民共和國加入聯合國。然而當時中華民國總統蔣介石並不同意，在「漢賊不兩立」政策下，中華人民共和國政府加入聯合國前，宣布「退出」聯合國。

除此之外，邦交國的競爭也同時展開。中華人民共和國成立之時，首先承認並建立正式外交關係的是當時的蘇聯，隨後是蘇聯控制的其他附庸國與

---

[4] 邵宗海，兩岸關係：兩岸共識與兩岸歧見（臺北：五南圖書公司，1998 年），頁 43。

北韓等國與中華人民共和國建交。中國大陸在進入聯合國之後，以中國合法政府自居，並設法減少中華民國的邦交國數目，所有與中華人民共和國建交的國家，都必須與中華民國斷交。在蔣介石總統任內，就有超過一百個國家與中華人民共和國建交而與中華民國斷交。

　　總體來說，在蔣介石總統任內，兩岸關係發展是軍事衝突與法統競爭同時並存，一開始既在外交場域上彼此競爭「誰代表中國正統」與邦交國關係，同時也持續發生軍事上的直接衝突。[5]不過在 1958 年八二三砲戰之後，雙方軍事衝突開始大幅減少，轉為軍事對峙以及法統競爭同時存在，此時雙邊關係仍呈現敵對狀態，雙方攻防焦點轉向外交與中華民國正統地位的維護。

（二）蔣經國總統時期：對峙走向交流的兩岸關係

　　進入到蔣經國總統時期初期，兩岸仍維持著蔣介石總統時期的緊張態勢，一方面雙方仍維持軍事對峙，另一方面在外交與政治場域上的鬥爭越加激烈。首先在軍事上，雖然隨著八二三砲戰結束，雙方直接軍事衝突已經大幅減少，但彼此之間的軍事備戰與緊張情勢卻絲毫沒有減緩。臺灣方面仍然以「反攻大陸」作為所有建軍備戰的核心目標，一切以「光復大陸國土」作為軍事動員的方向；同樣的，此時中國大陸對臺軍事準備也仍以「解放臺灣」做為核心目標。

　　不過隨著文化大革命結束、四人幫倒臺，鄧小平「復出」，中國大陸「解放」臺灣方略產生變化，除了不放棄以武力解決臺灣問題之外，也進一步提出「和平統一」的對臺政策。在 1978 年 12 月 18 日至 12 月 22 日在北京舉行的中國共產黨第十一屆中央委員會第三次全體會議上（簡稱十一屆三中全會），確立了中共對臺政策將以「和平統一」為主，「武力解決」為輔的基調。此外，在 1979 年元旦，中國大陸全國人民代表大會常務委員會發布「告臺灣同胞書」，宣布自即日起停止對金門等島嶼砲擊，並且呼籲兩岸商談結束雙方軍事對峙狀態，並且希望在創造安全環境的前提下，促進兩岸之間通郵、通航、通商以及人民之間文化、觀光、學術、體育、探親與工藝的

---

[5]　邵宗海，兩岸關係（臺北：五南圖書公司，2007 年），頁 7。

交流。[6]1983 年 6 月 26 日，鄧小平進一步提出中國大陸對於提出解決臺灣問題的六條方針最新構想（俗稱鄧六條），被視為是對臺灣統戰手段「一國兩制」的最初原始構想。鄧小平表示：「祖國統一後，臺灣可以自治，臺灣特別行政區可以有自己的獨立性，可以實行同大陸不同的制度。司法獨立，終審權不須到北京。臺灣還可以有自己的軍隊，只是不能構成對大陸的威脅。大陸不派人駐臺，不僅軍隊不去，行政人員也不去。臺灣的黨、政、軍等系統，都由臺灣自己來管。中央政府還要給臺灣留出名額。」[7]

　　面對對岸提出結束雙方敵對狀態並進行兩岸之間通郵、通航、通商以及人民之間文化、觀光、學術、體育、探親與工藝交流的訴求與提議，蔣經國總統提出「不接觸、不談判、不妥協」的「三不」政策作為回應，其發表聲明指出「中華民國不論在任何情況下，絕對不與中共政權交涉，並且絕對不放棄光復大陸、解救同胞的神聖任務。這個立場絕不會變更。」同時蔣經國總統還提醒國人中共的統戰伎倆，他表示：「國人必須提高警覺，洞悉共黨統戰伎倆。共黨最近在達成與美建交的野心之後，又處心積慮地對我發動統戰，諸如提出『祖國統一』的口號，廣播暫停炮戰。都是惡毒的故作姿態，國人應冷靜地不予理會。共黨的統戰居心……我們絕不能信，也不能上當。」隨後，我方政府也發布各種命令禁止兩岸之間商務與貿易往來，包括禁止外籍商船直接往返兩岸之間的港口、臺灣廠商不得與中國大陸直接貿易、禁止廠商直接或間接將產品銷往中國大陸或進口中國大陸商品以及禁止旅客私自攜帶中國大陸藥品返臺。[8]

---

[6] 邵宗海，兩岸關係：兩岸共識與兩岸歧見（臺北：五南圖書公司，1998 年），頁 47。告臺灣同胞書的全文請見，「1979 年 1 月 1 日《中華人民共和國全國人大常委會告臺灣同胞書》發表」，**中國共產黨新聞網**，http://cpc.people.com.cn/BIG5/64162/64165/76621/76622/5230336.html，2023 年 4 月 10 日下載。

[7] 鄧小平在 1982 年 1 月 11 日會見美國華人協會主席李耀滋時提出一國兩制的說法：「九條方針是以葉劍英副主席的名義提出來的，實際上就是『一個國家，兩種制度。』兩種制度是可以允許的。」在 1983 年 6 月 26 日會見美國新澤西州西東大學楊力宇教授時進一步說明了一國兩制的內涵，詳細內容請見「"和平統一、一國兩制"基本方針的形成和主要內容」，**中國共產黨新聞網**，http://cpc.people.com.cn/BIG5/64107/65708/65722/4444475.html，2023 年 5 月 10 日下載。

[8] 高長，大陸經濟與兩岸經貿（臺北：五南圖書公司，2020 年），頁 241。余杰，「蔣經國快來開除馬英九的黨籍和國籍」，**Yahoo 新聞**，2015 年 11 月 11 日，https://tw.stock.yahoo.com/news/%E8%94%A3%E7%B6%93%E5%9C%8B%E5%BF%AB%E4%BE%86%E9%96%8B%E9%99%A4%E9%A6%AC%E8%8B%B1%E4%B9%9D%E7%9A%84%E9%BB%A8%E7%B1%8D%E5%92%8C%E5%9C%8B%E7%B1%8D-%E4%BD%99%E6%9D%B0-094605301.html，2023 年 5 月 10 日下載。。

隨著時空環境變化，一方面由於對岸已正式停止對金門島嶼砲擊；另一方面，臺灣內部經濟發展，帶來社會變遷，讓執政的國民黨政府改變過去蔣介石總統時期的大陸政策。在 1981 年中國國民黨召開「十二全」，會中通過「貫徹以三民主義統一中國案」。此案通過，表示著蔣經國政府對大陸政策已經由過去蔣介石時期「以武力反攻中國大陸」，改為「以政治反攻中國大陸」。這使得兩岸關係，因此步入了不再武力相向、不再緊張對峙但改為對對方進行政治攻勢的時期。[9]

此時期，雙方展開政治的攻防，蔣經國政府一方面仍維持「三不政策」，雙方不僅在經貿不相互往來，在政治上更是持續「漢賊不兩立」的原則，一旦任何與北京建交的國家，中華民國政府也立即與之斷交；另一方面，蔣經國政府仍持續不斷強調中華民國為唯一中國合法政府的正統性，並以「三民主義統一中國」作為政治訴求，進行著與對岸的政治攻防。

到了蔣經國總統晚期，過去隨著國民黨撤退來臺灣的老兵開始訴求希望能回中國大陸探親，進而進行一連串的請願活動，積極施壓政府開放老兵返鄉探親，這讓蔣經國政府在維持近十年「三不政策」後，終於決定 1987 年 11 月 2 日開放民眾赴中國大陸探親。[10]這也標示著「三不政策」開始進行調整，兩岸關係也進入一個不同於過去「老死不相往來」的局面。

二、李登輝總統時期（1988 年～2000 年）：和緩走向衝突的兩岸關係

隨著蔣經國總統在 1988 年過世，李登輝繼任總統，兩岸關係開啟了新的篇章。蔣經國總統時期的「三不政策」逐步開始改變與調整。首先就是執政黨國民黨在 1988 年 7 月「十三全」通過「中國國民黨現階段大陸政策」案，並在同年 8 月行政院成立任務編組的「大陸工作會報」，協調各主管機關處理有關大陸事務。[11]這意味著李登輝政府不再堅守過去兩位蔣總統「漢

[9] 趙守博，「趙守博觀點：海峽風雲急，兩岸關係何去何從？」，**風傳媒**，2020 年 7 月 6 日，https://www.storm.mg/article/2816602?page=3，2023 年 5 月 10 日下載。

[10] 「交流半甲子・兩岸創雙贏—「兩岸交流 30 週年展覽」側記」，**海基會**，2020 年 8 月 16 日，https://www.sef.org.tw/article-1-129-4788，2023 年 5 月 10 日下載。

[11] 「大陸政策與工作」，**陸委會**，https://www.mac.gov.tw/cn/News_Content.aspx?n=9223A12B5B31CB37&sms=35FA2C4073CF4DFB&s=25E0B5C0E91BFCE1，2023 年 5 月 10 日下載。

賊不兩立」與「三不政策」，逐步朝著開放與交流方向前進，因此需要相關機制與組織處理未來日益增加的兩岸交流所可能衍生的事務。

　　1988 年李登輝政府開始開放臺商赴中國大陸投資，1989 年開放兩岸民眾間接通話及改進信件寄送手續。1990 年代兩岸關係進一步進入交流協商的加速階段，李登輝總統於 1990 年 5 月 20 日第八任總統就職演說時宣示了展開交流互動的意願，其表示：「如中共當局能推行民主政治及自由經濟、放棄在臺灣海峽使用武力，不阻撓我們在一個中國前提下開展對外關係，則我們願以對等地位建立雙方溝通管道、全面開放學術、文化、經貿與科技交流。」同年六月李登輝政府召開「國是會議」，做出「功能性的交流從寬、政治談判從嚴」，並以專責的政府機關和授權的民間中介機構處理兩岸關係的決議。此外，李總統也在 1990 年 10 月 7 日邀集朝野各黨及社會各界人士於總統府成立「國家統一委員會」研商制訂「國家統一綱領」，[12]作為臺灣方面新的大陸政策指導綱領。

　　礙於兩岸仍互不承認對方政府，但隨著兩岸交流開放，有關兩岸交流事務性議題日漸增多且需要協商，同時在「國是會議」的決議建議下，李登輝政府於 1990 年 11 月成立「財團法人海峽交流基金會」（簡稱海基會）負責兩岸事務性協商工作。同時李登輝政府為了強化大陸政策的決策功能及工作推動的效率，訂定「行政院大陸委員會組織條例」，並經立法院於 1991 年 1 月 18 日三讀通過，並由總統於同月 28 日公布施行，過去行政院成立任務編組的「大陸工作會報」正式轉型成為法治機關「大陸委員會」，正式成為政府統籌處理大陸事務的專責機關，相關事務型的協商與談判則仍委由海基會進行。同年度（1991 年）5 月 1 日，政府也進一步終止動員戡亂時期，並廢止《動員戡亂時期臨時條款》，不再將視中國共產黨為叛亂組織，以便為兩岸交流互動提供環境與條件。1992 年 9 月我方政府進一步公布實施《臺灣地區與大陸地區人民關係條例》（簡稱兩岸關係條例），作為規範臺灣與中國大陸之間相關事務的法律基礎，為海峽兩岸的交流，建立了必要法律機制。[13]

---

[12]　「大陸政策與工作」，**陸委會**，https://www.mac.gov.tw/cn/News_Content.aspx?n=9223A12B5B31CB37&sms=35FA2C4073CF4DFB&s=25E0B5C0E91BFCE1，2023 年 5 月 10 日下載。

[13]　趙守博，「趙守博觀點：海峽風雲急，兩岸關係何去何從？」，**風傳媒**，2020 年 7 月 6 日，https://www.storm.mg/article/2816602?page=3，2023 年 5 月 10 日下載。

　　中國大陸為了回應我國政府大陸政策的轉變，也在 1988 年 10 月中成立「國務院臺灣事務辦公室」（簡稱國臺辦）並在 1991 年 12 月成立海峽兩岸關係協會（簡稱海協會），作為海基會的對口單位。[14]之後兩岸為了文書驗證與掛號函件等事宜，海基會於 1992 年 10 月與中國大陸海協會在香港展開協商。由於中國大陸方面提出「一個中國」政治性議題，認為雙方協商是一個國家內部事務，需在「一個中國原則」下展開，應先就「一個中國」議題達成共識納入協議；然而在臺灣方面表示反對後，中國大陸仍建議雙方應該就「一個中國」有所表述，於是雙方對於「一個中國」各自提出了不同的表示方案，但卻都無法獲得雙方認可。中國大陸代表因此先行離開香港，造成此次會談中斷。我方海基會於 1992 年 11 月 3 日建議雙方各自以口頭聲明方式表達。同年 11 月 3 日，中國大陸海協會電話表示同意接受這樣的建議，11月 16 日在函覆海基會的函件上表示，「對於海基會已經徵得臺灣有關方面的同意，『以口頭聲明方式各自表達』，表示『充分尊重並接受貴會建議』。」[15]

　　事後媒體以「一個中國、各自表述」去描述當時雙方往來協商過程，但此時並沒有所謂的「共識」一說。而「九二共識」一詞，則是曾任陸委會主委的蘇起先生於 2000 年時為了描述當時雙方往來過程中對於雙方接受對「一個中國」內涵由各自以口頭聲明方式表達，所創立的名詞。蘇起先生表示他的用意是，以「回到九二共識」取代「一個中國」的爭執，至於「九二共識」的內容則各自解釋。[16]然而這樣一個創造的名詞，卻已經成為臺灣主要政黨之間爭執的焦點：是否有「九二共識」的存在？針對臺灣內部這個爭

---

[14] 蔡東杰、洪銘德、李玫憲，**圖解兩岸關係**（臺北：五南圖書公司，2017 年），頁 8。「IV. 大陸對臺政策與工作」，陸委會，https://www.mac.gov.tw/cn/News_Content.aspx?n=5654361B474B8EFF&sms=35FA2C4073CF4DFB&s=FA6ECE41C9EF8A2F，2023 年 5 月 10 日下載。

[15] 陸委會印製九二共識摺頁說明，請見**陸委會**網站，https://ws.mac.gov.tw/001/Upload/OldFile/public/MMO/MAC/%E6%91%BA%E9%A0%81-%E4%B8%AD(%E5%AE%9A%E7%A8%BF%E7%89%88).pdf。蔡東杰、洪銘德、李玫憲，**圖解兩岸關係**（臺北：五南圖書公司，2017 年），頁 118。

[16] 海協會這樣的回覆顯然是同意雙方各自以口頭方式表述出各自對一個中國的立場與看法。然而，這並非雙方同時簽字的協議，但在雙方往來文書當中，中國大陸海協會在給臺灣海基會的傳真信件中確實有提到表示「充分尊重並接受」臺灣方面的建議。其在「『一個中國，各自表述』共識的史實」這本書寫的序表示：「因為憂慮兩岸前景，希望能創造某個模糊概念，讓兩岸能在『一個中國』問題上解套，本人曾在二○○○年四月脫離公職前夕，創造『九二共識』這一個新名詞，企圖避開『一個中國』的四個字，並涵蓋兩岸各黨的主張」。請見該書序言，蘇起、鄭安國編，**一個中國，各自表述』共識的史實**（臺北：翰蘆圖書出版公司，2003）。

執，事實上，中國大陸也並非一開始就承認「九二共識」一詞，甚至否認有「九二共識」，只承認「一個中國」原則，而是直到 2005 年連戰前副總統訪問中國大陸與當時中共總書記胡錦濤會面，中國大陸官方才正式認可「九二共識」並將「九二共識」作為兩岸關係交往與互動的前提。[17]

在雙方同意以口頭方式各自表述「一個中國」原則後，海協會於 1992 年 11 月底函文給海基會表達希望進行進一步磋商，其表示：「海峽兩岸公證書使用問題的商談，已經取得重要進展，我會建議及早繼續進行商談，就辜汪會晤進行磋商」。隔年(1993) 3 月，海協會進一步正式發函給海基會，建議雙方負責人（海協會會長汪道涵與海基會董事長辜振甫）直接進行會面，並在兩岸擇一地點進行預備性磋商。我方陸委會則發表聲明表示將此次會面定位為：「兩岸政府正式授權之民間中介團體高層負責人會面，性質為事務性與功能性，不涉及政治問題」。[18]在經過兩次預備性磋商後，海協會會長汪道涵與海基會董事長辜振甫兩位先生，於 1993 年 4 月 27 日於新加坡海皇大廈舉行第一次正式會面並在經過會談後，達成並簽署「兩岸公證書使用查證協議」、「兩岸掛號函件查詢、補償事宜協議」、「兩會聯繫與會談制度協議」，以及「辜汪會談共同協議」等四項協議。[19]

在兩岸氛圍持續和緩的情況下，時任中國共產黨總書記的江澤民在 1995 年 1 月 30 日中共中央臺辦與國臺辦發表新春談話時，除了重申鄧小平時期「一國兩制」的主張外，還提出八點政策（江八點）作為中國大陸當時兩岸關係發展，「推進祖國和平統一進程」的主張，包括：堅持一個中國原則，是實現和平統一的基礎與前提；對於臺灣同外國發展民間性經濟文化關係不持異議；進行海峽兩岸和平統一談判；努力實現和平統一，中國人不打中國人；大力發展兩岸經濟交流與合作；五千年燦爛文化，是維繫全體中國人的精神紐帶，也是實現和平統一的一個重要基礎；充分尊重臺灣同胞的生活方式和當家做主的願望，保護臺灣同胞一切正當權益；歡迎臺灣當局的領

---

[17] 「胡錦濤和連戰會談 就兩岸關係提出四點主張」，中華人民共和國中央人民政府網，2005 年 04 月 29 日，http://big5.www.gov.cn/gate/big5/www.gov.cn/ldhd/2005-04/29/content_9780.htm，2023 年 5 月 10 日下載。

[18] 蔡東杰、洪銘德、李玫憲，**圖解兩岸關係**（臺北：五南圖書公司，2017 年），頁 120。

[19] 蔡東杰、洪銘德、李玫憲，**圖解兩岸關係**（臺北：五南圖書公司，2017 年），頁 120-121。

導人以適當身分前來訪問；我們也願意接受臺灣方面的邀請前往臺灣。面對江澤民提出的八項主張，李登輝總統則是在同年 4 月 8 日以「李六條」回應：1.在兩岸分治的現實上追求中國統一。2.以中華文化為基礎，加強兩岸交流。3.增進兩岸經貿往來，發展互利互補關係。4.兩岸平等參與國際組織，雙方領導人藉此自然見面。5.兩岸均應堅持以和平方式解決一切爭端。6.兩岸共同維護港澳繁榮，促進港澳民主。[20]

　　然而，隨著李登輝總統訪問美國，讓兩岸關係發展急轉直下。1995 年 5 月 2 日，美國眾議院以 369 票對 0 票通過決議，要求美國國務院發給李登輝總統簽證，允許其以「私人身分」到美國進行訪問；同年 5 月 9 日，美國參議院也以 97 票對 1 票通過類似決議；這使得美國國務院只好正式同意李登輝總統來到美國進行「私人訪問」。於是李總統在同年 6 月 7 日抵達美國展開他的「私人訪問」，並在隔天前往其母校康乃爾大學(Cornell University)發表「民之所欲，常在我心」(Always in My Heart)的演說。由於李總統演說的內容提及「中華民國在臺灣」(Republic of China on Taiwan)，這讓中國大陸把李總統的演講視為是試圖在國際間製造「兩個中國」(two Chinas)。[21]因此，讓原本預計於 1995 年 7 月舉行的第二次辜汪會談，因為李登輝總統到美國康乃爾大學訪問，而中斷。同時中國大陸透過官媒抨擊李總統的訪美行程是「分裂祖國」的行動，並在 1995 年 7 月至 1996 年 3 月在臺灣週邊海域舉行跨軍種聯合作戰演習以及飛彈試射。[22]其中為了影響我國在 1996 年 3 月的總統大選，1996 年 3 月 5 日，中國大陸官媒新華社宣布解放軍將於 3 月 8 日至 15 日實施地對地飛彈演習，演習範圍僅距離我國基隆港約 21 海里、距高雄港約 32 海里，船隻與飛機被警告避免進入該演習區域。演習期間，中國解放軍總共發射 3 枚東風十五型飛彈，2 枚命中高雄港外海附近，距離臺灣南部海域僅 32 海里，第 3 枚飛彈命中基隆港附近，距離臺灣北邊海岸僅 22 海里，而距離臺北市僅 30 海里；13 日又發射 1 枚於高雄外海。除此之

[20] 「中國人不打中國人 『江八點』主導對臺政策」，聯合新聞網，2022 年 11 月 30 日，https://udn.com/news/story/123128/6805335，2023 年 5 月 10 日下載。

[21] 張廖年仲，守勢現實主義與冷戰後中共的安全政策（臺北：國立政治大學東亞研究所碩士論文，2005 年），頁 53-54。

[22] 蔡東杰、洪銘德、李玫憲，圖解兩岸關係（臺北：五南圖書公司，2017 年），頁 78。

外，中共又舉行了兩次大型的軍事演習：一次是 3 月 12 日至 20 日在東海與南海進行海空聯合實彈演習；另一次則是 3 月 18 日至 25 日在臺灣海峽進行陸、海、空聯合演習，地點為福建省平潭島附近區域。[23]中國大陸這樣的演習也迫使美國柯林頓政府派遣兩艘航空母艦戰鬥群到臺灣週邊海域進行巡航，以避免情勢失控（簡稱九六年臺海飛彈危機）。

　　雖然面對中國武力恫嚇，李登輝總統仍然順利當選，其也開始檢討我國的大陸政策。1996 年 9 月 14 日，李登輝總統在全國經營者大會上提出「戒急用忍」主張，之後並明確界定：「高科技、五千萬美金以上、基礎建設」三種投資應對大陸「戒急用忍」，以免臺灣喪失研發優勢以及資金過度失血。[24]這樣的政策顯然是李登輝政府對於中國大陸三月份一連串對臺灣文攻武嚇所做出的回應。陸委會即表示：「中共對臺灣仍存有強烈敵意，且不肯務實面對兩岸『分治』的現實，在政治、外交上對我不理性的打壓、封殺。在這種情況下，基於投資風險的考慮，我們有必要採取『戒急用忍』政策。」[25]

　　雖然兩岸在政治上的攻防你來我往，但事務性的協商也仍然持續在進行。一方面雙方受委託單位，持續對於兩岸交流議題，「非法入境」、「劫機犯」、「漁事糾紛」、「擴大寄送公證書副本種類」及「快捷郵件」等進行協商，對於「共同打擊犯罪」、「司法協助」、「智慧財產權」及「臺商保障」等議題交換意見；另一方面，在經過雙方數次磋商下，辜振甫與汪道涵兩位海基與海協會負責人，終於在 1998 年 10 月 14 日至 18 日上海再次見面並舉行會談，達成「雙方同意加強對話，以促成制度化協商的恢復」、「雙方同意加強推動兩會各層級人員交流活動」、「雙方同意就涉及人民權益之個案，積極相互協助解決」、「我方邀請汪道涵先生回訪，汪道涵先生同意在適當時機來

---

[23] 張廖年仲，守勢現實主義與冷戰後中共的安全政策（臺北：國立政治大學東亞研究所碩士論文，2005 年），頁 56。

[24] 「李登輝與戒急用忍」，李登輝基金會網站，2023 年 1 月 17 日，https://presidentlee.tw/%E6%9D%8E%E7%99%BB%E8%BC%9D%E8%88%87%E6%88%92%E6%80%A5%E7%94%A8%E5%BF%8D/ ，2023 年 5 月 10 日下載。

[25] 「戒急用忍政策說明」，陸委會網站，1999 年 3 月 1 日，https://www.mac.gov.tw/News_Content.aspx?n=AD6908DFDDB62656&sms=161DEBC9EACEA333&s=59EF4DC683BC6FAD，2023 年 5 月 10 日下載。

臺訪問」等共識。此外，辜振甫先生還前往北京與中國大陸領導人江澤民、錢其琛會面。[26]

　　就在雙方積極磋商汪道涵先生來臺灣訪問事宜之際，李登輝總統在 1999 年 7 月接受德國媒體「德國之聲」訪問時，針對兩岸關係議題，其提及：「中華民國從一九一二年建立以來，一直都是主權獨立的國家，又在一九九一年的修憲後，兩岸關係定位在特殊的國與國關係，所以並沒有再宣布臺灣獨立的必要。」[27]這樣的言論讓中國大陸高度不滿，認為李登輝總統在製造「兩國論」，意圖走向臺獨，也因此取消海協會會長汪道涵訪問臺灣計畫並暫停了海基與海協會對話交流機制，這也讓兩岸關係陷入的冰點。隨著 2000 年臺灣總統大選，民進黨籍的陳水扁當選，讓兩岸關係持續跌宕起伏。

三、陳水扁總統時期（2000 年～2008 年）：衝突、對抗的兩岸關係

　　2000 年 3 月 18 日民進黨籍的陳水扁當選中華民國總統，這樣一位具有臺獨意識形態的國家領導人與政黨取得中華民國執政權，對中國大陸、兩岸關係甚至美國來說都是一項新的考驗與挑戰。對中國大陸來說，民進黨一直以來就被定位成為一個臺獨政黨，因此如何應對民進黨籍陳水扁政府可能走向臺灣獨立的傾向以及如何和民進黨互動往來，都是一項艱難的工作。對美國來說，美國也不希望兩岸關係因為陳水扁總統的當選陷入緊張、衝突與對抗，甚至因此被捲入兩岸的對抗而被迫與中國發生衝突。陳水扁總統當選之初，也非常清楚他個人以及民進黨臺獨立場讓中國大陸以及美國高度關注其上任後的大陸政策與對兩岸關係的立場。因此，其在 520 就職演說中，提出「四不一沒有」的原則來消除中國大陸與美國的疑慮，他表示：「只要中共無意對臺動武，本人保證在任期之內，不會宣布獨立，不會更改國號，不會推動兩國論入憲，不會推動改變現狀的統獨議題公投，也沒有廢除國統綱領

[26] 「歷次會談」，財團法人海峽交流基金會，https://www.sef.org.tw/list-1-104，2023 年 5 月 10 日下載。

[27] 「李登輝為什麼提出「特殊的國與國關係」？」，工商時報，2020 年 7 月 31 日，https://ctee.com.tw/bookstore/selection/310620.html，2023 年 5 月 10 日下載。

與國統會的問題」[28]面對這樣的宣示，中國大陸還是認為陳水扁總統沒有回答關鍵問題：是否接受一個中國原則，但對陳水扁總統採取了「聽其言、觀其行」的態度。中共總書記江澤民在中共政治局擴大會議就表示要「認真觀察、耐心等待、不急不躁、保持高壓」。國臺辦則發表聲明表示：「臺灣當局新領導人既然表示不搞『臺獨』，就不應當附加任何條件；就更不應當否認一個中國、臺灣是中國一部分的現實，把一個中國說成是『未來』的。是否接受一個中國原則，是檢驗臺灣當局領導人是維護國家主權與領土完整，還是繼續頑固推行『臺獨』分裂政策的試金石。」[29]也因此，在陳總統就任初期，兩岸關係並沒有隨他的當選而惡化，然而兩岸關係雖沒有惡化，但卻也沒有改善的跡象。

　　為了緩和兩岸關係，陳總統持續拋出橄欖枝，在他就職滿週年訪問瓜地馬拉時，提出對新政府在處理兩岸關係的基本思維與方向：「新五不政策」，其中包括了：第一，對臺軍售、過境美國不是對中共的挑釁；第二，中華民國政府不會錯估、誤判兩岸情勢；第三，臺灣不是任何一個國家的棋子；第四，政府從來沒有放棄改善兩岸關係的誠意與努力；第五，兩岸關係不是零和關係。藉以凸顯臺灣在外交和兩岸關係的平衡戰略思考。[30]與此同時，面對「全球化」發展及兩岸加入世界貿易組織(WTO)的新情勢，同時考量提升企業全球競爭力的迫切需要，將兩岸經貿納入全球市場之一環，陳水扁政府認為已經不宜持續「戒急用忍」防堵投資大陸之消極作為。於是陳總統決定解除李登輝總統時代「戒急用忍」政策，並在 2001 年 11 月通過落實對中國大陸投資採取「積極開放、有效管理」的政策方針，一方面推動新的對中國投資審查機制，另一方面，建立兩岸資金流動的靈活機制，採取積極措施活絡資金匯回管道，試圖「有效管理」代替消極圍堵的經濟安全新策略。[31]

---

[28] 「中華民國第十任總統、副總統就職慶祝大會」，中華民國總統府網站，2000 年 05 月 20 日，https://www.president.gov.tw/NEWS/6742，2023 年 5 月 10 日下載。

[29] 蔡東杰、洪銘德、李玫憲，圖解兩岸關係（臺北：五南圖書公司，2017 年），頁 94。「中共中央臺辦、國務院臺辦受權就兩岸關係問題發表聲明」，中國中共中央臺辦、國務院臺辦網站，2000 年 05 月 20 日，http://www.gwytb.gov.cn/zt/zylszl/speech/location/201101/t20110123_1725685.htm，2023 年 5 月 10 日下載。

[30] 「陳水扁總統的『五不』和『新五不』」，民主進步黨網站，2002-12-31，https://www.dpp.org.tw/news/contents/3642，2023 年 5 月 10 日下載。

[31] 「『積極開放、有效管理』政策說明」，陸委會網站，https://www.mac.gov.tw/News_Content.aspx?n=AE7D888EFB4A10BA&sms=7BBB02645A537D41&s=34A141D5C0E1EF90，2023 年 5 月 10 日下載。

　　然而這一連串善意作為，中國大陸卻要陳水扁政府先確定認同「一個中國原則」，再進行接下來的交流合作與互動。然而，陳總統面對一個中國原則以及所謂「九二共識」，其採取的立場是，1992 年雖有討論「一個中國原則」，但沒有共識，是一個「沒有共識的共識」，其試圖透過「九二精神」來代替「九二共識」，展現當時對話、交流以及擱置爭議的情況，但這些論述都不為中國大陸所接受，也因此在都未能得到中國大陸善意的回應下，陳水扁政府開始對大陸政策進行調整。

　　2002 年陳水扁總統公開提出臺灣是一個主權獨立的國家，「臺灣與對岸中國，一邊一國，要分清楚」，2003 年在國慶演說當中，更是宣示要催生新憲法。這引起中國大陸高度不滿，一方面除了嚴詞批判陳水扁總統外，另一方面，中國大陸在 2005 年更制訂「反分裂國家法」，其中特別針對「臺獨」做出規定，其第八條：「『臺獨』分裂勢力以任何名義、任何方式造成臺灣從中國分裂出去的事實，或者發生將會導致臺灣從中國分裂出去的重大事變，或者和平統一的可能性完全喪失，國家得採取非和平方式及其他必要措施，捍衛國家主權和領土完整。」[32]然而這並沒有換來陳總統的妥協，反而陳水扁政府在 2006 年做出終止國家統一委員會運作以及終止國家統一綱領適用的決定，同時表示要推動防禦性公投，並且宣布為了推動有秩序的兩岸經貿開放政策，改善經貿開放衍生的負面影響，確保臺灣經濟的主體性，落實經濟「全球化」、「國際化」策略目標，降低對中國大陸經濟的依賴，將原來「積極開放、有效管理」政策修改成「積極管理、有效開放」。[33]2007 年陳水扁總統進一步提出更加激進的「四要一沒有」主張，其表示：「四要一沒有，臺灣要獨立，臺灣要正名，臺灣要新憲，臺灣要發展，臺灣沒有所謂左右的問題，只有統獨的問題」展現出與中國大陸對抗的態勢。[34]這也讓兩岸關係更加緊張，雙方在口頭上你來我往相互批評。

---

[32] 「《反分裂國家法》全文」，陸委會網站，https://www.mac.gov.tw/cp.aspx?n=6ED529FBF24465B3&s=6C2E141D58017986，2023 年 5 月 10 日下載。

[33] 「兩岸經貿『積極管理、有效開放』配套機制」，陸委會網站，2006 年 3 月 22 日，https://www.mac.gov.tw/public/Attachment/972914561575.pdf，2023 年 5 月 10 日下載。

[34] 蔡東杰、洪銘德、李玫憲，圖解兩岸關係（臺北：五南圖書公司，2017 年），頁 82。

整體而言，陳水扁總統八年任期，一開始上任後為了消除各方對其臺獨立場疑慮，其陸續提出「四不一沒有」、「新五不」、「積極開放、有效管理」等宣示與政策，都是為了穩定美中臺三邊關係。然而，由於雙邊互信不足，導致中國大陸對陳水扁總統採取不信任的態度，並在外交上持續刻意打壓臺灣。在得不到中國大陸善意回應以及為了國內選舉與鞏固傳統支持者的政治操作下，陳水扁總統開始採取對抗的政策與態勢，回應中國大陸的不友善，其陸續提出「一邊一國」以及加強臺灣為主權獨立國家的「四要一沒有」論述，兩岸關係至此降到最低點。這也連帶影響到兩岸事務性協商的進行，使得兩岸官方之間互動與協商在陳水扁總統任期內幾乎完全停擺。

四、馬英九總統時期（2008 年～2016 年）：交流合作的兩岸關係

2008 年臺灣再度政黨輪替，由國民黨籍馬英九當選中華民國第十二任總統，為兩岸關係帶來不同於陳水扁政府的發展時期。馬英九總統一上任立即承認「九二共識」並提出所謂「新三不理念」作為馬政府在兩岸互動上的理念，其在就職演說中，提到：「將以最符合臺灣主流民意的『不統、不獨、不武』的理念，在中華民國憲法架構下，維持臺灣海峽的現狀。一九九二年，兩岸曾經達成『一中各表』的共識，隨後並完成多次協商，促成兩岸關係順利的發展。今後將繼續在『九二共識』的基礎上，盡早恢復協商，並秉持『正視現實，開創未來；擱置爭議，追求雙贏』，尋求共同利益的平衡點。」[35]這番承認「九二共識」的言論讓兩岸關係迅速回溫。中國大陸積極回應馬英九總統的主張，兩會再度恢復制度化對話協商機制，雙方事務性協商也立即展開。海基與海協會雙方領導人很快在 2008 年 6 月 11 日至 14 日在北京就「兩岸包機」及「大陸人民來臺觀光」兩項議題進行協商，並簽署「海峽兩岸包機會談紀要」及「海峽兩岸關於大陸居民赴臺灣旅遊協議」兩項協議。[36]此外，雙方還進行了八次會談，並且完成兩岸三通直航、大陸觀

---

[35] 「中華民國第 12 任總統馬英九先生就職演說」，中華民國總統府網站，2008 年 05 月 20 日，https://www.president.gov.tw/NEWS/12226，2023 年 5 月 10 日下載。

[36] 「兩岸歷次會談總覽」，陸委會網站，https://ws.mac.gov.tw/001/Upload/OldWeb/www.mac.gov.tw/ct3806.html?ctNode=5703&mp=101，2023 年 5 月 10 日下載。

光客來臺旅遊並簽署「兩岸經濟合作架構協議」(Economic Cooperation Framework Agreement; ECFA)。

　　除了積極回應馬英九政府事務性協商要求外，中共總書記胡錦濤在 2008 年底中國大陸紀念「告臺灣同胞書」三十週年紀念會上，進一步提出了「胡六點」，包括了：恪守一個中國，增進政治互信；推進經濟合作，促進共同發展；弘揚中華文化，加強精神紐帶；加強人員往來，擴大各界交流；維護國家主權，協商對外事務；結束敵對狀態，達成和平協議。其中值得特別注意的是，胡錦濤在六點內容上提出了過去中國大陸對臺政策中所沒有的新內容，其中包括希望兩岸探討建立軍事安全互信機制問題，以及在一個中國原則的基礎上，協商正式結束兩岸敵對狀態，達成和平協議。[37]隨著習近平於 2012 年就任中國最高領導人，中國大陸正式將「九二共識」寫入中國共產黨重要文件當中，在十八大政治報告中列入中國共產黨的路線方針。

　　然而，隨著兩岸互動日漸熱絡，兩岸政府間簽署越來越多協議的同時，也引起臺灣內部開始擔憂過度與中國大陸交流合作對臺灣的負面影響，其中最大爭議的就是「兩岸經濟合作架構協議」(ECFA)。雖然民間與在野黨質疑這樣的「自由貿易協定」會讓臺灣在經濟上過度依賴中國而產生安全的疑慮，但馬政府指出「架構協議」是指簽署正式協議之前所擬訂的綱要，僅先定架構及目標，具體內容日後再協商，且因為要協商簽署正式協議曠日持久，緩不濟急，為了考量實際需要，故先簽署綱要式的「架構協議」，並針對攸關生存關鍵之產業，可先進行互免關稅或優惠市場開放條件之協商，協商完成者先執行，這部分稱為「早期收穫」(Early Harvest)，可立即回應臺灣面臨國際經營困境產業急需排除關稅障礙之需求，對臺灣有利。[38]所以簽署 ECFA 有其必要性。也因此，隨著 ECFA 在 2010 年簽訂後，雙方政府委託海基與海協會進一步展開後續具體內容協商，最終雙方在 2013 年 6 月 21 日中國大陸上海市舉行第九次高層會談並簽署《海峽兩岸服務貿易協議》，

---

[37] 「《攜手推動兩岸關係和平發展同心實現中華民族偉大復興——在紀念《告臺灣同胞書》發表 30 週年座談會上的講話》」，人民日報，2009 年 1 月 1 日，版 2。

[38] 「什麼是 ECFA？」，財團法人海峽交流基金會，https://www.sef.org.tw/article-1-131-8392，2023 年 5 月 10 日下載。

也向外界公布了開放清單。該協議回到臺灣後，進行了後續立法院審議工作，在立法院審議過程中，召開多場公聽會，期間在野黨民進黨與民間團體陸續表達不同意見。直到 2014 年 3 月 17 日的立法院聯席會議上，中國國民黨立法委員張慶忠宣布該協議的審查超過 90 天，依法視為已經審查，強行送交立法院院會存查。這引起學生、若干民眾與一些公民團體的不滿，讓原本就在立法院外抗議的群眾、學生團體在 3 月 18 日晚上無預警的「占領」立法院，展開長達二十四天的抗議與癱瘓立法院的行動。最後在馬英九總統的讓步下，於 4 月 10 日結束了這一場「太陽花學運」。這也造成《海峽兩岸服務貿易協議》在臺灣的審議遭到擱置，截至目前(2023)為止都尚未完成審議，ECFA 的後續談判也就無疾而終。然而，太陽花學運並沒有對馬英九政府推動兩岸交流與互動產生重大影響與阻礙，甚至馬總統與中國國家主席習近平雙方 2015 年 11 月 7 日還在新加坡舉行的會面。這是海峽兩岸（即臺灣與中國大陸）自 1949 年政治分立以來，雙方最高領導人的首次會晤。雖然雙方並沒有簽署協議或是發布共同聲明，但這卻標示著兩岸關係在馬英九總統任內呈現最和緩的一刻。

　　總體來說，馬總統任內兩會及官方共舉行過 15 次會談，簽署了 23 項協議及兩個共識，其中 20 項協議已生效。[39]馬英九政府對於中國大陸提出的「一個中國原則」、「簽署和平協」、「兩岸軍事互信機制」等訴求，是以「九二共識、一中各表」來回應中國大陸的「一個中國原則」要求。然而，對「簽署和平協議」與「軍事互信機制」等政治層面的訴求，馬政府則迂迴表示其任內不會討論與中國大陸統一的問題，同時反對使用武力作為解決臺灣問題的方案，並且將持續「維持現狀」，在「先經後政、先易後難、先急後緩」原則下，推動兩岸關係發展，以「互不承認主權、互不否認治權」的精神達成兩岸交流互動目標。[40]隨著蔡英文總統上任，以及習近平進入第三任任期，同時兩岸關係外部環境發生重大變化下（美中之間激烈的衝突與競爭），兩岸關係又進入一個不同階段。

---

[39] 邱莉燕，「15 次會談、23 項協議，邁向穩健互動」，遠見雜誌，2015-12-18，https://www.gvm.com.tw/article/21305，2023 年 5 月 11 日下載。

[40] 劉宛琳，「連戰曾提兩岸制度性安排 馬英九婉拒」，聯合新聞網，2023 年 1 月 17 日，https://udn.com/news/story/6656/6915830，2023 年 5 月 13 日下載。

第三節　中共二十大前後兩岸關係政治走向：蔡英文總統時期（2016 年～目前）

　　事實上，中共二十大前後的兩岸關係政治走向，主要牽涉到蔡英文總統對於中國大陸的政策與作為以及習近平任期間面對蔡英文總統上任後的對臺政策，這兩個變數影響了兩岸關係的發展（當然美國因素也仍然重要，特別是在這期間川普當選後，開啟了美國與中國大陸的激烈競爭，也對兩岸關係產生重大影響）。也因此，本節將會從蔡總統當選的 2016 年開始談起。

　　2016 年臺灣再次政黨輪替，民進黨籍蔡英文當選中華民國第十四任總統。這讓兩岸關係進入不同於馬英九總統任內的發展情境。其中最重要的（或是中國大陸最關心的）就是蔡英文總統對於兩岸關係「一中原則」的看法與作為為何？蔡總統在其就職演說中，也揭示了其對於兩岸關係的基本態度以及對岸關心其是否承認九二共識的回應。首先、在「九二共識」部分，她以歷史角度提出了她的看法，她表示道：「1992 年兩岸兩會秉持相互諒解、求同存異的政治思維，進行溝通協商，達成若干的共同認知與諒解，我尊重這個歷史事實。92 年之後，20 多年來雙方交流、協商所累積形成的現狀與成果，兩岸都應該共同珍惜與維護，並在這個既有的事實與政治基礎上，持續推動兩岸關係和平穩定發展；新政府會依據中華民國憲法、兩岸人民關係條例及其他相關法律，處理兩岸事務。兩岸的兩個執政黨應該要放下歷史包袱，展開良性對話，造福兩岸人民。我所講的既有政治基礎，包含幾個關鍵元素，第一，1992 年兩岸兩會會談的歷史事實與求同存異的共同認知，這是歷史事實；第二，中華民國現行憲政體制；第三，兩岸過去 20 多年來協商和交流互動的成果；第四，臺灣民主原則及普遍民意。」[41]其次，在未來兩岸關係的互動原則中，她也提出了兩岸關係的立場：「新四不原則」，包括了：「我們的承諾不會改變，我們的善意不會改變，我們也不會在壓力下屈服，更不會走回對抗的老路。」[42]然而，這些回應並沒有獲得中國

[41]　「中華民國第 14 任總統蔡英文女士就職演說」，中華民國總統府網站，2016 年 5 月 20 日，https://www.president.gov.tw/NEWS/20444，2023 年 5 月 10 日下載。

[42]　「總統國慶演說『堅定向前，讓國家因改革而偉大』」，中華民國總統府網站，2016 年 10 月 10 日，https://www.president.gov.tw/NEWS/20773，2023 年 5 月 10 日下載。

大陸方面接受，反而認為蔡英文總統在兩岸關係性質這一根本問題仍採模糊態度，這是一份沒有完成的「答卷」，中國大陸認為在「九二共識」、「一中原則」上沒有模糊空間，要求蔡英文政府必須以實際行動明確回答。

隨後，蔡英文總統也的確如其所提出的「新四不原則」中所說的不會在壓力下屈服，因此其持續強調其維持現狀的決心，對於「九二共識」，即使在中國大陸不斷要求與施壓兩岸要交流互動，只有承認「九二共識」下，蔡總統仍然堅持只承認 1992 年兩岸兩會會談事實，並不認為有所謂的「九二共識」。也因此，蔡總統拒絕口頭承認「九二共識」的做法被中國大陸正式認定是拒絕「九二共識」。中國大陸再度中斷與臺灣官方的協商與互動，同時在各項場合上不斷強調維護兩岸關係和平發展，關鍵在於堅持「九二共識」、反對「臺獨」分裂。

事實上，蔡總統面對對岸持續要求承認「九二共識」、完成答卷，也在 2017 年提出「新情勢、新問卷、新模式」的兩岸關係互動新主張，回應中國大陸。她認為：「如果中國大陸一直在講，一張沒有答完的考卷，那是一個沒有善意的講法，因為情勢已經改變了，是一個大家共同維持的局面。我們共同面對的是一張新的問卷。面對新的問卷，不是任何人可以單獨解答的，是大家要共同來解答。呼籲中國大陸，應本於新的情勢需求，重新思考兩岸關係他們應該採取如何善意的態度。在這種變動中的情勢，要共同來維持一個和平穩定的狀態，這是雙方需要努力的，而且需要有些結構性的合作關係。」[43]

就在兩岸還在為蔡總統是否要承認「九二共識」爭執不下時，兩岸關係的外部環境在美國總統川普(Donald John Trump)上任後第二年，產生結構性重大改變。美國將中國視為最大的競爭對手，認為中國威脅到美國的繁榮與安全。川普總統一方面展開貿易戰，對中國商品課徵關稅，另一方面，也對

---

[43] 陳民峰，「蔡英文拋兩岸關係新主張「新情勢、新問卷、新模式」需有結構性合作關係」，法國國際廣播電臺 (RFI)，2017 年 3 月 5 日，https://www.rfi.fr/tw/%E4%B8%AD%E5%9C%8B/20170503-%E8%94%A1%E8%8B%B1%E6%96%87%E6%8B%8B%E5%85%A9%E5%B2%B8%E9%97%9C%E4%BF%82%E6%96%B0%E4%B8%BB%E5%BC%B5%E3%80%8C%E6%96%B0%E6%83%85%E5%8B%A2%E3%80%81%E6%96%B0%E5%95%8F%E5%8D%B7%E3%80%81%E6%96%B0%E6%A8%A1%E5%BC%8F%E3%80%8D%E9%9C%80%E6%9C%89%E7%B5%90%E6%A7%8B%E6%80%A7%E5%90%88%E4%BD%9C%E9%97%9C%E4%BF%82，2023 年 5 月 16 日下載。

中國展開戰略性的牽制，在科技、軍事、外交與安全議題上，與中國較量。拜登上任後持續維持與中國「激烈競爭」，並且在外交、安全與科技上展開結盟作為，試圖阻止中國在科技的發展、軍事上的擴張以及外交安全上的影響力。臺灣一面基於與美國享有同樣的自由民主的價值觀與意識形態，另一方面臺灣半導體的重要性，讓美國積極拉攏臺灣一起「對抗」中國。蔡總統在此背景下，也相當積極配合美國政策，一方面要藉此拉近臺美關係，另一方面，也希望藉由拉近臺美關係，強化臺灣抵抗來自中國的壓力與脅迫。也因此，臺美關係迅速升溫，雙邊官方互動層級大幅提高，許多美國官員與國會議員紛紛訪問臺灣表達對臺灣的支持。這些的舉動進一步讓中國大陸不滿，認為蔡英文政府「倚美謀獨」，而對臺灣政府進行更多的脅迫、施壓與對民間更多的利誘。

　　所以中國大陸一方面強化對臺灣的統戰，釋出許多「利多政策」，如在 2018 年 2 月發布「對臺三十一項措施」，提供「臺灣同胞」更多到中國創業、就業、就學的便利與中國民眾同等待遇，並且發給臺灣民眾「臺灣居民居住證」，此證不需要具有大陸戶籍，也不需要放棄臺灣戶籍，但卻享有享受中國大陸和居住地提供的各項基本公共服務和便利，希望藉此吸引更多臺灣民眾到中國大陸發展，融入中國社會的發展當中。[44]另一方面，中國大陸也透過經濟手段與外交手段對臺灣政府施壓，例如：2019 年 8 月 1 日起，中國旅遊部無預警宣布全國 47 個城市赴臺自由行無限期取消、挖臺灣的邦交國，蔡總統任內幾乎每一年都有一個邦交國與我國斷交與中國建交。此外，習近平也強硬表示臺灣是中國一部分，是無法獨立，重申絕不允許任何人、任何組織、任何政黨、在任何時候、以任何形式、把任何一塊中國領土從中國分裂出去的強硬立場。[45]

---

[44] 「國臺辦 31 條惠臺措施全文」，中時新聞網，2018 年 3 月 1 日，https://www.chinatimes.com/newspapers/20180301000200-260210?chdtv，2023 年 5 月 16 日下載。

[45] 這九個國家分別是：聖多美普林西比（2016 年斷交）、巴拿馬（2017 年斷交）、多明尼加（2018 年斷交）、布吉納法索（2018 年斷交）、薩爾瓦多（2018 年斷交）、索羅門群島（2019 年斷交）、吉里巴斯（2019 年斷交）、尼加拉瓜（2021 年斷交）與宏都拉斯（2023 年斷交）。「蔡英文任內斷交 9 國　目前邦交國還有 13 個」，上報，2023 年 03 月 26 日，https://www.upmedia.mg/news_info.php?Type=24&SerialNo=168955，2023 年 5 月 16 日下載。「Ⅳ.大陸對臺政策與工作」，陸委會網站，https://www.mac.gov.tw/cn/News_Content.aspx?n=5654361B474B8EFF&sms=35FA2C4073CF4DFB&s=E2E4D9E08A3BD17E，2023 年 5 月 16 日下載。

　　此外，2019 年 1 月，習近平在《告臺灣同胞書》發表 40 週年紀念會上講話時，更首次提出探索「一國兩制、臺灣方案」，並明確指出「制度不同，不是統一的障礙，更不是分裂的藉口」，願意同臺灣各黨派、團體和人士就兩岸政治問題開展對話溝通。[46]這標示出中國大陸將統一臺灣工作提上政治議程。習近平在對臺政策思維上的方針與走向，顯示出中共對臺政策除了一手加大反獨外，也一手加大社會經濟融合的促融與透過「民主協商」促統，甚至在多次的談話當中，強調透過文化與心理途徑來達到心靈契合，而不止是形式上的統一。[47]另，中共在 2021 年 11 月 11 日第十九屆中央委員會第六次全體大會後，發布的關於共產黨的第三個決議（正式名稱為《中共中央關於黨的百年奮鬥重大成就和歷史經驗的決議》）中提出了「新時代解決臺灣問題的總體方略」作為未來指導方針與總體架構，並在中共二十大政治報告中正式表示要在此總體方略下牢牢把握兩岸關係主導權和主動權，進一步跳脫過去一直以來在兩岸關係發展推動過程中只「寄希望於臺灣民眾」的思維與作法，尋求更積極主動的作為。在中國大陸強大壓力下，蔡英文政府持續在戰略與軍事、外交上與美國站在一起，在兩岸關係上也沒在壓力下屈服，承認「九二共識」，這讓中國大陸加大打壓蔡英文政府的力道，讓兩岸關係呈現停滯不前，官方關係持續緊張。

　　習近平打破中共慣例，在二十大連任第三任任期，進一步做出了不同的政策部署與戰略上的調整，更加強調兩岸關係發展的主導權與主動權必須「牢牢」把握在中國大陸手裡面。也因此，在裴洛西 2022 年 8 月 2 日至 8 月 3 日率團訪問臺灣後，中國大陸不再遵守過去兩岸之間海峽中線的默契，戰機開始頻頻飛越海峽中線，同時舉行一連串非常靠近臺灣或是環繞臺灣的軍事演習，並不斷「侵擾」我國西南防空識別區，以藉此「恫嚇」臺獨勢力並且將這些侵擾常態化。除了軍事威脅外，在經濟上，中國大陸也對於臺灣

---

[46] 「習近平提一國兩制「臺灣方案」 中國人不打中國人，但不承諾放棄使用武力」，天下雜誌，2019 年 1 月 2 日，https://www.cw.com.tw/article/5093536，2023 年 5 月 16 日下載。

[47] 張五岳，「「習五條」後中共對臺工作動向觀察」，大陸與兩岸情勢簡報，2019 年 7 月，https://ws.mac.gov.tw/Download.ashx?u=LzAwMS9VcGxvYWQvMjk1L2NrZmlsZS9kMDQ3MTIzZC01ODkxLTRmM2UtOTRjZC04MWFjOGNiODc2NmMucGRm&n=MjAxOS4wN%2BWFqOaWhy5wZGY%3D，頁 18-22。

農漁產品輸往中國大陸上採取「嚴格」檢疫措施，甚至無預警的禁止出口到中國大陸去。

此外，在中共 2023 年對臺工作會議上，負責對臺工作中國領導人王滬寧[48]除了提出完整、準確、全面貫徹落實「新時代黨解決臺灣問題的總體方略」，牢牢把握兩岸關係主導權和主動權外，提出五個「要」：要堅持一個中國原則和「九二共識」；要秉持「兩岸一家親」理念要逐步恢復擴大兩岸交流；要堅決反對「臺獨」分裂活動和外部勢力干涉；要加強黨對臺工作的全面領導，深入開展調查研究，推動對臺工作高質量發展。這顯示中國大陸對「臺獨勢力」與「外部勢力」的鬥爭與重點打擊，在「解決臺灣問題總體方略」下，中國欲牢牢掌握兩岸關係發展的主動權與主導權。也因此，可以預見的是，中國大陸未來對臺政策將會更具主動性與攻擊性，一方面加大對臺灣民眾的利多統戰，另一方面加強對民進黨政府的武力威脅與外交孤立。

第四節　結　語

兩岸關係的形成與發展有其特殊的歷史因素與源由。在這過程中夾雜著中華民國與中華人民共和國兩邊各自內部政治情勢的演變，使得兩岸關係也隨之受到影響與衝擊。兩岸關係從最早在臺灣的中華民國視自身為中國唯一正統，中國共產黨為一叛亂團體，否定中華人民共和國的存在，同時肩負「反攻大陸」使命；而對岸的中華人民共和國則視中華民國已經滅亡，中華人民共和國才是中國唯一合法政府與正統，在臺灣的蔣介石政權是一流亡政府，最終要武力「解放臺灣」，呈現兩岸之間武力衝突、對峙與鬥爭。

隨著中華人民共和國武力解放臺灣的挫敗，與美國介入兩岸關係（美國協防臺灣），同時中國大陸內部發生政治權力鬥爭、文化大革命等政治運動，臺灣則因為美國反對蔣介石「反攻大陸」，讓兩岸關係武力衝突逐漸減

---

[48] 在中國政治體制上，由於中華人民共和國是以黨領政，所以中國共產黨中央政治局常委（黨的領導人）目前有七位，這七位黨的領導人名義上也都是國家領導人，各自負責不同工作與業務。王滬寧也是中共中央政治局常委，目前擔任中國大陸全國政協主席以及中共中央對臺小組副組長，組長是習近平。也因此，對臺工作是王滬寧負責業務。

少，政治外交的較量與鬥爭成為兩岸關係的主軸。蔣經國總統時期，也延續這樣的兩岸關係，加上外交上的不斷挫敗（與美國斷交），讓蔣經國時期兩岸關係是「不接觸、不談判與不妥協」，直到蔣經國總統晚年，才開放了大陸探親，開啟了兩岸的往來。隨著蔣經國總統過世，兩岸關係進入了不同階段，李登輝就任總統後正式開啟兩岸互動與交流。臺灣一方面開放探親、臺商到中國大陸投資，但同時也積極拓展對外空間。這期間兩岸官方透過各自授權民間團體，展開官方的間接互動與接觸。然而，隨著李登輝總統訪美與「特殊國與國關係」的論述，讓兩岸關係發展起伏跌宕。隨著臺灣內部民主化持續發展，產生了臺灣政治史上第一次政黨輪替，由民進黨籍陳扁當選中華民國總統，這讓兩岸關係進入了另一個不同階段。雖然陳總統為了和緩兩岸關係與取得對岸對他的信任，提出了「四不一沒有」，但由於民進黨與陳總統臺灣獨立的主張，讓中國大陸採取保守的「聽其言、觀其行」的立場與態度應對陳總統的兩岸政策。在得不到中國大陸正面回應以及臺灣內部政治選舉因素下，陳總統開始採取激進的立場，提出「四要一沒有」、「一邊一國」、「否認九二共識」。這讓兩岸官方互動與往來幾乎停止，兩岸關係陷入低潮，直到臺灣再次發生政黨輪替，由國民黨籍的馬英九當選總統為止。

馬英九總統當選後採取承認「九二共識」的立場，兩岸關係立刻恢復官方的互動與往來，中國大陸積極回應馬英九政府的許多需求，甚至開放陸客來臺旅遊、陸生來臺就讀，雙方簽署二十多項協議與 ECFA。然而，在雙方進入服務貿易談判時，太陽花運動讓兩岸政府之間協議與談判受到影響，期間雖然馬總統還與習近平舉行歷史性會晤，但無法改變臺灣內部對於和中國大陸越加整合的焦慮，終至導致臺灣再次政黨輪替，由民進黨籍蔡英文當選中華民國總統。

蔡英文當選中華民國總統面對了和陳水扁當選總統時同樣的挑戰，如何穩定兩岸局勢、對岸對她的不信任以及要求她承認「九二共識」。蔡總統提出九二年會談歷史事實與「新四不原則」回應中國大陸對她的要求。只是這樣的回應並無法獲得中國大陸認同，而讓中國大陸持續對蔡英文政府施壓，一方面中斷官方的往來與互動，另一方面持續透過挖臺灣邦交國方式對蔡政府施壓。此時，美中關係惡化，兩國激烈對抗，這讓臺美關係進一步強化，

一方面美國主動提升與臺灣往來的關係層級，另一方面蔡總統也積極採取與美國密切合作與往來的作為與政策，這進一步激怒中國大陸，讓中國大陸開始使用軍事演習手段威嚇臺灣，讓兩岸關係陷入冰點。隨著習近平進入第三任任期，其採取許多政策，試圖「軟的更軟、硬的更硬」，並且要掌握兩岸關係的主動權。這都讓兩岸關係陷入更大的不確定性當中。

編著者　洪耀南

CHAPTER

02

中共對臺政策

第一節　前　言

中國共產黨（中共）對臺政策一直是國際政治中引人注目的焦點。這不僅涉及中國對臺灣主權的主張，還關係到兩岸之間經濟、政治和軍事關係的發展。中共的對臺政策決定了兩岸未來的走向，也影響著國際社會的穩定與和平。

在探討中共對臺政策的深層原因和演變過程之前，我們需要回顧歷史背景。中共建政後，對臺灣統一的理念一直存在，然而，實現這一理念的方式和步驟一直在變動中。本章節將深入分析影響中共對臺決策的多層次因素，以及這些因素對兩岸關係的複雜影響。讓我們一同進入這場政治、經濟和軍事的博弈，解析中共對臺政策的種種面向。

第二節　影響中共對臺決策的環境因素

一、毛澤東時期（1949 年～1976 年）

毛澤東時期中共對臺決策受到多重因素的影響，包括內外政治、軍事威脅、國際環境等，以下是一些主要的環境因素：

國共內戰的結果直接影響了中共對臺決策。中共在 1949 年勝利，建立中華人民共和國，中國大陸實現統一，中共建立中華人民共和國。使得中華民國政府撤退到臺灣，中共宣稱對臺灣擁有主權。國共內戰的結束使得臺灣成為中國內戰的最後一個戰場。中共在解放初期曾經參與過對臺海戰爭，包括對金門、馬祖等地的軍事行動。這些經歷影響了中共對臺灣的軍事策略和對臺灣的威懾力。

韓戰（1950 年～1953 年）期間，中共與美國及其盟友在朝鮮半島發生軍事衝突，對臺海形勢產生影響。中共的參戰支援朝鮮，同時美國與其盟國支援韓國，使得兩大陣營在臺灣海峽形成一個脆弱的地緣政治平衡。經歷韓戰影響了對臺灣地區的軍事思維。

　　冷戰時期，中美關係緊張，中共在東亞地區的地緣政治地位受到重大挑戰，臺灣是美國的盟友。這影響了中共對臺灣的戰略思維，並促使中共加強對臺海區域的軍事控制，尤其是第一島鏈。

　　韓戰停戰協定簽訂後，冷戰緊張情勢才要有所緩和，但毛澤東指出：在朝鮮停戰後沒有即時提出「解放臺灣」的任務是不妥的，現在若不進行此項工作，將犯嚴重的政治錯誤。因此中共從上到下一片鼓吹「解放臺灣」，引發美國的緊張，中美關係緊張，國共之間再次發生軍事對峙。這次危機導致美蘇之間的緊張關係進一步升級，同時也影響了中美兩國在臺灣問題上的立場。美國協防臺灣因此簽訂「中美共同防禦條約」、「1955 年臺灣決議案」，讓毛澤東下不了臺，引爆第一次臺海危機，1955 年解放軍進攻大陳島的門戶一江山島，測試美國授權艾森豪總統可以出兵保護中華民國統治的島嶼的決心，甚至在 1958 年引發第二次臺海危機八二三炮戰持續到 1979 年。冷戰期間，中共與蘇聯建立了緊密的合作關係，這在一定程度上影響了中共對臺政策。中共尋求在冷戰格局中爭取國際支持，並對臺政策採取反帝反封建的意識形態。中國在極左的氣氛下，中共發動了「八二三砲戰」，而一般認為，毛澤東當時製造臺海軍事危機的一個重要理由，就是試圖轉移外界對於他推動「以階級鬥爭為網」的左傾冒進路線。例如 ，1958 年 5 月，毛澤東在中國大陸搞「三面紅旗運動」，也就是社會主義建設總路線、工農業生產大躍進和人民公社。「三面紅旗運動」的注意力，甚至大躍進導致大饑荒的內政不利問題。

　　1955 年至 1975 年越戰，是從鞏固臺海第一島鏈到美聯中制蘇的政策轉變時期，越戰初期，臺灣是美軍在越戰的重要補給站，隨美軍在越戰中陷入泥沼，加上美國國內反戰聲量高漲。史達林死後，蘇聯由赫魯曉夫掌握了政權。由於赫魯曉夫在內外政策上採取的「修正主義」路線，造成中蘇共之間的意識形態衝突。同時，在中蘇邊界上，也斷斷續續地發生了流血衝突。而1969 年爆發的「珍寶島事件」，則代表中蘇關係的全面惡化。從 70 年代開始，兩方都在邊境部署重兵，兩國關係越來越壞。

　　毛澤東發動的文化大革命使中國內部陷入混亂，中共的主要關注點轉向了內政。這期間中共封閉對外，無心外交與對臺，故這段期對臺政策相對穩定，但也加劇了國際社會對中共的擔憂。

　　中共在 1960 年代初因對蘇聯的意識形態分歧而陷入國際孤立，這影響了中共對臺政策的執行。臺灣在國際上維持了一定的外交地位，擁有一些國際支持。中共對臺政策受到臺灣在國際事務中的角色和地位的影響。在這一時期，中美之間的互動相對有限，使中共在國際上的主張相對弱勢。毛澤東時期中共強調馬克思列寧主義和毛澤東思想，視臺灣為中國的一個不可分割的部分，主張統一。這種意識形態影響了對臺政策。

　　就在中蘇共關係惡化的同時，美國也悄悄地調整了它的外交戰略。1969 年 1 月，尼克森(Richard Milhous Nixon)就任美國總統。面對蘇聯實力的迅速增長，以及為了盡速脫離越戰的泥沼，尼克森在外交上進行了中共學者眼中「以守為攻」、「以退為進」的戰略調整，而中共正是尼克森調整戰略的一個對象。1969 年 2 月 1 日，就在尼克森入主白宮的第十二天，他對其「國家安全事務」助理季辛吉(Henry Alfred Kissinger)表示，「應鼓勵探索與中國人改善關係的可能性」並指示「應私下進行」。很明顯地，尼克森改善與中共關係的一個主要目的是為了「聯中抗蘇」。

　　同樣地，在美國政府醞釀上述的戰路調整時，中共也在進行重大的「戰路構思」。為了避免處於與美蘇兩面作戰的不利態勢，毛澤東決定大膽地打「美國牌」。按照中國大陸學者的說法，「毛澤東的戰略決策就是面對蘇聯侵略的威脅，建立一個從中國經中東到西歐，越過大西洋到加拿大、美國，再經過太平洋至日本，並且包括太平洋南岸的澳大利亞、紐西蘭在內的，反對霸權主義的統一戰線。」與此同時，再將這條線周圍的的一大片亞非拉國家團結起來，形成「一條線、一大片」的戰略格局。

　　美國戰略轉向，1971 年中華人民共和國取代中華民國在聯合國的席位，聯合國 2758 號決議文，1972 年美國總統尼克森訪問大陸。隨著國際情勢對其越來越有利，開始運用國際壓力逼迫臺灣屈服，特別是在臺灣與各國外交關係上。中共雖強調臺灣屬內政問題，堅拒其他國家介入，但卻在與其他國家的建交公報中幾乎必提臺灣問題，強烈要求各國支持其立場，毫無妥協餘地，以製造國際壓力，排擠臺灣國際活動空間，深怕「臺灣問題」一旦國際化，將破壞其主權領土的主張，亦即對臺灣外交孤立，有助中共將臺灣問題「內政化」。

美國與中共在戰略上的各有所圖，促成了季辛吉 1971 年 7 月的祕訪中共，雙方並商定尼克森的訪問中國大陸行程。1972 年 2 月 21 日至 28 日，尼克森前往中國大陸進行其「破冰之旅」，雙方在上海簽訂了「聯合公報」（即「上海公報」）。「公報」中，美國雖「認識到，在臺灣海峽兩邊的所有中國人都認為只有一個中國，臺灣是中國的一部分，美國政府對這一立場不提出異議」；然而，美國並未承認中共是代表中國唯一合法政府。儘管如此，「上海公報」標示著美「中」關係正常化的開始，雙方並在 1973 年 5 月互設了聯絡處。

中美建交：1978 年 12 月 16 日，中共與美國發表了建交的「聯合公報」（即「建交公報」）。在「公報」中，美國承認中共是中國的唯一合法政府，接受中共所提的「建交三原則」（斷交、撤軍、廢約）。雙方於 1979 年 1 月 1 日起相互承認並建立正式外交關係。

美中建交結束了雙方長達三十年的敵對關係，但中共關切的美國對臺軍售問題並未解決。因為，就在雙方建交後不久，美國國會於 1979 年 3 月 26 日。正式通過了「臺灣關係法」。並經卡特總統於 4 月 10 日簽署生效。根據道項法案，美國與臺灣繼續維持商務、文化和其他的實質關係。同時，美國要「保持抵禦任何危及臺灣人民的安全或社會、經濟制度的訴諸武力的行為或其他強制形式的能力。為此，美國將向臺灣提供使其能保持足夠自衛能力所需數量的防禦武器和防禦服務。」

對於美國透過臺灣關係法維持與臺灣的半官方關係，以及進行對臺軍售一事，中共認為直接違反「中」美「建交公報」及國際法的基本原則，表示非常不滿。1982 年 8 且 17 日，美國與中共簽訂了涉及軍售問題的，聯合公報（即「八・一七公報」），在「公報」中，美國重申無意執行「兩個中國」或「一中一臺」的政策，也不尋求一項長期向臺灣出售武器的政策。美國向臺灣出售武器在性能和數量上將不超過中美建交後近幾年供應的水平；美國準備逐步減少對臺灣的武器出售；並經過一段時間導致最後的解決。

為了減少對臺灣衝擊，美國總統雷根(Ronald Wilson Reagan)對臺灣提出「六項保證」是對「八一七公報」內容的單方面澄清，而中國極力反對。

以上述三項「聯合公報」為基礎，中共認為自 1979 年到 1989 年初，是中美雙方關係大為發展的十年。但「臺灣問題」仍被中共視為與美國關係的最大歧見。而抗蘇戰略利益，則被美國政府作為「維持中美關係不致破裂的一個重要因素。」

綜合這些因素，毛澤東時期的國際情勢對中共對臺政策產生了多方面的影響，並在一定程度上塑造了中共對臺灣的態度和行動。兩岸在歷史、文化、社會制度等方面存在著差異，這也是中共對臺決策的一個環境因素。中共試圖通過統一達到對這些差異的影響和掌控。總的來說，毛澤東時期中共對臺決策受到內外多重因素的綜合影響，這些因素共同塑造了中共在該時期對臺灣的政治和軍事策略。

二、鄧小平時期（1978 年～1989 年）

鄧小平時期中共對臺決策的環境因素相對於毛澤東時期發生了變化，鄧小平時期是中共歷史上的轉折時刻，國際情勢的變化對中共對臺政策產生了深遠的影響。主要影響因素包括：

1979 年中美建交後，美國承認中共政權，但對臺灣仍提供軍事保護。第一次臺海危機是由於中共為阻止國共兩岸的軍事衝突而採取的一系列軍事行動。危機結束後，中共在國際上取得了一定的軍事和政治優勢。中美兩國正式建立外交關係，終結了之前的敵對狀態。中美建交對中共對臺政策產生了深遠影響，中共同意放棄「解放臺灣」的武力手段，轉而追求和平統一。

中共對臺決策深受多重因素交織影響，其中最為關鍵的環境因素包括國際政治、兩岸關係、國內政治、軍事安全、經濟發展、民意與國家認同以及國際法和國際社會壓力等，都在不同程度上塑造著中共對臺政策。中共必須在這些變數中找到平衡，以確保其國家安全和經濟發展。這些因素交互作用，共同構成了中共對臺政策的複雜背景。

鄧小平提出的改革開放政策，使中國經濟開始快速發展。這一經濟發展帶來了實質的實力和影響力，也對中共對臺政策產生了影響。鄧小平提出了「和平統一、一國兩制」的理念，主張通過和平手段實現兩岸的統一。這一理念影響了對臺政策的走向，強調了尋求和平發展的途徑。

　　1980 年代，國際冷戰走向結束，中美關係有所改善。這種變化使得中共能夠在更穩定的國際環境中處理對臺政策，並減少了臺灣在國際上的外交支持。

　　1980 年代整整十年，兩岸都專注於內政問題。中國方面集中精力進行經濟改革 與實行門戶開放政策，期間還爆發 1989 年的天安門事件；臺灣方面蔣經國則忙於權力轉移與推動民主化的政治改革。1983 年後，中國沒有進一步提出新的對臺政策與措施。因此，兩岸沒有正式的官方接觸，也沒有直接的對抗，兩岸相安無事將近十年。直到 1987 年臺灣開放老兵返鄉探親，為兩岸接觸交流開了一個口子。

　　1981 年 9 月，中共人大委員長葉劍英發表的對臺方針（俗稱「葉九條」）為標誌，其要點如下：

第一點：建議舉行國共兩黨對等談判，實現第三次合作。共同完成祖國統一大業。

第二點：建議雙方為通郵、通航及學術、文化、體育交流達成有關協議。

第三點：國家統一後，臺灣可作為特別行政區，享有高度自治權；並可保留軍隊。中央政府不干預臺灣地方事務。

第四點：臺灣現行社會、經濟制度不變，生活方式不變，同外國的經濟、文化關係不變。私人財產不受侵犯。

第五點：臺灣當局和各界人士，可參與全國性政治機構的領導職務，參與國家管理。

第六點：臺灣地方政府財政遇有困難時，可由中央政府酌予補助。

第七點：臺灣各界人士願回大陸定居者，不受歧視，來去自由。

第八點：歡迎臺灣工商界回大陸投資，保證其合法權益。

第九點：歡迎臺灣各界提供統一的建議，共商國事。

　　1983 年 6 月，鄧小平在北京會見美國新澤西州西東大學教授楊力宇，談到實現中國大陸和臺灣和平統一的一些設想（俗稱「鄧六點」）。其要點如下：

第一點： 不贊成「完全自治」，自治不能沒有限度，既有限度就不能「完全」。

第二點： 臺灣特別行政區可以有自己的獨立性，實行同大陸不同的制度。

第三點： 司法獨立，終審權不須到北京。

第四點： 臺灣可以有自己的軍隊，只是不能構成對大陸的威脅。

第五點： 大陸不派人去臺，臺灣的黨政軍系統，都由臺灣自己管。

第六點： 舉行國共兩黨平等會談，而不提中央與地方談判。

　　鄧小平談話中，特別強調：「問題的核心是祖國統一。和平統一已是國共兩黨共同語言。但是，不是我吃掉你，也不是你吃掉我。」

　　鄧小平明確提出「一國兩制」之說，則是他在 1984 年 2 月 22 日會見美國喬治城大學「戰略與國際問題研究中心」代表團的時候。鄧小平表示：「統一後，臺灣仍搞它的資本主義，大陸搞社會主義，但是，是一個統一的中國。一個中國，兩種制度。」

　　1984 年 5 月，中共召開「六屆人大二次會議」，「一國兩制」的構想納入「政府工作報告」當中，並獲得會議通過。於是，「一國兩制」正式成為中共眼中的「基本國策」。

　　中美關係和臺海穩定是中共對臺政策中極為敏感的因素。國際環境的變動、美中競爭、以及兩岸關係的發展，都直接牽動著中共對臺立場的調整。國際社會對臺灣的態度以及區域安全格局也在不斷重塑中共的對臺戰略。

　　中共對臺政策的形塑與國際格局變遷密不可分。特別是在冷戰結束後，中美關係的演變直接影響了兩岸的穩定。中共不僅需要應對美國對臺軍售等行動，還必須在區域內維護自身的戰略利益。隨著亞太地區的崛起，中共逐漸成為全球經濟體系的主要參與者，使得其對臺政策更加複雜。

　　冷戰結束與國際共產主意衰落：東歐劇變和柏林牆的倒塌蘇聯解體，宣示冷戰結束和導致國際共產主義陷入衰落。使中共感到共產主義體制的不穩定。這也影響了中共對臺政策，使其更加注重穩定和經濟發展，以維護其政權的合法性。鄧小平透過改革開放政策，主動迎合國際潮流，融入全球經濟體系。這使中共在國際上取得更多支持，同時影響了中共對臺政策。

　　中國改革開放急需國外的投資，而首波聚焦臺商與港商，因此對臺政策提出「對等談判、三通四流、一國兩制」突破兩岸交流，三通：通航、通郵、通商，四流：經濟交流、文化交流、科技交流、體育交流。臺灣總統蔣經國回應說：與中國共產黨接觸（談判），就是自殺行為，我們沒有那麼愚蠢，更進一步宣示三不政策，不接觸、不談判、不妥協。三通四流成為中共對臺政策短期目標。

　　鄧小平提出的「一國兩制」政策開啟了兩岸經濟交流的大門，使得臺灣企業能夠在中國大陸投資。兩岸經濟交流的擴大也影響了中共對臺政策，使其更加強調和平統一和經濟發展。中共認為，「一個兩制」的構想，也是黨在「十一屆三中全會」以後，「徹底擺脫『左』傾錯誤，解放思想，貫徹實事求是、一切從實際出發、理論與實際相結合這一馬克思主義思想路線的產物。」1981 年中國全國人大委員長葉劍英提出「國家實現統一後，臺灣可作為特別行政區，享有高度的自治權，並可保留軍隊……臺灣現行社會、經濟制度不變，生活方式不變，同外國的經濟、文化關係不變。私人財產、房屋、土地、企業所有權、合法繼承和外國投資不受侵犯。」即所謂葉九條。1982 年鄧小平更近一步表示：「一個國家，兩種制度」。兩種制度可以允許的，他們不要破壞大陸的制度，我們也不要破壞他那個制度。

　　國際社會對中共人權狀況的關注，尤其是 1989 年天安門廣場事件後，對中共的外交造成一定的困擾。中共為維護國際形象，可能在一定程度上調整對臺政策以避免引起國際社會更大的關注。

　　隨著臺灣在經濟和民主發展上的成功，國際社會對臺灣的支持逐漸增強。這種國際支持使中共在對臺政策上需要更加謹慎，以避免引起國際社會的反感。

　　總體而言，鄧小平時期的中共對臺政策受到國際情勢變化的深刻影響，尤其是中美建交和冷戰結束等事件對兩岸關係產生了根本性的影響。

　　鄧小平時期，臺灣政治局勢相對穩定，結束了過去較為動盪的時期。這使得中共能夠更集中精力處理兩岸關係，嘗試改善兩岸的交流。1980 年代末，香港和澳門回歸中國，中共成功實現了對這兩個地區的主權歸還。這一

事件對中共對臺決策產生了影響，同樣的「一國兩制」方針被提出。鄧小平時期中美關係有所改善，包括兩國正常化。這一改善使得中共能夠在相對穩定的國際環境中處理兩岸事務，並減緩臺海危機。鄧小平時期，臺灣社會受到民主化的影響，臺灣獨立思潮逐漸崛起。中共對這一趨勢的反應成為塑造對臺政策的因素之一。

總體而言，鄧小平時期中共對臺政策的環境因素相對較為穩定，國際局勢趨向和平，中國經濟實力提升，這些因素使得中共更有能力在相對穩定的環境中處理兩岸事務，並推動兩岸關係的發展。

三、江、胡時期（1989 年～2013 年）

江澤民(1989~2003)和胡錦濤(2003~2013)時期的中共對臺決策受到多種環境因素的影響。中國在這兩個時期持續經濟崛起，國力大幅提升，積極參與全球化與國際組織。這使中共在國際事務中的發言權增強，對臺政策的制定有更多的自主性。

中國的經濟崛起和全球化使得中共更加重視經濟發展，影響了對臺政策的制定。中國在國際經濟體系中的地位上升，這使得中共能夠更加自信地推動其對臺政策。

臺灣的民主化進程和東亞地區的穩定，使得兩岸關係的發展受到較為積極的影響。中共意識到在不同制度下的兩岸關係需要有新的應對策略，這在一定程度上影響了對臺政策。1996 年臺灣首屆總統直選，加上李登輝以總統身分訪問美國，海峽兩岸緊張局勢升高，中共試圖通過對臺灣發射飛彈來威懾。然而，美國派遣兩個航母戰鬥群進入臺灣海峽，顯示了美中關係對臺海穩定的影響。此事件使得中共意識到其對臺政策需要更加謹慎，以避免與美國發生直接軍事衝突。

中共對臺採取法律戰，2005 年反分裂法的通過表明中共對臺政策中，強調阻止臺灣獨立的立場。這一法律的通過與當時國際形勢和兩岸關係的發展有關，表現了中共對臺政策在強化統一立場方面的一個里程碑。同時國際社會對中國人權狀況的關注持續存在，這對中共的外交形象和對臺政策產生

了影響。中共為維護其國際形象，可能需要更加注意其對臺政策的執行，避免引起國際社會的反感。

胡錦濤時期，兩岸經濟交流逐漸擴大，這在一定程度上影響了中共對臺政策。經濟交流的擴大可能使得中共更加謹慎地處理兩岸關係，強調和平發展，減少軍事衝突的可能性。這個時期，兩岸經濟交流逐漸擴大，對臺商投資大量增加。臺商對中國經濟發展的貢獻增多，這一現象影響了兩岸關係的穩定性。臺灣在這一時期民主化進程加速，政治體制逐漸趨向多元化，首次發生政黨輪替。這使得中共需要更靈活應對臺灣政治環境的變化，同時應對臺灣對中國的價值觀念的挑戰。中共在這兩個時期仍然強烈反對臺灣獨立，持續主張「一國兩制」的政治解決方案。這成為中共對臺政策的一個穩定的核心。

中美經濟和軍事關係的協調與競爭對兩岸關係有直接影響。中共需要在經濟和軍事方面保持一定的平衡，隨中國逐漸增加其國際地位，同時提升對臺外交手段。這使中共能夠更有力地影響臺灣在國際上的地位，同時改變兩岸之間的國際經濟和政治環境。中共在這段時期進行軍事現代化，提升軍事實力。這影響了兩岸的軍事平衡，同時也對臺海危機的發展產生影響。

總體而言，江澤民和胡錦濤時期的中共對臺決策在經濟實力提升、國際地位改變、兩岸交流擴大等多重因素的共同作用下，表現出不同的策略和手段。

四、習近平時期（2013 年至今）

習近平時期中共對臺決策同樣受到多方面的環境因素的影響。以下是一些主要的因素：中國在習近平時期繼續保持經濟實力的增長，成為全球第二大經濟體。這增強了中共在國際事務中的發言權，同時也影響了對臺政策的制定。

一帶一路倡議的推動使中國在全球事務中的地位進一步提升。這對中共對臺政策的影響體現在兩岸經濟合作以及中國在區域內的影響力。中美關係的變化、貿易摩擦等因素都影響了中共對臺政策的發展。習近平時期，中美

關係因多重因素緊張，這使得臺灣問題成為兩國關係的一個敏感議題。尤其在 2018 年中國修憲取消任期限制，美國認為是習近平邁入獨裁者的指標。

2016 年美國總統川普上臺，採取對中一系列的貿易戰。中美關係的變化對中共對臺政策有深遠影響。習近平時期，中美關係在經濟、貿易、安全等多個領域都面臨挑戰。這種關係的不穩定性可能影響中共在臺灣問題上的態度，使其更加謹慎地處理兩岸關係，以避免引起國際關注和增加地區緊張。

習近平面對臺灣再度政黨輪替，強調「一國兩制」，並提出實現中國統一的路線圖。這是對臺政策的一個重要方針，同時也表明中共對統一的強烈意願。臺灣內外政治環境的變化，包括政黨輪替、兩岸關係的動盪等，都對中共對臺政策產生影響。尤其是臺灣內部對中國的觀感和對統一的態度。一國兩制示範區香港，爆發反送中運動後，中共加強對香港的控制，這引起了國際社會對中共的關切。香港局勢的變化對中共對臺政策產生一定影響，可能使其更加謹慎地處理對臺事務，以免進一步惹惱國際社會。

習近平推動 2027 建軍百年軍事現代化，提升中國的軍事實力，加強對臺灣的軍事威懾。這影響了臺海區域的軍事平衡，同時也改變了兩岸的戰略格局。以美國主導的民主聯盟主張「印太戰略」，自由開放的印太，確保臺海的和平與穩定成為世界的共識。美國強化對臺軍售和軍事支持對中共對臺政策產生直接影響。這可能加劇兩岸軍事競爭，使中共在對臺政策上更強調軍事手段，同時也增加地區的不穩定性。

2019 年告臺灣同胞書四十週年，提出「一國兩制臺灣方案」，堅決一個中國原則，堅持九二共識反對臺獨。加上香港反送中事件，造成對港臺的衝擊，面對蔡英文尋求連任，寄出封鎖陸客自由行、陸客團客來臺，希望透過造成經濟影響衝擊蔡英文的連任之路。蔡英文連任之後，發生新冠疫情，世界各國都採取封國境的政策，故陸客對臺的衝擊被疫情所抵消。

2022 年中共二十大前夕，美國眾議院議長裴洛西訪臺，發表對臺第三份白皮書全名「臺灣問題與新時代中國統一事業」，全文 1.4 萬字，習近平新時代的對臺總體方略，對比過往，對臺更趨強硬，取消承諾「統一後臺灣

實行高度自治，中央政府不派軍隊和行政人員駐臺」，及只要在「一個中國的框架內，什麼問題都可以談的承諾也從此版白皮書消失」。習近平在和平統一政策，中共對臺框架之下，加強以武促統的軍事力道，兩者手段交錯使用與搭配，意圖分裂臺灣社會的意志力與凝聚力。習近平最新提出以「深度融合，和平統一」對臺戰略方針，對臺戰略思考已從國際壓迫與政治對抗，轉向實質滲入臺灣社會之中。總和習近平對臺戰略，和平統一是目標，武力促統是避免兩岸戰爭的方法，深度融合是統一臺灣的準備。習近平在中國夢執政思維提及，祖國統一是中華民族復興必要條件。已經對臺灣問題做出表達，意即臺灣必須統一。而武力促統壓制，則是針對臺獨意識與美國介入的恫嚇手段。近期中國以各項宗親、宗教、教育、經濟交流等形式，增強意識統戰的強度。

　　中共在全球抗疫中的應對和形象，也對中共在國際上的形象和兩岸關係產生影響，防疫與晶片讓臺灣積極參與國際事務，與各國建立更緊密的合作，增強其在國際上的存在感。這種全球性的變化可能使中共在對臺政策上調整其經濟戰略，同時也可能影響兩岸人民交流和合作。臺灣在高科技和半導體領域的崛起使其在國際經濟體系中扮演越來越重要的角色。這可能使中共在對臺政策上更加強調技術和經濟角度，同時加強對相關領域的競爭。

　　這使中共在對臺政策上面臨更大的國際壓力，同時也需要更加靈活應對。這一因素也可能在中共對臺政策中發揮一定的作用。總的來說，習近平時期的中共對臺政策受到內外多方面因素的綜合影響，經濟實力、國際地位、地緣政治、兩岸關係動態等都是塑造對臺政策的重要因素。

第三節　中共對臺政策的戰略與策略

一、毛澤東時期

　　毛澤東時期中共對臺政策的戰略和策略受到時局、國際環境、毛澤東的意識形態和政治考量等多方面的影響。以下是一些主要的戰略和策略方面：

（一）軍事壓力和對臺戰爭

戰略： 在 1950 年代初，中共採取了強硬的立場，試圖通過武力手段統一臺灣，展開了一系列對臺戰爭。

策略： 藉助軍事威脅和行動，迫使臺灣方面接受「一國兩制」政策，實現兩岸統一。

（二）外交孤立與尋求國際支持

戰略： 由於國際環境的變化，中國面臨外交孤立，臺灣保持了一些國際支持。因此，中共努力爭取國際支持，尤其是在非洲和亞洲等地。

策略： 通過外交手段，削弱臺灣在國際上的地位，爭取其他國家與中國建交。

（三）「一國兩制」政策的提出

戰略： 提出「一國兩制」政策，旨在實現兩岸的統一，同時維持臺灣的相對自治。

策略： 通過「一國兩制」政策，吸引臺灣方面接受統一，減少對中共統治的抵抗。

（四）反對臺獨立的鮮明態度

戰略： 強烈反對臺灣獨立，視之為國家分裂的行為，堅持統一的原則。

策略： 通過宣傳和政治手段，打擊臺灣獨立勢力，強調中國領土完整。

（五）文化大革命期間的政治鬥爭

戰略： 文化大革命期間，中國內部陷入極度動盪，對外政策相對封閉。

策略： 將主要精力放在內政問題上，減少對外政策的變動，維持國內政治穩定。

（六）謀求中美關係的改善

戰略： 在 1970 年代初，中共開始謀求與美國的關係改善，以達到國際環境的穩定。

策略：通過與美國的交往，減緩臺海危機，使得國際壓力減小，有利於中國的戰略目標。

　　總體而言，毛澤東時期中共對臺政策在面對國際環境、內部政治動盪和軍事衝突等複雜情勢下，採取了多種戰略和策略以實現對臺統一的目標。

二、鄧小平時期

　　中共對臺政策呈現了一些新的特點，主要體現在改革開放的戰略環境下。以下是鄧小平時期中共對臺政策的主要戰略與策略：

（一）和平發展與統一思維

戰略：鄧小平提出「和平統一、一國兩制」的方針，強調實現兩岸的和平發展。

策略：通過和平手段，尋求臺灣的統一，提出一國兩制的政治安排，以維持臺灣的相對自治。

（二）經濟合作與交流

戰略：鄧小平提倡經濟建設，將經濟發展視為統一的重要手段。

策略：通過經濟合作和交流，拉攏臺灣的經濟支持，進而影響臺灣的政治態度，以商逼政使其更加傾向於統一。

（三）「一國兩制」政策的堅持

戰略：鄧小平時期延續了「一國兩制」的政策，這一政策仍然是中共統一臺灣的主要方針。

策略：通過堅持「一國兩制」，向臺灣傳遞一種統一的可行性，同時保護臺灣的現有制度。

（四）反對臺灣獨立的強烈態度

戰略：鄧小平強烈反對臺灣獨立，視之為國家分裂的行為，這一立場在這一時期得到了堅持。

策略： 通過強硬的態度和宣傳手段，打擊臺灣獨立勢力，強調中國的領土完整。

（五）透過港澳實現兩岸交流

戰略： 利用香港和澳門地區的特殊地理和政治地位，實現兩岸的經濟、文化、人員交流。

策略： 透過港澳，搭建一個便利的平臺，促進兩岸的交流，同時吸引臺灣的支持。

（六）積極爭取國際支持

戰略： 在國際上積極爭取支持，尤其是與美國的正常化關係，以減少臺灣在國際上的外交空間。

策略： 通過外交努力，改善中美關係，達到減少對臺支持的目的。

　　總體而言，鄧小平時期中共對臺政策更加注重經濟建設和和平發展，強調「一國兩制」的政治解決方案，同時通過外交手段積極爭取國際支持，以實現兩岸的和平統一。

三、江、胡時期

　　江澤民和胡錦濤時期的中共對臺政策可以歸納為戰略和策略兩個層面。以下是一些主要特徵：

（一）戰略層面

1. 反獨立

　　中共一直堅持反對臺灣的獨立行動，視臺灣問題為國家的核心利益。強調「一國兩制」，提供和平統一的方案，但在實際層面，此政策在臺灣內外引起強烈反感，臺灣人認同度不斷創新高。

2. 和平統一理念

　　雖然強調統一，但江澤民和胡錦濤時期中共也提出和平統一的理念，主張通過談判和協商解決兩岸問題。這體現在對臺灣的政治手段上，強調和平穩定。

3. 經濟交流

　　鼓勵兩岸經濟合作，推動兩岸經濟交流。特別是在胡錦濤時期，兩岸經濟往來更加密切，對臺灣經濟發展產生一定的影響。

4. 臺商投資

　　中共提供一系列的優惠政策，吸引臺灣企業在中國投資。這不僅促進了中國經濟的發展，也使得臺商在中國的投資日益增加。

（二）策略層面

1. 外交包圍

　　中共通過拉攏其他國家，削弱臺灣在國際上的外交空間。這體現在對臺灣的國際孤立和壓力，特別是在聯合國等國際組織的參與上。

2. 軍事壓力

　　中共通過強化軍事實力，特別是在臺海地區進行軍事現代化建設，以維護對臺灣的威懾力。這體現在中共對臺海地區軍事平衡的重視。

3. 文化統戰

　　透過文化、教育等手段，加強對臺灣的文化統戰。這包括在臺灣推廣中國文化、歷史教育，以及對臺灣民眾的文化影響。

4. 情報滲透

　　中共透過情報滲透手段，深入瞭解臺灣政治、軍事、經濟情勢，以獲取有利的情報，同時也以此維護自身的安全利益。

　　總的來說，江澤民和胡錦濤時期中共對臺政策在戰略上強調統一和和平，同時在策略層面通過外交、軍事、文化等手段，以維護中國統一的戰略目標。

四、習近平時期

　　習近平時期的中共對臺政策同樣體現出戰略和策略兩個層面，以下是一些主要特徵：

（一）戰略層面

1. 強調「一國兩制」

習近平於 2019 年提出「一國兩制、臺灣方案」是解決臺灣問題的唯一正確方案。這一戰略目標體現了中共對臺統一的長遠視野。

2. 強化軍事壓力

習近平時期中共強調軍事現代化，提升軍事實力，特別是在臺海地區加強軍事部署，挑戰臺灣航空識別區與臺海中線，以維護對臺灣的威懾力。中共進行軍事現代化，強調提升實戰能力，特別針對臺灣局勢進行戰略備戰。軍事現代化涵蓋了先進武器裝備的開發、軍隊組織的改革和實戰化軍事演習，以確保中共有足夠的實力應對各種可能的情勢，並強化對臺灣的威懾效果。

中共定期舉行大規模軍事演習，向國內外展示其軍事實力，特別是在臺灣海峽周邊。這種軍事示威旨在向臺灣施壓，同時向國際社會展現中共在區域安全事務中的角色。軍事演習的規模和頻率在一定程度上也反映了中共對臺灣局勢的戰略關切。

中共在對臺政策中積極利用資訊戰和心理戰，透過宣傳、宣示軍事實力、以及對臺灣的政治影響，以影響兩岸輿論和心理狀態。這種心理戰的目的是制造對中共實力的畏懼感，同時動搖臺灣社會的信心，使其在未來兩岸關係中更傾向於中共的要求。

中共不僅僅依賴軍事手段，還通過外交、經濟和文化等多方面手段進行威懾。外交方面，中共可能尋求國際支持，使臺灣在國際上孤立；經濟上，可能實施制裁或提供經濟誘因；文化上，可能透過文化輸出塑造對臺灣的觀感，形成更有利於中共的國際環境。

中共在臺灣海峽周邊保持泛在的軍事存在，包括軍艦、飛機和飛彈部署。這種軍事部署不僅是實際威懾的一部分，還是對臺灣的政治信號，向其表明中共隨時能夠介入，強調統一的不可逆轉性。

中共持續改善對臺灣的防空反制和反制能力，以有效打擊臺灣的軍事機構和基礎設施。這種能力的提升是中共在對臺政策中的一個重要威懾手段，

旨在削弱臺灣對於獨立行動的信心。戰略準備和威懾是中共對臺政策中的重要策略，旨在確保在兩岸關係中保持中共的主導地位。透過軍事現代化、軍事演習、資訊戰、多維度手段和持續改善防空反制能力，中共力圖在兩岸關係中維持穩定，同時向臺灣施壓，使其傾向中共所希望的統一方向。

3. 加強文化統戰

中共通過文化、教育等手段，強化對臺灣的文化統戰。在推廣中國文化的同時，強調中國的統一觀念，以影響臺灣民眾的價值觀。中共透過文化輸出和傳媒影響，塑造對臺灣的文化形象，影響兩岸民眾的價值觀和認同。中國大陸的電視劇、電影、音樂等文化產品被用作載體，向臺灣灌輸中共的意識形態，強化中國文化的影響。

中共可能透過學術交流和教育合作，影響臺灣的學術環境和教育體系。這包括邀請臺灣學者參與中國大陸的學術活動、提供獎學金和交換計畫等方式，以擴大對中共的理解和接受度。

中共透過政治宣傳和意識形態滲透，將其統一立場融入臺灣社會。這可能包括在媒體中宣揚一國兩制理念、改編歷史敘事以符合中共版本，以及透過網路和社交媒體加強政治信息的傳播。

中共可能組織文化交流活動，包括藝術展覽、音樂會、文學講座等，以促進兩岸文化交流。這些活動不僅為臺灣提供文化體驗，同時也是中共文化統戰的一環，透過藝術和文化的交流影響臺灣社會。

中共可能通過促進民間組織和非政府組織之間的交流，加強對臺灣社會的影響。這包括文化協會、友好團體等，透過非政府渠道加強對臺灣的文化滲透和意識形態輸入。

中共強調中文語言和傳統文化的重要性，以促進對中國文化的認同。這包括在學校教育中加強中文教學、推動中國傳統文化的研究和推廣，以增加對中共的文化認同感。

文化統戰是中共對臺政策的一個重要方面，旨在透過文化輸出、學術交流、政治宣傳等手段，影響臺灣社會的文化氛圍和價值體系。中共通過這些方式，試圖塑造臺灣對中共的文化認同，進一步促進兩岸的統一。

4. 推動經濟統一

習近平時期繼續推動兩岸經濟合作，提出加強經濟統一的政策，鼓勵臺商在中國投資，促進兩岸經濟的深度融合。

（二）策略層面

1. 外交施壓

中共透過外交手段，施壓國際社會不與臺灣建交，同時借助經濟實力，拉攏一些國家與其保持友好關係，以削弱臺灣在國際上的影響力。

2. 強化輿論控制

習近平時期強化宣傳機構的控制，加強對兩岸問題的輿論引導，強調中國的統一立場，同時打擊臺灣獨立思潮。

3. 制定一系列法律政策

中共通過制定一系列法律，如反分裂國家法等，強調對臺灣進行統一的法理基礎，同時強調使用武力的可能性。

4. 深化黨對臺工作

習近平強調黨對臺工作的重要性，加強中共黨組織對臺灣事務的統籌和指導，強調黨在兩岸事務中的主導地位。

總的來說，習近平時期的中共對臺政策在戰略上強調統一目標，同時在策略層面通過外交、文化、經濟等手段，以確保實現統一的戰略目標。

第四節　結　語

中共對臺政策的形成是一個多維度、多變的過程。在不斷變化的國際環境中，中共需要靈活應對，同時謹慎處理與臺灣的關係。這一政策的演變將繼續受到國際局勢、兩岸互動和中共內部動態的共同影響。在未來，隨著各種因素的變化，中共對臺政策可能會經歷新的調整和挑戰。

　　中共對臺政策是一場複雜而長期的戰略博弈，牽涉到政治、軍事、經濟、文化等多個層面。在探討中共對臺政策時，我們必須理解這一政策是中共為實現統一目標而採取的多層次、多手段的戰略。

　　需要強調的是，中國統一的問題涉及到區域穩定和國際安全，因此解決這個問題需要複雜的國際外交努力，以確保各方的利益得到平衡和尊重。

　　深入敘述中國統一的戰略需要考慮歷史、政治、軍事和經濟等多個層面。以下是更深入探討中國可能採取的戰略元素：

1. 政治壓力

　　中國可能透過政治手段，包括國際外交、多邊組織和國際法律，向臺灣政府施加政治壓力。這可能包括提出國際法律上的主權聲索、促使其他國家限制對臺灣的外交承認，以及在國際場合強烈主張「一國兩制」模式。

2. 經濟誘因

　　中國可能以經濟援助、貿易優惠和投資的方式，誘使臺灣與中國經濟統一。通過建立經濟依賴關係，中國可以在政治談判中取得更大的籌碼。

3. 軍事優勢

　　中國一直在強調其軍事實力，包括強大的陸海空軍和對臺灣的導彈威脅。中國可能利用這種軍事優勢，進行一系列的軍事演習，向臺灣施壓，同時保持隨時能夠進行武力介入的威懾。

4. 文化統戰

　　中國可能通過文化交流、教育合作和旅遊等手段，加強兩岸之間的文化認同感。這種文化統戰有助於在臺灣建立親中情感，使統一成為更受歡迎的選擇。

5. 資訊戰

　　中國可能在信息領域進行戰略操作，包括宣傳、社交媒體操縱和散播對臺灣的意識形態影響。這有助於在臺灣社會中形塑對統一的看法。

6. 國際孤立

中國可能通過加強在國際組織中的影響力，促使更多國家與臺灣斷交，以進一步孤立臺灣。同時，中國可能尋求在國際上建立支持其統一立場的聯盟。

7. 兩岸談判

中國可能在國際壓力和軍事威脅的背景下，以武逼和、以武逼統、以武逼降，與臺灣進行談判。這可能包括探討一國兩制的實施細節、臺灣在統一後的政治地位以及兩岸之間的權力分享。

8. 經濟整合

中國可能通過深化與臺灣的經濟整合，建立共同的經濟體系，以實現兩岸的經濟統一。這可能涉及共同市場、貨幣聯盟等方面的協議。

中國對臺灣統一的策略主要建立在「一國兩制」的框架之上，這是中國提出的統一模式。以下是中國可能採取的一些主要策略：

9. 外交壓力

中國將繼續向國際社會宣傳「一國兩制」的理念，並利用其外交影響力，促使更多國家承認中國在臺灣問題上的主張。同時，中國可能通過對與臺灣有外交關係的國家實施外交制裁，以減少臺灣在國際上的支持。

10. 經濟誘因

中國可能透過提供經濟援助、貿易優惠和投資，吸引臺灣與中國經濟統一。中國可能利用其龐大市場和經濟實力，使臺灣感受到經濟上統一的吸引力。

11. 軍事壓力

中國一直保持對臺灣的軍事壓力，包括進行軍事演習、加強軍事部署、強調對臺灣的軍事優勢等。這種軍事壓力可能旨在威懾臺灣，同時使其在談判中更具讓步性。

12. 文化統戰

中國可能透過文化交流、教育合作和宣傳活動，強化兩岸之間的文化認同感。這有助於在臺灣社會中塑造對中國統一的正面形象，使其成為受歡迎的選擇。

13. 情報收集和滲透

中國可能加強對臺灣的情報收集和滲透活動，以更深入了解臺灣政府、軍事和社會的動態，同時進行影響和掌握。

14. 國際孤立

中國可能通過加強在國際組織中的參與，推動臺灣在國際上的孤立化。這可能包括限制臺灣參與國際組織的權利，以及迫使其他國家與臺灣斷交。

15. 加強與兩岸企業的合作

中國可能鼓勵兩岸企業進行更多的合作，進一步加深兩岸經濟交流。這有望在經濟上促進統一。

16. 臺灣政治影響

中國可能利用各種手段，包括資助親中政黨、透過社交媒體進行宣傳等，影響臺灣內政，使其政治環境更有利於統一。

總的來說，中國對臺灣統一的策略是一場綜合性的博弈，結合了政治、經濟、軍事、文化等多方面的手段。這種策略的實施取決於國際環境、臺灣內外部動態以及中國的實際需求和意圖。

在政治層面，中共通過外交手段、國際壓力、文化統戰等手段影響臺灣的政治環境，並尋求國際支持。軍事層面上，中共透過軍事現代化、軍事演習、威懾手段等維護對臺灣的優勢地位。經濟合作與制裁方面，中共藉助經濟手段加強與臺灣的經濟互動，同時實施制裁以施加政治壓力。文化層面上，中共透過文化輸出、學術交流、政治宣傳等手段影響臺灣社會的文化氛圍。

然而，中共面臨的挑戰也不可忽視。國際社會對於中共的行為表達擔憂，臺灣社會對於統一的態度也呈現多元化。中共必須在兩岸關係中平衡多方面的利益與考量。

　　在未來的發展中，中共應該思考如何透過積極的對話和協商，解決兩岸之間存在的分歧，建立互信，實現和平穩定的兩岸關係。同時，國際社會也應該發揮積極作用，促進區域和平穩定，為兩岸的發展創造更加有利的環境。

編著者　吳瑟致

CHAPTER 03

中華民國的兩岸政策

第一節　前言

　　1949 年以來，臺灣與中國雙方已經歷經了不同時期的政治發展及內外形勢變化，1980 年代之前，兩岸各自宣稱自己代表中國，「法統之爭」不但對內以法令政策來彰顯統治效力涵蓋臺灣與中國，對外也採取了「外交攻防」及「代表中國席次」的爭奪；直至 1980 年代後，整體情勢出現轉變，臺灣邁入民主改革的階段，中國也展開「改革開放政策」，而國際社會也對於中國的經濟發展有了期待，兩岸之間的矛盾也起了變化，兩岸關係的發展、糾葛也隨著國際環境的改變與歷史洪流的沉澱而「與時俱進」。

　　中共當局也在結束毛澤東統治時代後，鄧小平掌權採取以經濟發展為核心的統治路線，這也反映在中共對臺政策的調整，1979 年發表「告臺灣同胞書」，也暫停了對臺武力砲擊，兩岸軍事對抗狀態和緩；不過，中共仍握緊「一個中國」與「不放棄武力犯臺」的詮釋及原則，至今到習近平邁入第三任期，仍未有任何動搖的跡象。而臺灣方面，也在 1980 年末開始，從專制黨國體制走向民主改革的道路，針對兩岸的政策與立場，戒嚴時期堅守「漢賊不兩立」的「中國法統」主張，於 1987 年宣布「解嚴」、「開放臺灣人民赴中探親」後，以及 1991 年公布「國統綱領」、1992 年制定《兩岸人民關係條例》，中華民國的兩岸政策也有了新的轉化。

　　臺灣民主改革了深化的發展，1980 年代不再是「一黨獨大」的政治格局，大小政黨如雨落春筍般成立，民主自由的政治環境讓臺灣開啟了嶄新的一頁，而這也讓兩岸議題有了多元的討論，特別是在政治主張上，有了不同意見及看法的辯論。不過，臺灣面對國際格局體系及國際情勢變化的掌握，民主選舉的政黨競爭，以及面對中共對臺政策的戰術調整與策略使用，臺灣在不同政黨的執政下，也反映在兩岸政策研擬與執行的差異，同時也深受國際情勢的影響，尤其美中兩大國之間的競合關係，以及整體周邊情勢的變化。

　　臺灣必須透過兩岸政策的制定，來因應整體情勢變化及來自中國政經軍施壓，政府的兩岸政策方向與基調，除了要對應中共對我國的態度而有不同的調整和改變，也會隨著國際環境的變化及國內政治的發展，基於此，本章

主要探討中華民國的兩岸政策，除了依據兩岸關係的發展，以及在國內不同政治時期的政策重點進行介紹與概析之外，也會就各種影響因素進行簡述。

第二節　戒嚴時期的兩岸立場（1949 年～1988 年）

回顧兩岸關係五十餘年來的發展變遷，大概可分成兩個階段：第一階段為蔣中正總統執政時期，這時期的主要特色為武裝衝突與互不相容。而後則是蔣經國總統執政時期，這時期我們首先採取「不談判、不接觸、不妥協」的三不政策，後又提出「三民主義統一中國」為號召。

第一階段國民黨政府主要是以「反共復國」作為其奮鬥的目標與職志，並以「反共抗俄」為其立國基本方針。此時期我國兩岸政策的基本內容與相關影響因素，條列如下：

一、我國兩岸政策的具體內涵「反共復國」

蔣中正總統當時的統一政策係以「反攻大陸，消滅共匪」、「三民主義光復大陸」為主；視中共為叛亂團體，堅持「漢賊不兩立」的立場，期望光復大陸解救大陸苦難同胞。蔣中正與蔣經國前後任總統在臺執政期間，中華民國政府雖堅決反共，但在兩岸關係上仍是奉行「一個中國」政策，反對「兩個中國」、「一中一臺」。

二、中共的立場態度與政策回應

中共自 1949 年取得中國政權後，即不斷嘗試武力「解放臺灣」，先後發動「古寧頭之役」、「九三砲戰」、「八二三砲戰」等及經歷第一、二次臺海危機，企圖以武力完成兩岸統一。在軍事行動無法有效達成任務的情況下，中共一改正面的「軍事衝突」，轉變為持續性的「武裝對峙」，兩岸依舊瀰漫高度緊張氛圍。

此一時期，中共政策口號偏重「武力解決」，但亦不排除「和平爭取」；認為「祖國」即是「中華人民共和國」，北京是「中央政府」，臺灣是「地方

政府」，臺灣「回歸」後，除「外交必須統一於中央」外，其他軍、政、人事、財政等仍由臺灣方面負責。

三、國際情勢發展

1949 年，國民黨內戰節節失利，美國發表「中美關係白皮書」，對「華」採取「旁觀政策」，即艾奇遜國務卿所謂的等待「塵埃落定」。爾後1950 年韓戰爆發，美國重新調整對華政策，派遣軍隊協防臺灣，並於 1954年同我方政府簽署「中美共同防禦條約」，將臺灣納入其亞洲防衛戰略網中。

1958 年 8 月 23 日，中共發動「金門砲戰」，藉以試探「中美共同防禦條約」及「臺灣海峽決議案」的效能；美軍派艦協防臺灣。中共與美國簽署的「上海聯合公報」與「中美建交公報」滿足了北京對臺灣的基本要求。1979 年 1 月美國卡特政府為了其國家利益及戰略考量，宣布與臺灣的中華民國斷交，並立即與中共建交。

1979 年 4 月 10 日美國通過「臺灣關係法」，明確立法保證未來仍將出售武器給臺灣，並且美國將提供臺灣足夠數量的防衛武器，並將視針對臺灣的任何軍事行動、封鎖、禁運為「對西太平洋地區和平之威脅，將使美國嚴重關切」。該法案的通過，給予臺灣一定程度的美國保證。

四、蔣經國時期的「三不政策」

從 1978 年起至 1987 年之間，兩岸關係由於中共當局改採「和平統一祖國」的對臺政策；而我方政府則由國民黨於 1981 年通過「三民主義統一中國」案後，立即提出以「三民主義統一中國」為號召。中共當局雖仍不放棄武力解決臺灣問題，但卻轉而改以「和平統一、一國兩制」統戰策略。

（一）背景因素

1979 年 4 月 4 日，蔣經國總統指出：「我們黨根據過去反共的經驗，採取不妥協、不接觸、不談判的立場，不違基於血的教訓，是我們不變的政策，更是我們反制敵人最有效的利器。」這就是政府當時因應中共「告臺灣同胞書」所採取的政策，也就是俗稱的「三不政策」。

（二）　「三不政策」的主要內容及其目的

　　蔣經國先生於 1979 年 4 月提出「三不政策」後，次年 1 月更明確表示，未來將以三民主義統一中國，並於 1981 年 4 月在中國國民黨第十二次全國代表大會中通過「三民主義統一中國案」，聲稱「三民主義救中國，共產主義禍中國」。

　　「三不政策」提出後，中共仍是臺灣政府眼中的叛亂政權。臺灣當局則是作了修正，包括對北京當局的「共匪」，改用「中共」的稱呼。

（三）　國際看法與情勢發展

　　對臺灣而言，中共自 1980 年代初期以來，對臺灣所提出的一連串前述統戰論調，在實質及內容上均趨積極有力。臺灣雖然一再以拒絕三通四流及和談為回應，但對國際社會而言，有其一定程度的影響。在一向以妥協、容忍為政治本質的西方國家，無法理解中華民國政府一貫拒絕和談的立場。

五、「解除戒嚴令」及「開放臺灣人民赴陸探親」

（一）　背景因素

　　為了落實民主政治，並使憲政體制往更正常方向發展，蔣經國總統於 1987 年 7 月 15 日宣告解除長達 38 年的「戒嚴令」；此外，同年 11 月 2 日，在體認國際現勢及盱衡兩岸關係長久發展與基於傳統倫理親情及人道立場之考量，開始接受臺灣地區民眾赴中國探親申請。

（二）　「開放臺灣人民赴陸探親」的歷史意義

　　政府實施的中國探親政策是導致兩岸關係由僵持進入鬆動的催化劑，儘管開放中國探親的政策會產生，如國人敵我意識逐漸模糊，以及外匯損失、產業外移等，但它仍具有歷史意義：探親政策使臺海兩岸關係由對峙階段進入民間互動交流階段。

（三）　中共的立場態度與政策回應

　　1987 年 11 月 14 日，當時中共總書記趙紫陽在「黨外人士茶會」上表示，探親政策有助於「實現和平統一」。他認為隨著探親而來的還會有文

化、藝術、體育等方面的交流，通商問題也遲早會上日程，基於此種信念，中共歡迎中華民國政府擬定對中國的開放性措施，期能因勢利導，以實現所謂「和平統一」的目標。

（四）國際看法與情勢發展

從 1980 年至 1986 年期間，美國對海峽兩岸的態度，基本上是不介入的立場。最能代表美方對兩岸立場的聲明，可回溯到 1982 年美國與中共簽署《八一七公報》前的 7 月 14 日，當時美國向臺灣傳達六項保證：

1. 美國並未同意在對臺軍售上設定結束日期。
2. 美國未同意中共要求就對臺軍售，事先與其磋商。
3. 美國無意扮演任何臺灣與中共間調人的角色。
4. 美國將不同意修改《臺灣關係法》。
5. 美國並未變更其對臺灣主權的一貫主張。
6. 美國無意對臺灣施加壓力與中共進行談判。

上述六項保證傳達了一項重要的訊息，即美國在軍售案中除了作為客觀的平衡者外，也保證在兩岸中作為客觀的觀察者，以及不介入兩岸的調停者，另外也不向臺灣施壓走向談判桌。

第三節　民主轉型時期（1988 年～2000 年）

1988 年李總統執政以來，兩岸關係暨交流正式進入了嶄新階段：行政院成立「大陸委員會」，為統籌政府兩岸及港澳工作的專責機關。同時結合民間力量設立「財團法人海峽交流基金會」，作為與中國中介交流。

1991 年 3 月行政院會議通過「國家統一綱領」，成為兩岸政策的最高指導原則。同年 4 月，李登輝總統在就職週年時，正式宣告實施「動員戡亂時期」廢除終止。

一、終止「動員戡亂時期臨時條款」

　　1991 年李登輝先生正式宣告「動員戡亂時期終止」，不再視中共為叛亂團體的身分。李總統在該日的記者會說「今後將視中共為控制大陸地區的政治實體，我們稱它為大陸當局或中共當局」「如果中共不放棄對臺用武與孤立臺灣的作法，那麼只能認定它是具有敵意的政治實體。」

二、「國家統一綱領」

（一）　主要內容

　　「國家統一綱領」於 1991 年 2 月提出，是 1990 年代中華民國兩岸政策的指導綱領，其內容分為四個部分，也就是「一個中國、二個對等政治實體、三個階段、四個原則」：

1. 一個中國是我們一貫的政策主張，大陸與臺灣均是中國的領土。

2. 二個對等政治實體是 1949 年以來迄今，中國處於暫時分治的狀態，由兩個對等政治實體分治兩岸，強調不是分離，而是對等。

3. 三個階段是因為兩岸經過 40 餘年的隔閡，發展出不同的政經制度和生活方式，不僅觀念上有所差異，而且互信極為不足，過去累積的敵意與誤解需要較長時間的交流才能逐步化解，因此，規劃了近程、中程、遠程三個階段，期望兩岸能逐漸融合。

4. 四個原則是「理性、和平、對等、互惠」的原則，平等善意對待，以達雙贏。

（二）　「國家統一綱領」的要旨

　　國家統一綱領言簡意賅，其最終目標乃是「建立民主、自由、均富的中國」，觀其要旨有四：

1. 堅持一個中國，謀求中國的統一。

2. 堅持和平統一，反對使用武力。

3. 以尊重臺灣地區人民權益為統一的前提。

4. 和平統一有進程、分階段而無時間表。

三、「一個中國」問題

　　海峽兩岸均堅持「一個中國」之原則，但雙方所賦予之涵義有所不同。中共當局認為「一個中國」即為「中華人民共和國」，將來統一以後，臺灣將成為其轄下的一個「特別行政區」。我方則認為「一個中國」應指 1912 年成立迄今之中華民國，其主權及於整個中國，但目前之治權，則僅及於臺澎金馬。

四、臺灣主體意識加強

　　李登輝總統執政初期大體上主要承襲兩蔣時期的「一個中國」政策，所以在由他主導制訂的「國家統一綱領」中說：「大陸與臺灣均是中國的領土」。然而面對中共在國際上對我方的強力打壓與當時國內政治、社會的轉型，李總統開始重新思考突顯臺灣主體意識的重要。「千島湖事件」發生後，李登輝總統接受訪問時表示「目前看不到一個中國，一個中國在哪裡？」兩岸目前的現狀是「中華民國在臺灣」和「中華人民共和國在大陸」。

五、「戒急用忍」

　　1996 年 9 月李總統在全國經營者大會致詞時表示，由於中共對臺政策刻意採取「冷處理」手法與「以民逼官」、「以商圍政」手段，加緊對我方政府施壓，企圖提升我方社會各界的恐慌憂慮。因此針對此一情勢，我們必須秉持「戒急用忍」的大原則，來因應當前的兩岸關係。

（一）背景因素

1. 兩岸民間交流、經貿互動以來，臺灣在對中國外貿依存度、投資金額占 GDP 比重等指標上，都超前於世界其他國家，這對臺灣在兩岸政策制訂、國家安全考量上，造成極大壓力。

2. 由於中共對我國仍存有強烈敵意，於政治、外交上對我國進行不理性的打壓、封殺；因此，政府必須顧慮此種不理性的行為有可能會擴及到經濟上。

（二）我政府配套措施

自 1996 年底提出「戒急用忍」政策後，在 1997 年 7 月公告《對大陸地區從事投資或技術合作審查原則》，對企業赴中國投資項目及金額提出更明確的規範。投資項目區分為禁止、准許、專案審查等三類外，另有四項規範原則，分別為：

1. 訂定個別企業對中國投資金額上限。

2. 訂定個案投資金額不得超過五千萬美元的上限。

3. 專案審查類須依產業特性及個案特性予以評分。

4. 要求投資人應檢附大陸投資計畫對國內經濟效益評估及預估投資損益；其已行投資者，應提出以往投資損益。

六、「兩國論」

（一）背景因素

自我國訂定「國家統一綱領」，積極對中共表達善意以來，中共均未曾對我國有積極、正面的回應，反倒是一直堅持以「一個中國」原則來作為雙方復談的前提，導致兩岸關係停滯不前。

（二）「兩國論」的主要內容與目的

1. 主要內容

李總統以歷史面及法律面來談兩岸關係，他認為中共當局不顧兩岸分權、分治的事實，持續對臺灣進行武力恫嚇，是兩岸關係無法獲得根本改善的主要原因。

就歷史發展而言，1949 年中共成立以後，從未統治過中華民國所轄的臺、澎、金、馬，從法律面來看，臺灣在修憲後，在將憲法的地域效力限縮在臺灣，並承認中華人民共和國在中國統治權的合法性；增修條文規定總統、副總統、立法院與民意機關成員僅從臺灣人民中選出，所建構出來的國家機關只代表臺灣人民，國家權力統治的正當性也只來自代表臺灣人民的授權，與中國人民完全無關。

2. 提出之目的

　　李總統將兩岸關係依事實予以明確定位，目的在確立兩岸間的平等地位，及藉此走出一個中國的迷思外，並希望讓世界民主國家瞭解，臺灣不是香港也不是澳門，而是一個事實存在的主權獨立國家，絕對不是中國的一省。

（三）中國的反應

　　中共從中央到地方進行大規模的「消毒運動」，減輕「兩國論」對其統一大業的損壞，並大量利用傳媒製造「武嚇」的消息，包括試射新型彈道飛彈，不斷在沿海一帶軍事演習，大批戰機貼近臺灣海峽中線的舉動等；另一方面中斷海峽兩會的協商管道，並透過新華社的評論員文章大力批判所謂島內臺獨聲浪問題，表示中共絕不放棄以武力來完成統一全中國的大業。

（四）我國政府的因應作為

　　行政院大陸委員會公布一份「對等、和平與雙贏—中華民國對『特殊國與國關係』的立場」說明書。

　　說明書簡述如下：

1. 以對等地位開創跨世紀的兩岸關係。

2. 反對中共霸權式的一個「中國原則」。

3. 政治談判慎於始。

4. 兩岸應該回到「一個中國，各自表述」的共識。

5. 陳述現狀，不是改變現狀；追求和平，不是製造麻煩。

6. 竭誠歡迎汪道涵先生來訪。

7. 對等和平、共造雙贏。

（五）美國的態度

　　美國總統柯林頓重申「一個中國、兩岸對話、和平解決」係美國對兩岸事務的「三大支柱」，美國不希望兩岸任何一方偏離其中一個支柱，而美國

對臺安全及防衛的政策，也將繼續受到「臺灣關係法」的規範，並希望中共以和平的方式進行兩岸的協商與對話工作。

美國國會不斷呼籲加強對臺軍售工作，以保障臺海的穩定，並由美國參議員赫姆斯領銜推動「加強臺灣安全法案」，督促美國政府將臺灣納入東北亞戰區飛彈防禦(Theater Missile Defense; TMD)系統。

第四節　政黨輪替時期（2000 年～2016 年）

在 2000 年我國進行了第二次總統民選，順利完成政黨輪替，後又在 2008 年的總統大選後，完成第二次的政黨輪替，兩次總統大選的結果都備受世界矚目，除了意識形態是兩個極端外，對中國的政策與應對也截然不同。

一、臺灣首次政黨輪替（2000 年～2008 年）

(一)「四不一沒有」

陳水扁總統於就職演說時表示，當恪遵憲法，維護國家的主權、尊嚴與安全，確保全民福祉，提出「四不一沒有」（只要中共無意對臺動武，本人保證在任期之內，不會宣布獨立，不會更改國號，不會推動兩國論入憲，不會推動改變現狀的統獨公投，也沒有廢除國統綱領與國統會的問題）。並表示「海峽兩岸人民源自於相同的血緣、文化和歷史背景」、雙方的領導人一定有足夠的智慧和創意，秉持民主對等的原則，在既有的基礎之上，以善意營造合作的條件，共同來處理未來「一個中國」的問題以示善意。

(二)「九二精神」

陳水扁政府指「九二共識」是「沒有共識的共識」是要全力甩脫中共利用「一中」來對臺灣束縛、設框。對民進黨政府而言，至少在四個方面感受到「一中」緊箍咒的約制，其中三個與臺灣本身有關，分別是「九二年共識」、「國統綱領」及「中華民國憲法」，另一個是美國自 1972 年以來迄今仍

未改變的「一中」政策。所以陳水扁總統針對兩岸關係提出了「九二年精神」的新說法。他呼籲中共當局，在既有基礎上，本諸九二年精神，共同建立兩岸的良性互動，希望透過此一過程，找出共識，讓「沒有共識的共識」變成「有共識的共識」。

（三）「三個認知、四個建議」

為了達成在兩岸關係上超越黨派的共識，陳總統邀請民間學術界、企業界及各政黨代表人，組成一個跨黨派小組提出「三個認知，四個建議」。

「三個認知」的內容為：

1. 兩岸現狀是歷史推展演變的結果。

2. 中華民國與中華人民共和國互不隸屬、互不代表。中華民國已經建立民主體制，改變現狀必須經由民主程序取得人民的同意。

3. 人民是國家的主體，國家的目的在保障人民的安全與福祉；兩岸地緣近便，語文近同，兩岸人民應可享有長遠共同的利益。

「四個建議」則是：

1. 依據中華民國憲法增進兩岸關係，處理兩岸爭議及回應對岸「一個中國」的主張。

2. 建立新機制或調整現有機制以持續整合國內各政黨及社會各方對國家發展與兩岸關係的意見。

3. 呼籲中華人民共和國政府，尊重中華民國國際尊嚴與生存空間，放棄武力威脅，共商和平協議，以爭取臺灣人民信心，從而創造兩岸雙贏。

4. 昭告世界，中華民國政府與人民堅持和平、民主、繁榮的信念，貢獻國際社會並基於同一信念，以最大誠意與耐心建構兩岸新關係。

緊接著陳總統發表「跨世紀談話」，除說明依據中華民國憲法，「一個中國」原本不是問題外；也再次針對「三個認知、四個建議」的內容，強調會考慮「建立新機制或調整現有機制來持續整合國內各界對國家發展與兩岸關係之意見」。

（四）「政治統合」論(Integration)

陳水扁總統在「跨世紀談話」，首次提出了「政治統合」的概念；根據陸委會主委蔡英文的進一步闡釋：「統合論」是一個政治創造的過程。在中文意義上「統合」不等於「統一」，否則就不另造此一新詞了。2001 年新年祝詞中有兩段最具指標意義的表述：

1. 依據中華民國憲法「一個中國」原本並不是問題。
2. 從兩岸經貿與文化的統合開始著手，逐步建立兩岸之間的信任，進而共同尋求兩岸永久和平、政治統合的新架構。

（五）「積極開放，有效管理」

扁政府有感於國內各界對先前所制定的中國投資「戒急用忍」政策的不同看法，及因應兩岸時空環境的改變與國內產業結構的持續升級，故接受經發會的建議，提出「積極開放，有效管理」的政策說明。其所陳列的新思維有三：

1. 以「深耕臺灣，布局全球」的總體經濟新戰略。
2. 以「策略性開放」激發臺灣經濟能量的兩岸經貿新布局。
3. 以「有效管理」代替消極圍堵的經濟安全新策略。

為落實「積極開放，有效管理」的中國投資政策，扁政府亦全面檢討調整對廠商赴中國投資的各種限制性規範，期能建立一套彰顯積極、開放標準明確及兼顧有效管理的新審查機制。

（六）「一邊一國」論

2002 年 8 月 3 日陳水扁總統在向日本東京舉行的世界臺灣同鄉會年會發表視訊演說時表示：「臺灣、中國，一邊一國，要分清楚」、「要認真思考公民投票的重要性和急迫性」。

「我們必須要認真思考，要走自己的路，走我們臺灣的路，走出我們臺灣的前途。臺灣不是別人的一部分；不是別人的地方政府、別人的一省，臺灣也不能成為第二個香港、澳門，因為臺灣是一個主權獨立的國家，簡言

之，臺灣跟對岸中國一邊一國，要分清楚。公民投票，公民投票是基本人權，也是二千三百萬人民的基本人權，不能被剝奪和限制的，個人要誠懇的呼籲和鼓舞大家，要認真思考公民投票立法的重要性和迫切性。」

陳總統在 2000 年總統大選時所提出的七項主張對兩岸之間的政治定位幾乎與上述內涵相同，均認為臺灣已經是主權獨立的國家，沒有宣告獨立或更改國號的問題，任何有關現狀的改變，都必須由全體臺灣人民共同決定。

二、臺灣第二次政黨輪替（2008 年～2016 年）

馬英九執政任內，最主要的就是兩岸開放政策，其中最主要就是ECFA，其目的在促進兩岸貿易和人員流動，並降低雙方貨物往來實的關稅成本。

◎ ECFA

馬總統表示：「我的兩岸政策就是不統、不獨、不武，大架構是中華民國憲法，我任內不管四年或八年，都不會和中國談統一的問題，這一點不會改變。」馬英九表示，兩岸在政治上有許多分歧，這是眾所皆知，中共在1979 年後主張「一國兩制，和平統一」至今並未改變，但他認為，雙方在不涉及統獨問題上，發展貿易應可減少戰爭的威脅，他認為，兩岸簽 ECFA的著眼點的考慮都是經濟。

江陳會簽署十八項協議，在經貿方面，有中國人民來臺旅遊協議、兩岸海空運直航協議、兩岸金融合作協議、兩岸食品安全協議，還有兩岸共同打擊犯罪與司法互助協議。但最重要的則是簽署兩岸經濟合作架構協議(ECFA)，為後續的服務貿易協議和貨品貿易協議進行鋪路。

第五節　民主深化時期（2016 年～　　）

2016 年，臺灣再次政黨輪替，對中國政策初期仍維持馬英九執政時期的交往政策，2019 年元旦時，中國發表《習五條》，重申「海峽兩岸同屬一

個中國，共同努力謀求國家統一的九二共識」，並提出「探索『兩制』臺灣方案」，更進一步罕見公開批評「制度不同，不是統一的障礙，更不是分裂的藉口」；隨後蔡英文政府也以「始終未接受九二共識」，「堅決反對一國兩制」作為回應，至此兩岸關係在中國單方面的轉變下，進入新局面。

蔡英文政府的兩岸政策，大體上以「四個堅持」與「互不隸屬說」為主軸展開，雖然拒絕承認「一個中國」和「九二共識」，但蔡政府曾經表示，希望在兩岸雙方沒有預設條件的前題下，與中國國家主席習近平見面。

但這一期間中國除了屢屢進行文攻外，也開始大規模的軍機繞臺和軍艦繞臺行動，並不定期地在沿海地區進行軍事演習，以達到恐嚇臺灣人民，期望影響臺灣內部的主體意識。

一、維持現狀

在 2016 年蔡英文總統的就職演說中提到，在區域和平穩定的發展上，兩岸是最重要的關鍵，對兩岸之間現有的對話和溝通，也會維持現有的機制，並且尊重自 1992 年之後累積的兩岸政治基礎。

針對現有基礎上，蔡英文總統重新提出四點：第一，1992 年兩岸兩會會談的歷史事實與求同存異的共同認知；第二，中華民國現行憲政體制；第三，兩岸過去 20 多年來協商和交流互動的成果；第四，臺灣民主原則及普遍民意。

同時「維持現狀」所代表的另一層政治意涵，就是維持前面既有的政策不予以改變，這當中包含馬英九執政時期簽訂的 ECFA 和各項協議。

蔡英文政府並不反對任何與中國的「對話」和「溝通」，只是這些對話和溝通都必須依照「依據中華民國憲法、兩岸人民關係條例及其他相關法律」也就是未來兩岸之間的對話和溝通，都會經過民意和法律的監督，雖然對臺灣而言，這是民主機制的一部分。

除此之外，蔡英文總統在官方文告中也使用「兩岸」這個較中性的詞彙來形容臺灣和中國的關係，而不是具有統派意義的「大陸」或具獨派色彩的「中國」，希望借此緩和在民進黨上臺後，中國劍拔弩張的氣勢。

　　雖然蔡英文總統的「維持現狀」政策是對改善兩岸關係的「善意」，但這樣的政策並不投中國所好，雖然在蔡英文總統執政初期針對既往的兩岸協議與政策並未改變，但對中國而言，蔡總統作為「兩國論」的起草人，除非接受「一中」，否則不會釋出任何善意。

二、「和平、對等、民主、對話」

　　2019 年 1 月 2 日下午，中華民國總統蔡英文針對中國發表《習五條》召開臨時記者會表示：「始終未接受九二共識」、「堅決反對一國兩制」；記者會中同時也表示：「臺灣絕不會接受『一國兩制』，絕大多數臺灣民意也堅決反對『一國兩制』，而這也是『臺灣共識』」，並且再次強調：「我們願意坐下來談，但作為民主國家，凡是涉及兩岸間的政治協商、談判，都必須經過臺灣人民的授權與監督，並且經由兩岸的政府，以政府對政府的模式來進行。」

　　一年後，蔡英文總統在 2020 年總統大選連任後，於勝選演講中提出「和平、對等、民主、對話」八字，認為這八個字是兩岸要重啟良性互動、長久穩定發展的關鍵，也是能夠讓兩岸人民拉近距離、互惠互利的唯一途徑。

1. **和平**：對岸必須放棄對臺灣的武力威脅。

2. **對等**：雙方都互不否認彼此存在的事實。

3. **民主**：臺灣的前途要由兩千三百萬人決定。

4. **對話**：雙方能坐下來談未來關係的發展。

　　隨後在同年的總統就職演說中，這八字再次被強調，這也符合蔡總統在 2016 年所提的「遵循中華民國憲法與兩岸關係條例來處理兩岸事務」政策，這八字隨後也成為陸委會往後在處理兩岸事務時的戰略指導原則，並指出這幾項是兩岸關係良性互動的關鍵，同時也希望在秉持這四項原則的前提下，中國能充分尊重臺灣的民意，而不是一昧的文攻武嚇進行打壓。

　　針對蔡英文總統拋出的「和平、對等、民主、對話」八字，時任國臺辦發言人馬曉光說：「兩岸關係必須堅持「九二共識」，且說「臺灣的前途由全

體中國人民共同決定」」同時也強調「民進黨從 2016 年執政以來便不承認「九二共識」，這是導致兩岸關係惡化、協商對話中斷、臺海形勢更趨複雜嚴峻的根本原因。」

三、四個堅持

在 2021 年雙十國慶演講上，蔡英文總統首次提出「四個堅持」的兩岸外交主張，其中「堅持中華民國與中華人民共和國互不隸屬」，引起各界的關注，除了引發在野親中政黨的批評，中國國臺辦也隨後批評此舉是「赤裸裸的兩國論」強調兩岸絕對不是國與國的關係。

四個堅持包括：

1. 永遠堅持自由民主的憲政體制。

2. 堅持中華民國與中華人民共和國互不隸屬。

3. 堅持主權不容侵犯併吞。

4. 堅持中華民國臺灣的前途，必須遵循全體臺灣人民的意志。

這「四個堅持」的提出，除了再次強調臺灣的主體性外，也是自李登輝總統提出「兩國論」後，再次將「中華民國與中華人民共和國不互相隸屬」的歷史事實搬上檯面，從另一層意義上來說，李登輝總統任內推動憲改和總統直選後，中華民國的選舉結果就只能代表臺灣人民，而不再代表全中國，這也標誌著中華民國逐步邁向本土化，從「中華民國在臺灣」變成「中華民國是臺灣」。

國臺辦發言人馬曉光指出：「民進黨當局所謂的『四個堅持』，公然否認大陸和臺灣同屬一個中國，是赤裸裸地販賣『兩國論』。無論他們怎樣包裝、粉飾，都掩蓋不了謀『獨』挑釁分裂國家的邪惡用心。」同時也強調：「這一倒行逆施是十分危險的玩火行為，必然升高臺海局勢緊張動盪，把臺灣同胞推向險境。任何人、任何勢力企圖分裂國家，都不會有好下場，都必然以徹底失敗而告終。」

第六節　結　語

　　兩岸關係的發展，當然這是臺灣無法避免的課題，無論是就政治、經濟、軍事、社會、文化等面向，臺灣對於當前的情勢變化都必須重視，特別是兩岸民間交流頻繁，以及國際情勢的瞬息萬變，政府兩岸政策的制定也必須反應國內主流民意、國際現勢及中共對臺做法來綜合評估。然而，由於近年來，中共對臺滲透的動作越來越多，且已干預了臺灣的民主運作，無論是藉由資金的挹注，或是醞釀輿論的氛圍，甚至是與臺灣內部親中勢力的合作，這一方面讓臺灣民主體制面臨挑戰，另一方面也提升軟硬兼施對臺政策的效果，中共滲透不只對臺灣帶來挑戰，同時也是其他民主國家面臨的問題。

　　對於中國因素及中共干預動作，臺灣仍不能大意、輕忽，探悉中共對臺介選，有著短、中、長期的政治目的，短期內影響選舉結果，藉由各種手段來影響投票結果，至少可以作為未來對臺統戰效果擴大的機會，中、長期來說，對臺策略有「擴溢」至軟硬兼施的各種手段，在軍事外交上對臺施壓，以及進一步讓兩岸社經融合發展，尤其是臺灣對中國的依賴。

　　對於中共來說，透過網路進行對臺灣政治發展的干預及滲透，最終的目的是為了改變臺灣民眾的政治認同，進而塑造有利於「促統」的環境，換言之，在數位化的時代，臺灣民眾已習慣從網路平臺來獲得資訊，同時也依賴各種簡短、醒目的訊息，中共也是藉由這樣的數位網絡，以及利用一般民眾查證訊息真偽能力受限的狀態下，展開各種訊息的包裝，這包括網路攻擊、散布假訊息等，同時也和立場親中的媒體合作，擴大訊息傳播的效果，甚至是營造可以操弄輿論的氛圍。例如 2022 年美國眾議院前議長裴洛西(Nancy Pelosi)訪臺、2023 年 4 月蔡英文總統出訪及 8 月賴清德副總統出訪，中共透過對發動軍演行動，同時結合「散布爭訊」、「大外宣」等手法加大「認知作戰」的力度，營造「瀕臨戰爭」的氣氛，網路就是一個重要的媒介。

　　2019 年底，臺灣通過《反滲透法》讓「國安五法」更為完善，不過，由於網路具有多樣性且多變性，同時在民主自由的社會中，很難透過政府的強制力來限制民眾網路資訊的取得，再加上目前已進入選舉熱期階段，政府

相關部會應當採取更嚴密的機制來防範中共介選動作,而中共對臺網路策略與手法並不會因為選舉結束而停止,臺灣必須採取不同階段的整體性規劃。本文認為,臺灣需以三部曲來因應,首先,短期內因應中共對於選舉的干涉與介入,政府部門應當擴大「因應情勢專案」機制的運作;其次,透過立法來強化臺灣的網路資訊安全;長期的規劃部分,透過教育及社會等途徑來強化臺灣社會對於中共對臺統戰的危機意識,才能讓臺灣的國家安全及社會穩定長治久安。

MEMO

編著者　林展暉

CHAPTER 04

習李新政下的對臺政策走勢

第一節　前　言

　　中共對臺政策，係指中國共產黨政府對臺灣問題的政策與立場，該政策原則上是鑲嵌在兩岸關係發展脈絡中，自 1949 年共產黨在中國大陸建立政權以來，迄今已逾 70 年，期間歷任毛澤東、鄧小平、江澤民、胡錦濤以及習近平等五位領導人，兩岸關係的發展，不僅僅是兩岸政經互動的歷程，同時也受到臺灣與中國大陸內部政治、經濟、社會因素影響，更受到國際局勢的變化，特別是美國政府的兩岸政策及其全球戰略部署有關，導致兩岸關係具有其特殊、敏感、複雜及脆弱的特性，因此，中共對臺政策也在此國際戰略格局中呈現多種面貌。

　　然而，我們仍可發現，兩岸關係超過 70 年的發展歷程中，中共對臺政策有其「堅持」與「彈性」之處。其中，中共對臺的一貫政策是始終「堅持一個中國原則」，並且從種族血緣、歷史淵源、文化認同乃至國際法上等不同觀點訴諸臺灣是中國的一部分，而具有彈性與變動之處乃是隨著中國內部政治、國際情勢變化以及國內政局的轉變，在操作方法與論述過程呈現多元的樣貌。

　　綜觀中共對臺政策，從毛澤東時代強調「武力解放臺灣」，到鄧小平時期開始宣揚「和平統一、一國兩制」，時至今日，中共不承諾對臺放棄使用武力和以「一國兩制」解決臺灣問題的對臺政策基本方針仍未改變，但在細部做法與策略運用上卻更加靈活彈性，中共對臺政策隨著中國領導人更迭、國際政經情勢演變以及臺灣主流民意的變化展現出不同樣態，本章節主要針對十八大習近平上任後，至二十大後續任擔任中國最高領導人時期的中共對臺政策的延續與調控。

第二節　習近平對臺談話與政策分析

　　中共自 2012 年舉辦第十八次全國代表大會（「十八大」）開始由習近平主政中共政權，在出任中共中央總書記之前，習近平就長期處理涉臺事務，

包括在與臺灣一海之隔的福建省任官長達十七年，擔任過福建省省長、福州市委書記、廈門市副市長等黨政職務，由於福建是中共處理兩岸經貿合作的前沿區域，也是中共對臺政策的主要實驗區，習近平在福建累積不少的涉臺事務經驗，在地方頻繁與臺灣政商人士交流互動，成為毛澤東以降對臺灣政治生態與經貿環境最熟悉的中共國家領導人。本文參照中共中央臺灣工作辦公室、國務院臺灣事務辦公室網站所彙整的「習近平總書記對臺工作重要論述」與中國大陸官媒與涉臺學者文章進行文獻分析，自 2012 年習近平上任之今，其對臺講話可梳理兩個重點：

一、訴諸血緣情感連結：兩岸一家親與命運共同體的集體概念

分析習近平涉臺言論，初上任階段內容首重兩岸血脈相融，包括對中華兒女、兩岸同胞、臺灣同胞等訴求民族情感的字眼，特別在「十八大」時期，習近平會見國民黨高層及泛藍人士的場合[1]；習近平強調，兩岸雙方應該堅持走兩岸關係和平發展的正確道路，宣導「兩岸一家親」的理念，加強交流合作。[2]

在習近平的涉外文稿中，會以慣用的「中國政府」、「中共」、「中國人民」等詞彙作為強化自我意識的主詞，然而在涉臺演說中，習近平卻習慣以「我們」來形塑兩岸不分你我的政治意涵。學者寇健文分析，當習近平以臺灣人為受眾對象時，習近平傾向將己方主詞改為「我們」，而非對內談話時常用的「黨中央」、「我們黨」，減少觸動臺灣人的政治敏感神經。若使用「中國共產黨」、「中國政府」、「中國人民」等詞彙，則傾向三個詞彙並用，捍衛本身是中央政府的原則，同時迴避臺灣人民對「黨國一體」的反感。然而到了第二任期的「十九大」時期，習近平開始鋪陳追求民族生存、發展與興盛的國族主義路線，並以「中華民族偉大復興」及「中國夢」與臺灣同胞、兩岸同胞進行情感血緣及愛國主義的聯結羈絆。（簡毅慧等，2021）

---

[1] 2013 年初，連戰成為習掌權後第一個接待的臺灣人。但他並非習近平會面最多次的臺灣政治人物，習近平在位以來，共與臺灣政治人物會面 15 次，前副總統蕭萬長 5 次、連戰 4 次、親民黨主席宋楚瑜 2 次、國民黨成員朱立倫、吳伯雄、馬英九、洪秀柱各 1 次。其中，有 11 次會面都集中在馬政府時期，僅 4 次是在蔡政府時期。參閱中央社(2021)。〈「和平發展」越來越少、「粉碎臺獨」越來越多 習近平 165 篇講稿全解析〉。https://reurl.cc/lvmpyv

[2] 人民網(2015)。〈十八大以來，習近平 12 次對臺講話都說了啥？〉。https://reurl.cc/4QxenK

二、漸進強化政治框架：一個中國原則、反臺獨

在十八大任期內，習近平總體涉臺談話主要以血緣親情連結為基調，亦伴隨堅持「九二共識」、「反對臺獨」、「一個中國」等涉及兩岸政治框架與政治定位的話語，而涉及上述的政治架構也是兩岸交流、和平發展與互利雙贏的前提，亦即中國只願意在「一個中國框架」內就兩岸政治問題同臺灣方面進行平等協商。

值得關注的是，在「促統」與「反獨」的戰略目標上，迥異於馬英九政府時期對臺的戰略目標是「促統重於反獨」，隨著臺灣公民社會對「海峽兩岸服務貿易協議存查爭議」進一步引發大學生占領立法院的「太陽花學運」及「反高中課綱微調運動」，中共當局面對臺灣天然獨世代的崛起以及 2016 年臺灣政權更迭，十九大後「反臺獨」逐漸變成對臺政策主旋律。

第三節　中共對臺政策的調整

由於臺灣民主化發展、本土意識的覺醒以及政權輪替成為常態等國內政治效應，以及俄烏戰爭爆發後，國際上醞釀民主聯盟深化合作抗衡威權武力擴張的氛圍影響，使得中共對臺作為的正當性與政策效能遇到重大挑戰，習近平的對臺政策也進行動態調整，然而，這樣的政治工程仍必須在符合中共政治邏輯的一貫性前提下進行。習近平自十九大開始，針對臺灣問題重新論述新的對臺政策主軸，其中最重要的對臺頂層設計，也是習思想的國家統一理論與中華民族偉大復興的實踐，就是「一國兩制臺灣方案」與「新時代黨解決臺灣問題的總體方略」，隨著二十大後，習近平與李強組合的新政權產生，上述政策主軸也持續演繹新論述與政策推進效果。

一、二十大後推進「一國兩制臺灣方案」

2019 年 1 月 2 日習近平在「告臺灣同胞書」發表 40 週年紀念會上發表談話，全篇內容以中共史觀為出發點，連結歷史脈絡、民族情感、統一願景等論述提出「習五條」，其核心目標是兩岸統一，並以民族復興為願景，將

臺灣問題與愛國統一及中國夢之間進行深度連結，成為「習近平新時代中國特色社會主義思想」（簡稱：習思想）堅持內容，成為習核心對臺政策的定海神針。

然而，「一二講話」具有兩個重要意義。第一、明確詮釋中共對「九二共識」的實質定義。第二、推進兩岸政治定位涉入深水區，特別是「一國兩制」從鄧小平時代的政策宣示走向習近平時代的實踐方案，主要體現在習五條的第二項內容，「探索『兩制』臺灣方案，豐富和平統一實踐。」

（一）習近平收窄「九二共識」詮釋權

習近平在歷次對臺重要場合談話內容觀察，特別是接見臺灣政黨與團體人士時，習近平皆會強調：「兩岸雙方堅持『九二共識』與『反對臺獨』是兩岸關係和平發展的政治基礎。」對北京而言，「九二共識」是涉及對臺政策的核心利益與政治定位的基礎，也是兩岸和平發展與經濟社會交流的前提。

在習近平「一二講話」之前，中共對於「九二共識」的表述採取戰略模糊態度，儘管胡錦濤時期在與時任美國總統小布希電話訪談中，美方提及胡錦濤曾指稱「九二共識就是指兩岸都承認只有一個中國，但同意各自表述。」[3]然而，相關文字在日後中共官方檔上卻不存在。在江澤民與胡錦濤時期，中共官方對於九二共識的表述僅止於「海峽兩岸同屬一個中國」。

相較而言，習近平在「一二講話」清楚地將「九二共識」界定為「推動兩岸雙方在一個中國原則基礎上達成『海峽兩岸同屬一個中國，共同努力謀求國家統一』的『九二共識』」，此一論述增加了「共同努力謀求國家統一」這段文字，等於收窄兩岸對於詮釋「九二共識」的彈性空間，這對於堅持「一個中國、各自表述」是「九二共識」重要內涵的國民黨而言將造成衝擊，不僅限縮國民黨在兩岸關係上的話語權，也收窄國民黨對「九二共識」的詮釋定位。整體而言，從習近平的「一二講話」文本分析，「九二共識」

---

[3]　2008 年白宮國安會顧問海德利就布希的北約之行進行簡報時，有記者問及布胡通話的內容，海德利在記者會上表示，布胡對話內容有幾點令他感到驚訝，其中一點就是胡錦濤提到兩岸應在九二共識基礎上恢復協商，是中國一貫立場。海德利並說明，「九二共識就是指兩岸都承認只有一個中國，但同意各自表述。」曹郁芬(2008)。〈布希致電胡錦濤 籲兩岸對話〉。《自由時報》。https://reurl.cc/d76Qgk

是手段，「兩制」是階段目標，「一國」是目的，三者呈現有機的辯證結合。（王信賢 2022，346-347）

（二）「一國兩制」臺灣方案的構想

　　習近平在「一二講話」中最令人關注的就是習五點中的第二項「探索『兩制』臺灣方案，豐富和平統一實踐」。自 1980 年代，中共第二代國家領導人鄧小平為解決臺灣問題、實現祖國統一之目標，提出「一個國家，兩種制度」，並依據此一原則做出對臺灣政治、社會、經濟的處置方案。至此鄧小平之後的中共領導人未進一步闡述一國兩制的核心內容，在江澤民與胡錦濤時期主要強調「一個中國原則」，惟自習近平上任後，從十八大以來，開始鋪陳「運用法治方式鞏固和深化兩岸關係和平發展，完善涉臺法律法規，依法規範和保障兩岸人民關係、推進兩岸交流合作。」

　　為了進一步推進「一國兩制」的實踐，其進程與步驟必須先有個起點，因此，習近平提出倡議，「在堅持『九二共識』、反對『臺獨』的共同政治基礎上，兩岸各政黨、各界別推舉代表性人士，就兩岸關係和民族未來開展廣泛深入的民主協商，就推動兩岸關係和平發展達成制度性安排。」明顯地，此一起手式宣告中國統一過程將由兩岸各政黨、各界別的「民主協商」模式開始啟動，即是直接將兩岸議題納入中國共產黨領導的多黨合作和政治協商制度下的統一戰線模式，儘管推動過程強調和平發展，但是其終極目標就是國家統一。

　　具體解構習近平在「一二講話」的內容，從脈絡上可分析中國設計與實踐「一國兩制臺灣方案」的融合發展路徑。包括兩岸融合示範區從金、馬地區與福建省先行試點外，融合的手段也配合習近平在 2021 年 3 月至福建考察時，提出「要突出以通促融、以惠促融、以情促融，勇於探索海峽兩岸融合發展新路」。中共以「通惠情促融」為基調，試圖以資源共用、經濟共利、心靈共有的方式達成最終達成對臺一國兩制的路徑依賴。

　　第一、金、馬先行。習五條中兩岸的「促通促融」可以從金門、馬祖兩地著手進行，包括習近平談話中指出，福建與金馬地區的經貿合作、基礎設施、能源資源、行業標準皆可以試行互通，「可以率先實現金門、馬祖同福

建沿海地區通水、通電、通氣、通橋。」兩岸先透過公共資源共用，再擴及文化教育、醫療衛生等領域。

第二、對臺優惠促融。除了金馬地區作為兩岸促通的示範區之外，還需要加強「深化兩岸融合發展」，除了惠臺 31 條、惠臺 26 條措施之外，最重要是將臺灣人視為中國人的一份子，將臺企享有與陸企同等的國民待遇，加強臺商對大陸的認同感。習近平強調，「對臺灣同胞一視同仁，將繼續率先同臺灣同胞分享大陸發展機遇，為臺灣同胞臺灣企業提供同等待遇，讓大家有更多獲得感。」

第三、兩岸心靈促融。除了對臺釋放經濟利多政策，中共認為兩岸發展要長治久安，加強心靈認同感是不可或缺的。習近平在談話中強調，「中華文化是兩岸同胞心靈的根脈和歸屬，實現同胞心靈契合，增進和平統一認同。」以兩岸一家親的親情血脈為號召，並保證兩岸和平統一後，臺灣安全將不受威脅，臺灣同胞民生福祉、發展空間、國際地位都將提升，並寄望臺灣同胞以身為中華民族的一份子，思考臺灣在民族復興中的地位和作用，共謀民族偉大復興作為無上光榮的事業。

隨著「一國兩制臺灣方案」的提出，中共逐漸加強對臺政策的力道與進度，包括在 2021 年 11 月中共第 19 屆 6 中全會中，全體通過外界注目的中共史上第三份「歷史決議」，此舉除了奠定習近平延續第三任期領導班子的新時代，決議內容涉及臺海問題時，更強調「牢牢把握兩岸關係主導權和主動權」。

此外，在二十大召開前，2022 年 8 月 10 日中共曾發布「臺灣問題與新時代中國統一事業」白皮書，全文共一萬三千餘字，其主要目的在於統一中心思想、說明核心立場、論述原則方針與對臺政策內容，其主要內容有三點：其一是宣示中華民國已經滅亡，重申臺灣是中國的一部分的事實和現狀；其二展現中共追求統一的決心與堅定意志；其三闡述新時代推進實現祖國統一的立場和政策，包括一國兩制臺灣方案與統一後對臺灣的治理安排等。

二、二十大後「新時代黨解決臺灣問題的總體方略」特徵

2021 年 11 月中國共產黨在十九屆六中全會通過的《中共中央關於黨的百年奮鬥重大成就和歷史經驗的決議》指出，習近平就對臺工作提出一系列重要理念、重大政策主張，形成「新時代黨解決臺灣問題的總體方略」。習近平新時代的對臺總體方略，和過往中共解決臺灣問題的思維區別，主要有兩個特徵：

（一）習近平打造對臺戰略的政治系統工程

過往中共對臺作為雖然採取頂層設計，但是在「破碎式威權主義」的架構之下，黨、政、軍各單位對臺策略呈現「九龍治水」、各行其是的困境，缺乏有效統合治理臺灣問題的總體框架。然而，在習近平提出對臺總體方略的大戰略架構後，國家統一與「兩制」臺灣方案被設定為國家重大政治工程，這也是歷史哲學的研究工程，透過系統性整合中央戰略意圖與黨、政機構與科研智庫單位，克服個體部門對臺工作上的侷限性，在集體意志下的中共對臺戰略設想與執行將更具科學觀與策略性，要達成此等戰略目標，最重要就是堅持黨中央對臺工作的集中統一領導，把黨的領導落實到黨和國家事業各領域各方面各環節，落實到對臺工作的各方面全過程，鞏固全國一盤棋對臺工作格局。（劉結一，2022）

換言之，習近平時代的對臺總體方略將以習近平思想為核心，以兩岸統一為目標，以「一國兩制」臺灣方案為基本框架，在涉臺議題的擬定上更加靈活多變，設法實踐習近平強調的「牢牢把握兩岸關係主導權和主動權」，將「祖國完全統一的時和勢」操縱到有利於己之一方。

（二）重構解決臺灣問題的方法論

對中共而言，「和平統一、一國兩制」是實現國家統一的最佳方式，習近平提出「一國兩制臺灣方案」有兩個重大前提：其一，力求和平解決臺灣問題；其二，統一之後的臺灣必須實踐一國兩制；因此在推動兩岸統一的理論與實踐進入一個創新思想時期，其中「新時代黨解決臺灣問題的總體方略」是習近平關於臺灣問題的思想、論述、主張以及創新哲學思維，是習近

平對臺政策的指導思想，因此在系統性探索兩制臺灣方案之際，必須更深入研究習近平解決臺灣問題中涉臺論述的新思想，特別是「融合思維」。

習近平論述的總體方略，不單是解決兩岸統一前的政治問題，也包括設計兩岸統一後對臺灣社會、經濟、司法等內部治理，和軍事、外交等涉及國際法上定位及海洋管轄權的問題。在總體框架上，以一個中國原則為基礎，落實處理臺灣問題的機制與政策，在涉臺問題的縱向制度體系中，包括國家「統一前」與「統一後」的制度設計、制度立法、制度監督與政策執行等「全過程思維」。在橫向機制上，由中共中央為領導核心，整合跨部門涉臺立法制度體系、司法制度體系、行政制度體系，共同構築解決臺灣問題的總體框架。

三、二十大後中共對臺政策重點

鑒於中共對臺政策有很強的歷史條件、制度遺產、政策慣性與路徑依賴的性質。對中共領導人而言，路線與意識型態的建構不僅涉及黨內權力運作的合法性基礎，同時也是擁有歷史地位的表徵，意識形態遂成為黨內推動各項政治運動與政治鬥爭的權力來源（張宇韶，2016）。習近平對臺的戰略意圖與統一決心，遠比江澤民和胡錦濤時期更為強烈，在二十大之後，中共對臺作為除了採取頂層設計，更統合「破碎式威權主義」架構黨、政、軍分管臺灣問題的困境，習近平對臺總體戰略架構不僅實踐「軟的更軟、硬的更硬」的兩手策略，涉臺議題的設定上也更加靈活多變。換言之，中共在國家統一的前提下，對臺手段上融合侵略性、利益性、精準性與制裁性，未來對臺的政策重點可區分為下列三項：

（一）精準反對臺獨與遏制外部勢力干涉

2022 年 10 月 16 日召開「二十大」習近平更是重申「和平統一、一國兩制」，中共二十大閉幕會上宣讀的黨章修改案決議，將「全面準確堅定不移貫徹『一個國家，兩種制度』的方針」，「堅決反對和遏制臺獨」等內容寫入黨章。在二十大通過修正案之前，中共黨章原來就已載入由鄧小平提出、江澤民總結的「黨在新世紀的三大任務」，其中之一就是完成祖國統一大

業，如今寫入「堅決反對和遏制『臺獨』」，無疑是為「完成祖國統一大業」設定更具體的階段性目標。（張鈞凱，2022）

　　在中共 20 大政治報告涉臺部分強調絕不放棄以軍事手段反對外力干涉和遏制「臺獨」分裂，語氣較他在中共 19 大政治報告時更為強硬，也讓外界對習近平有無可能提前對臺動武之疑慮和討論增加。（郭育仁，2022）儘管當前中共仍堅持「和平統一、一國兩制」的基本方針，但是強調不承諾放棄使用武力，保留採取一切必要措施的選項，針對的是外部勢力干涉和極少數臺獨分裂分子及其分裂活動。

　　從階級鬥爭角度分析，中共為了更深入理解臺獨在臺灣社會的發展淵源，加強研析臺獨勢力在臺灣的起源、特質，並分析從臺獨的階級成分、階級屬性，以及臺獨在本土和海外的演變路徑，並且研析臺獨思想在臺灣社會意識形態領域的光譜。在鬥爭手段上，2021 年起中共中央臺灣工作辦公室（國務院臺灣事務辦公室）對外界宣稱將羅列臺獨頑固份子清單以及臺獨頑固份子關聯機構，針對上述對象與機構將採取一切必要措施予以嚴懲，依法終身追責，以精準打擊針對「臺獨」頑固份子及其金主。（國臺辦，2020）

（二）「大交流促融」與灰色地帶衝突

　　隨著 COVID-19 疫情趨緩，中國鬆綁「動態清零」措施，輔以習近平連任中共中央總書記後，中國開始釋出恢復兩岸交流訊息。2023 年中共兩會時間，接任全國政協主席並為對臺二把手的王滬寧，特別到人大臺灣代表團，提及「掌握了實現祖國完全統一的戰略主動」，也看得出中共對臺在不放棄硬手段外，改以「大交流」為主，也是一種在衡諸內外、兩岸互動與臺灣政情後的「戰略主動」（王信賢，2023）。再者，2023 年 5 月召開的年度對臺工作會議中，王滬寧更表示，要堅持一個中國和九二共識，秉持兩岸一家親的理念，持續深化兩岸融合發展，「要逐步恢復擴大兩岸交流，同臺灣各階層人士交朋友」，並且加強黨對對臺工作的全面領導。上述種種跡象也被認為中共在二十大後，將 2023 年訂為「一國兩制臺灣方案、民主協商」元年。[4]

---

[4]　游凱翔（2023）。〈馬英九訪中　蔡明彥示警：一國兩制臺灣方案元年〉。《中央社》。https://www.cna.com.tw/news/aipl/202303220051.aspx

除了加強對臺交流，也持續對臺進行威懾施壓，包括傳統解放軍機、艦襲擾每年持續升溫，2022 年間，多達 1700 架次中國軍機進入臺灣防空識別區，是 2021 年的兩倍；2023 年上半年中國軍機進入航空識別區相較去年竟增加 54 %。[5] 再者，中國試圖運用各種未達戰爭門檻的「混合威脅」手段，製造更大的威嚇效果，包括數位服務產業滲透、離島海底電纜中斷、無人機侵擾外島營區，以及結合海巡海事單位的巡航巡查專項行動等，都是透過「灰色地帶」行動，旨在掌握臺灣海峽的執法權與主控權。

（三）紅色供應鏈統戰與經濟制裁

二十大後，由中共總書記習近平與國務院總理李強為首的新「習李體制」上任，中國對臺的經濟統戰與人才吸引策略將採取和過往不同的路徑。首先，過去中國對臺企採用「特事特辦、專案處理」模式將逐步減少，以往國臺辦系統在攏絡臺商扮演重要角色，隨著二十大後中國大陸在兩岸關係上力推「大交流」，國務院總理李強就任後對臺商將可能採取盡可能大量吸納原則。

再者，中共對臺灣人才吸納將配合中國經濟發展政策，不再單純攏絡臺商和經濟統戰為主，而是針對臺灣特殊專才採取特殊封閉管道。除了專案吸納臺灣高教人才之外，中國試圖吸引臺灣中小企業的隱形冠軍投資，並結合中國工業和信息化部門的「專精特新小巨人」及「單項冠軍」計畫，藉以鞏固中國產業鏈獨立自主的關鍵環節。

在科技人才吸納上，隨著美中科技戰日益對峙的局勢，中共中央組建中央科技委員會負責培育高階技術人才、創新科技與解決精密技術供應鏈對外國的依賴，試圖在科技領域與美國爭霸。在這波美中科技競賽中，中國戰略目標放在供應鏈安全，除了針對臺灣半導體製造人才高薪挖腳，還可能針對高階技術含量的臺灣中小企業內的「單項冠軍」加以挖角或者併購，包括可用於改良金屬粉末材料、航太通信、精密測量、3D 列印等傳統精密機械與材料科技，藉以彌補中國關鍵核心產業技術含量不足的缺口。（林展暉，2023）

---

[5] 中央社外電(2023)。〈紐時：中國機艦頻擾臺試探警惕性 專家憂縮短臺灣備戰反應時間〉。《中央社》。https://www.cna.com.tw/news/aopl/202308120149.aspx

　　此外，中共對臺的經貿策略亦強化「棒子與胡蘿蔔」策略，除了持續以惠臺政策拉攏臺商、臺青之外，在經濟制裁手段也較以往更為細膩與多樣性。在兩岸關係發展不符中共期待下，中國開始無預警以農產品檢驗檢疫等技術性貿易障礙為由，暫停臺灣農、漁產品輸中。再者，中共也開始對臺發起貿易戰，中國商務部在 2023 年 4 月啟動對臺灣貿易壁壘調查，涉及產品種類包括農產品、五礦化工產品、紡織品等高達 2509 項產品，上述產品類別和臺灣中南部廠商、中小企業和青年創業有關，在過往對臺灣「青年一代」與「基層一線」實施惠臺政策後，開始輔以「胡蘿蔔加大棒」，並且試圖影響 2024 年總統大選，此次調查在特殊情況下可延長至 2024 年 1 月 12 日，也就是臺灣總統大選投票前一天，中國透過經貿手段介入臺灣選舉的意圖不言可喻。（林展暉，2023）

第四節　從 2016 年總統大選後看兩岸之間互動

　　自 2012 年習近平上任後，習近平政權與馬英九政府在兩岸政治與經貿上有突破性進展，2015 年 11 月 7 日在新加坡舉行「馬習會」，更是兩岸自 1949 年以來最高領導人的首次會晤。然而，馬政府過度傾中的政治傾向與經貿倚賴也引發臺灣內部社會的疑慮，包括在 2014 年 3 月「太陽花學運」的發生，進而推遲《海峽兩岸服務貿易協議》。一般認知，太陽花學運有助於平衡臺灣經濟過度傾中的現象，而受到太陽花學運的部分影響，時任民進黨黨主席的蔡英文在 2016 年的總統大選和立法委員選舉中獲得過半席次的絕對多數，蔡英文成為中華民國首位女性總統，民進黨重返執政並且首度達成總統勝選與國會過半數的完全執政狀況。（吳叡人，2016）

　　然而，兩岸關係的互動也在 2016 年總統大選過後進入冷卻期，蔡英文就任總統訴求兩岸「維持現狀」，希望維繫既有的兩岸合作與交流機制，但拒絕接受「九二共識」，僅於就職演說中提及「尊重 1992 年兩岸會談的歷史事實」。中共當局顯然對於蔡英文的兩岸論述不滿意，開始逼迫蔡政府改變兩岸主張，並逐步升高對臺外交戰，迫使臺灣友邦國家與臺斷交，中國過去七年奪走臺灣 9 個邦交國，至 2023 年臺灣僅剩 13 個邦交國。

　　隨著蔡英文總統第一任期即將結束，兩岸關係發展似乎沒有和緩的跡象，兩岸關係的緊繃期則是自 2019 年習近平提出包含「一國兩制臺灣方案」的《習五條》，試圖連結九二共識與一國兩制，同時祭出一系列文攻武嚇，包括在 2019 年限制陸客自由行、2020 年禁止團客來臺，以及暫停陸生來臺就讀和臺灣農漁產品進口等手段，軍事脅迫則是以解放軍機、艦頻繁繞島巡航，並且屢次跨越海峽中線及襲擾我國防空識別區(ADIZ)，面對北京加大打壓力道，蔡英文總統明確表態「拒絕一國兩制」，並且在 2021 年雙十國慶演說上提出「四個堅持」作為回應，包括「永遠堅持自由民主的憲政體制」、「堅持中華民國與中華人民共和國互不隸屬」、「堅持主權不容侵犯併吞」、「堅持中華民國臺灣的前途，必須遵循全體臺灣人民的意志」，並且以「中華民國臺灣」的國家論述概念尋求國內共識。尤其在 2019 年香港發生「反對《逃犯條例》修訂草案運動」，蔡英文總統以捍衛「臺灣主權」和堅持「民主自由」作為競選連任的選舉訴求，以 57.13%得票率、817 萬票數順利連任第 15 屆總統。

　　然而，隨著 2020 年蔡英文總統高票連任，2022 年習近平亦在二十大尋求毛澤東之後中共最高領導人的第三任期的首次全面連任；一般認為，中共二十大黨內換屆選舉打破改革開放以來的集體領導制度，同時也加大威權主義擴張的態勢，並加強對臺施壓的力度。臺灣為了因應中國的軍事擴張與武力威懾，蔡英文在 2020 年雙十國慶首次提出，針對共軍不斷挑釁作為堅守「不畏戰、不求戰」並維持區域和平穩定原則，以及強化安全夥伴角色。

　　隨著兩岸關係持續緊張，蔡英文總統在 2022 年底召開「強化全民國防兵力結構調整方案」記者會，宣布義務役將恢復一年役期，以強化自我防衛能力、確保國家安全利益，以及強調「備戰才能夠避戰，能戰才能止戰」，透過強化自身的國防戰力與軍事量能，將臺灣定位為抵禦中國威權主義擴張的第一線和全球民主防衛最前線。換言之，「臺海議題國際化」與「堅持臺灣民主主權」成為蔡英文第二任期中兩岸關係的主軸。

第五節　結　語

　　綜言之，兩岸關係互動是典型的動態賽局，其均衡是一個動態 (Dynamic)的「那許均衡」，意思是任何一方的參賽者，都會根據最新的情報，評估各方的實力、下一步可能的行動；爾後盡己所能的採取新行動，謀取最大利益，最後在一個點，達成新的「那許均衡」（張榮豐，2015）。隨著美中貿易戰與科技戰兢爭加劇，中國又面臨改革開放後前所未有經濟下行，與刺激經濟政策成效不彰的局勢，兩岸關係在習近平第三任期以及臺灣在「後蔡英文時代」，將面臨更為嚴峻的臺海情勢與戰爭風險性升高的態勢。

　　據以研判，2024 年臺灣新上任的總統，在面對習李新政下對臺強勢作為，必須更加嚴肅與謹慎處理中國在「交流融合」與「灰色衝突」的雙重壓力測試，中國勢必以推進祖國統一與掌控臺海局勢主控權做為唯一選項。臺灣在面對中國的強制性政治框架下，如何有效提升軍事嚇阻力並且建立與世界民主國家間的夥伴關係，亦是維持臺海和平穩定與印太區域安全的重要關鍵。隨著臺海面臨更嚴峻緊張關係，此時中國若願意在不設政治前提下持續與臺灣溝通交流，方能開啟兩岸人民福祉互利雙贏新局面。

參考
文獻

中共中央臺辦、國務院臺辦 (2020)。《國臺辦新聞發布會輯錄》。
　　https://reurl.cc/DANDKd

王信賢(2022)。〈鑲嵌在中國兩個大局的兩岸關係：習近平時期中共對臺政策解
　　析〉。《一個人或一個時代：習近平執政十週年的檢視》。臺北：五南出版
　　社。

王信賢 (2023)。〈2023 年中共「兩會」觀察與評析〉。《遠景論壇》。
　　https://www.pf.org.tw/tw/pfch/12-9984.html

吳叡人、林秀幸、蔡宏政(2016)。《照破：太陽花運動的振幅、縱深與視域》。
　　新北市：左岸文化。pp.78-203。

林展暉(2023)。〈「蔡麥會」後 中國實施「對臺總體方略」演練〉。《RTI 洞察中
　　國》。https://insidechina.rti.org.tw/news/view/id/2164987

林展暉(2023)。〈中國經濟復甦乏力 中共調整對臺經濟統戰策略〉。《RTI 洞察中
　　國》。https://insidechina.rti.org.tw/news/view/id/2170497

馬祥祐(2019)。〈論「一國兩制」臺灣方案的可能內涵與方向〉。《展望與探
　　索》。17：8。pp.60-69。

張宇韶著、童振源主編(2016)。〈大陸對臺政策的趨勢與變數〉。《兩岸政策藍皮
　　書》。新北市：博誌文化。pp.115-127。

張鈞凱(2022)。〈「反對和遏制『臺獨』」首入黨章　習近平想對臺灣說什
　　麼？〉。《香港 01》。https://reurl.cc/o7kE6j

張鈞凱。〈兩會｜李克強報告涉臺部分，延續中共二十大「交流促統」基調〉。
　　香港 01，2023 年 3 月 6 日。https://reurl.cc/Ova4YX

張榮豐(2015)。〈多方賽局下的臺海「那許均衡點」〉，《想想》，4 月 12 日，
　　http://www.thinkingtaiwan.com/content/3933

郭育仁(2022)。〈中共 20 大後外事決策體制與對臺總體方略〉。《展望與探索》
　　20：12。pp.55-63。

曾偉峯(2023)。〈2023 年中國大陸全國「兩會」觀察—外交與兩岸關係之意涵〉。《展望與探索》。pp.15-21。

劉結一(2022)。〈堅持貫徹新時代黨解決臺灣問題的總體方略〉。《求是》。https://reurl.cc/b91mGv

簡毅慧、林琪、陳盈諭編(2021)。〈「和平發展」越來越少、「粉碎臺獨」越來越多，習近平 165 篇講稿全解析〉。《中央通訊社》。https://reurl.cc/Rzay2D

編著者　吳建忠

CHAPTER
05

習近平對臺總體方略在第三任期的延續與調適

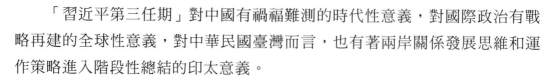

第一節　前　言

　　「習近平第三任期」對中國有禍福難測的時代性意義，對國際政治有戰略再建的全球性意義，對中華民國臺灣而言，也有著兩岸關係發展思維和運作策略進入階段性總結的印太意義。

　　自鄧小平確立中共對臺政策以「和平統一、一國兩制」不放棄武力為基本方針後，中共歷經「江八點」（1995 年 1 月）、「胡六點」（2008 年 12 月）、「習五條」（2019 年 1 月）的演變。那麼讀者又該如何理解習近平進入第三任期，中共對臺政策背後的政治邏輯呢？而不僅止於停留於媒體描述習近平對臺政策「軟的更軟、硬的更硬」而已呢？進入第三任期，在鄧小平所立之基本方針的框架不變下，中共對臺政策中的「反獨」與「促統」目標，已經在對臺政策中的配比發生變化。中共對臺政策配重歷經變化，從江、胡時期側重於如何防止臺灣獨立、維持現狀，再到習時代的對臺政策以「促統」為核心，思考如何在當前中華民國臺灣主張的維持現狀下，推動中國「和平統一」的進程。

　　由於中共迄今並未放棄「武力統一」的選項，中共「反獨促統」策略，意指中共在不放棄「融合統一」的前提下所實施各項防止「臺獨」勢力崛起，以及推進兩岸統一的作為。綜合觀察二十大後的情勢變化，中共全面加速「促統」在對臺工作上的重要性。然而，即使習近平試圖加速「融合統一」的速度，但在涉臺事務上，也面臨不得不面對的政策困境。中共如何調和「促統」的目標與政策困境，即是習近平部署涉臺政策的重點與政治邏輯之所在。

第二節　一國兩制臺灣方案的「反獨促統」框架及侷限

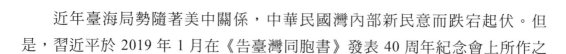

　　近年臺海局勢隨著美中關係，中華民國灣內部新民意而跌宕起伏。但是，習近平於 2019 年 1 月在《告臺灣同胞書》發表 40 周年紀念會上所作之

講話（以下簡稱「習五條」），已定下日後中共部署涉臺相關政策的框架。除「習五條」之外，中共另公布《促成國家完全統一實現中華民族偉大復興—權威專家談新時代黨解決臺灣問題的總體方略》（2021 年 12 月，以下簡稱《權威專家談解決臺灣問題總體方略》），以及第三份對臺白皮書《臺灣問題與新時代中國統一事業》（2022 年 8 月，以下簡稱《第三份對臺白皮書》）。這些政治文件有助於讀者釐清習近平對臺總體方略的政治邏輯與訴求。

一、習近平的對臺工作目標：推進「融合統一」的進程

「習五條」為習近平對臺工作的政策框架，而馬前總統倡議的「九二共識」，在北京當局的定義下，僅剩下中華人民共和國的「一個中國原則」內涵；「習五條」提出「一國兩制臺灣方案」後，「九二共識」更被定調為「一個中國原則」及追求統一的「九二共識」，也等同將「一個中國原則」、「一國兩制」加諸臺灣之上。中華民國臺灣當時已予嚴正駁斥，而 2020 年臺灣總統大選結果更彰顯臺灣民意堅拒「一國兩制」，也否定了讓臺灣自陷困境的「九二共識」；歷史已經翻過一頁，本文認為已無須糾結再討論「九二共識」的訓詁學問題，除非習近平自己推翻「習五條」，來提出新論述。

2022 年 8 月，美國眾議院議長裴洛西(Nancy Pelosi)訪臺後，中共繼1993 年、2000 年後，再度公布《第三份對臺白皮書》。若「習五條」為習近平對臺工作的政策框架，那麼較之於〈權威專家談解決臺灣問題總體方略〉，《第三份對臺白皮書》則更全面地剖析習近平對臺工作方略的權威文件。但不論上述政治文件的名稱如何變化，基本上這些講話或文件均反映新時代下「國家統一理論」的一部分，從中可知習近平對臺工作的政策核心，及其背後的邏輯。從這些政治文件所揭示的資訊，本文認為，習近平對臺工作的政策核心為，如何在維持兩岸「反獨」的現狀下，用各類的「促融」方式，從胡錦濤時代的兩岸「和平發展」走向「融合統一」，上述的判斷則肇因於以下四點。

第一，習近平對臺工作的政治宣示。「習五條」指出，由於中共在過去七十年間，取得「反臺獨」、「反分裂鬥爭」的重大勝利，因此「黨把握兩岸關係的時代變化」，視完備「國家統一理論」為繼胡錦濤時代後對臺工作的

重心。本文認為，中共之所以認為已取得「反臺獨」、「反分裂鬥爭」的重大勝利，應肇因臺、美均認知到，中共視「法理臺獨」為處理兩岸問題的「底線」；其次，美國按照其「一中政策」(One-China Policy)的立場，長期以來均稱不支持臺灣尋求「法理臺獨」。即使日後情勢有變，但臺灣突破現狀並獲美國支持宣布獨立的機率不高。然而，習近平卻不滿意現況—兩岸陷入膠著狀態，膠著狀態指的是馬英九政府所主張的「不統不獨不武」，讓臺灣繼續保持不獨立也不統一的立場，因此習甚至喊話「兩岸長期存在的政治分歧問題是影響兩岸關係行穩致遠的總根子，總不能一代一代傳下去」。

第二，政治文件中所揭露的相關資訊。十九屆六中全會〈中共中央關於黨的百年奮鬥重大成就和歷史經驗的決議〉（2021 年 11 月）指出，在習近平治下，中共把握兩岸關係的變化，提出豐富「國家統一理論」和對臺政策方針。隨後經由〈權威專家談解決臺灣問題總體方略〉的闡述，「國家統一理論」反映於「習近平新時代」，中共總結國家統一問題上的成就，以及在推動國家統一過程的經驗，其主要用以引導兩岸關係朝向「正確」方向發展、國家如何實踐統一等議題。

據此，可推知「國家統一理論」的內容應包含：確立堅持「一國兩制」和推進「祖國統一」的基本方略；提出推進「祖國和平統一」的五項重大政策主張（「習五條」所指涉的內容）；打造完備的「一國兩制」制度體系；良好的「中國特色社會主義制度」，以及國家治理體系和治理能力現代化為「祖國和平統一」的基礎；提出「新時代黨解決臺灣問題的總體方略」。

第三，中共在政策規劃上，開始探索可行的「統一方案」，以及思索統一後如何透過法律架構處理治理臺灣的問題。對中共而言，解決臺灣問題已屬現在進行式。據北京大學臺灣研究院院長李義虎的說法，近幾年來，他的研究團隊正在進行「一國兩制臺灣方案」的研究工作，該研究案屬國家社科基金的重點項目，研究目的在於試圖探索出一個對兩岸來說兼具合理且可行的「統一方案」。此外從中國人民大學兩岸關係研究中心主任王英津談話中也可探知，中共恐已開始探索日後「治理臺灣」的法律體系。其中可能包含：中央—地方關係、兩岸法律體系的銜接、審理與執行制度、司法體系組成等多方層面。

　　最後，由於香港的治理經驗，中共也開始思索如何因應日後在「一國」之下恐存在政治意識形態分歧的現實。在北京高舉「愛國者治港」後，外界多半判斷，日後兩岸統一，中共應會比照辦理，高舉「愛國者治臺」。我們從臺辦、外交系統官僚的相關表述中可知，中共已開始拋出政治意識形態統一於「祖國統一」後的重要性。威權國家在其中央政府之下，斷然無法容忍境內存在一個民主化的政治實體，政治意識形態分歧的狀況於「祖國統一」後不可能持續存在。因此，中共日後在實踐上，一方面恐以意識形態立場作為標準區分臺灣人民所能獲得的政治待遇；另一方面則從「擁護祖國統一的臺灣同胞將在臺灣真正當家做主」可知，愛國者治臺則為「祖國統一」後的原則；最後，則將會下功夫「重塑」臺灣民眾的意識形態，認為「未來兩岸統一後，在正確教育下，臺灣民眾一定會成為支持統一的愛國者」。

二、中共「二十大」對臺政策及相關談話

　　中國共產黨第二十次全國代表大會（以下簡稱為「二十大」）在 2022 年 10 月 16～22 日於北京召開。此次會議最受注目的無非是中共新一屆領導的產生，尤其是習近平當選中共總書記，史無前例地進入第三個任期。對臺灣而言，除了關注「二十大」中共新領導班子的產生之外，另外也是相當重要的一件事就是習近平在「二十大」工作報告中對於中共對臺政策如何陳述，因為這與兩岸關係的未來走向有極為密切的聯繫。

（一）　「二十大」對臺政策具體內容

　　2022 年 10 月 9 日，中國國臺辦官網轉載由中臺辦理論學習中心組撰寫、刊於中共中央宣傳部主辦之「黨建」雜誌上的「攻堅克難勇毅前行在民族復興征程中推進祖國統一進程－黨的『十九大』以來對臺工作綜述」一文，文中強調「新時代黨解決臺灣問題的總體方略」是新時代對臺工作的根本遵循和行動綱領，並解釋「總體方略」由習近平對臺工作的重要論述與一系列新理念、新思想、新戰略所構成，是解決臺灣問題與推進統一的最新理論成果。這幾句話指出了當前中國對臺政策的決策核心者即是習近平，因此習近平在中共「二十大」的談話或書面報告中針對臺灣問題有哪些陳述，將是瞭解中國對臺政策最新方向的重要依據。

習近平在中共「二十大」開幕式上宣示的對臺政策立場，可分別見於他的口頭報告以及提交給「二十大」的書面報告。10 月 16 日「二十大」揭幕，習近平口頭發表工作報告，在不同段落分別提到臺灣問題。比起書面報告，口頭報告提到關於臺灣的部分精簡許多，但是他特別在口頭報告裡面提出這些部分，可以想見它們是習近平認為的臺灣問題裡面的重中之重，並且是想要直接傳達給臺灣、美國，以及國際社會的強烈訊息。

習近平在口頭報告即提及面對臺獨和外部勢力干涉，中方堅持反對分裂，要牢牢掌握兩岸關係主導權。演說後面再度提到臺灣議題時說，堅決貫徹新時代黨對臺灣問題的方針，「堅定不移推進祖國統一大業」。習近平說，中方始終關愛臺灣同胞，不過解決臺灣問題是「中國人自己的事，要由中國人決定」；中國以最大誠意和努力爭取和平統一，但「絕不承諾放棄使用武力，保留採取一切必要措施的選項」，並強調這是針對外部勢力和極少數「臺獨」分裂份子，絕非針對廣大臺灣同胞。他並強調，「祖國完全統一一定要實現，也一定能夠實現」。

習近平上述關於臺灣的口頭談話指出了幾個當前對臺政策的重點。首先是反對分裂，以及強調中共對完成「祖國統一」的堅定決心與信心。這明顯是針對「臺灣獨立」主張所發出的一項訊息，其次，反對「外部勢力」介入臺灣問題，因為這是「中國人自己的事」、且「要由中國人自己決定」。這是說給美國聽的，意在警告美國不要涉入臺灣問題的解決，第三，強調解決臺灣問題的途徑仍然以「和平統一」作為最優先的選項，這一點表明至少在目前階段中共還不會選擇使用武力的方式來統一臺灣，第四，即使是優先追求「和平統一」，但是若有需要，中共仍不會放棄使用武力來解決臺灣問題。最後，將所謂「外部勢力和極少數『臺獨』分裂分子」與「廣大臺灣同胞」有所區隔，萬一對臺灣使用武力時將分別對待。

習近平書面報告涉臺內容，重點除了前面提到的五點之外，另外也包含了下面幾項：第一，把「解決臺灣問題，完成中國的統一」納入了習近平上臺後揭櫫的「實現中華民族偉大復興的中國夢」的一個環節，成為實現「中國夢」的一項必要條件，用以展現習近平對於解決臺灣問題的堅定決心。第二，清楚表明中共想要掌控兩岸關係的主導權與主動權。第三，除了強調

「和平統一」，也再次強調 1980 年代鄧小平提出的「一國兩制」，認為它是兩岸統一後的最佳制度安排方案。第四，重申「一個中國原則」和「九二共識」，並以其作為推動兩岸關係與統一進程的重要基礎。最後，以民族情感及同胞愛訴諸臺灣民眾，表明仍然願意與臺灣方面維持「交往」(Engagement)關係，這包括願意針對兩岸關係及統一問題與臺灣各界進行協商與合作，還有繼續促進兩岸經濟文化交流，以求達成兩岸的融合與契合。

（二）「二十大」對臺政策與之前中共對臺政策異同

與過往中共的對臺政策相較，「二十大」對臺政策內容基本上並沒有出現太大的變異，而是仍然有相當程度的延續性。例如「和平統一、一國兩制」作為對臺政策基調，但是不放棄以武力解決臺灣問題，是 1980 年代初期鄧小平就確立的原則。「堅持『一個中國』原則、反對臺灣獨立」可見於 1995 年 1 月當時中共總書記江澤民所提出的「江八點」提及的「堅持一個中國原則與反對『兩個中國』與『一中一臺』」，還有後來 2005 年 3 月時任中共總書記胡錦濤發表的「胡四點」之中；而 2005 年 3 月 14 日全國人民代表大會通過「反分裂國家法」更是以法律形式展現中共反對「臺灣獨立」的決心。強調堅持「九二共識」曾出現於中共「十八大」胡錦濤的政治工作報告，以及「十九大」習近平的政治工作報告之中。而呼籲加強兩岸人員與經濟交流則出現在 2008 年 12 月胡錦濤發表的「胡六點」之中，並落實於胡錦濤時期開始、習近平上任後仍延續的「惠臺政策」之上。習近平在「二十大」對臺政策中比較不同於鄧、江、胡時期且值得注意的地方則有以下幾點。

首先，延續 2021 年 7 月 1 日中共「百年黨慶」時談話中關於對臺政策部分所提到的「任何人都不要低估中國人民捍衛國家主權和領土完整的堅強決心、堅定意志、強大能力」的強硬口吻，習近平在「二十大」口頭報告中強調「祖國完全統一一定要實現，也一定能夠實現」，再次展現中共捍衛領土主權完整、堅決完成統一的強勢態度與強烈決心。其次，習近平提到「解決臺灣問題是中國人自己的事，要由中國人來決定」以及宣稱「不放棄使用武力」所針對的對象之一是「外部勢力干涉」，這幾句話與 2022 年 8 月中共

發布的《第三份對臺白皮書》是具有相同背景脈絡的，也就是針對美國眾議院議長裴洛西(Nancy Pelosi)在 8 月初訪問臺灣一事，表達中共強烈反對美國介入臺灣問題與強烈反對美國支持臺灣的立場。第三，同樣延續了 8 月的「臺灣問題白皮書」中「牢牢把握兩岸關係主導權和主動權，有力維護臺海和平穩定，扎實推進祖國統一進程」的說法，習近平的書面報告提到「牢牢把握兩岸關係主導權和主動權，堅定不移推進祖國統一大業」，突顯了中共想掌控臺海議題發展的主導權的企圖。第四，與「臺灣問題白皮書」一樣，習近平的書面報告指出「實現祖國完全統一」是「中華民族偉大復興的必然要求」。把解決臺灣問題與習近平上臺後才提出的「中華民族偉大復興」、「中國夢」相連結，構成了習近平時代獨有的對臺政策理論論述。

綜合以上幾點，習近平的「二十大」對臺政策與先前中共對臺政策在大方向上面是一致的，例如「一國兩制，和平統一」與「不放棄使用武力」，不過在其他地方則加入了切合他個人思想以及比較能夠因應臺海當前形勢的元素，例如完成祖國統一是「中華民族偉大復興的必然要求」、「反對外部勢力干涉」、以及在當前情勢下試圖掌握兩岸關係主導權及對於完成「祖國統一」的堅定決心。

第三節　對臺工作困境推進「總體方略」的促統進程

習近平的政治資產標榜「中華民族偉大復興」，而習近平在對臺工作上所面臨兩個悖論，如果臺灣沒有被統一，那「中華民族偉大復興」算是「中華民族偉大復興」嗎？進一步來看，如果臺灣被統一需要付出延遲代價，那這樣的「中華民族偉大復興」值得嗎？

習近平在推動「祖國和平統一」的路上並非一帆風順，習近平於對臺政策上首要面臨的困境在於，若要實現「和平統一」的目標，臺灣民眾的認同與意願將是關鍵。隨著臺灣民主深化，臺灣民眾的認同與意願益發重要，中共更無法放棄 1979 年發表〈告臺灣同胞書〉以來「寄希望於臺灣人民」的

原則。第一，因為中華民國臺灣是成熟的民主國家，執政黨的更迭取決於臺灣人民的意願，臺灣的兩岸政策亦可能隨之調整。例如：時任國臺辦主任的王毅之所以得以於十八大前細數胡錦濤任內對臺工作的成就，即取決於當時國民黨政府背後所代表的民意與政黨對兩岸政策的理念；第二，臺灣民眾的意願與認同也會左右兩岸統一後中共治理臺灣的成本；第三，自 2001 年開始，一直有超過五成的民眾持「維持現狀」的立場。中共長期以來的對臺工作的確維持了臺灣民眾這種「不統、不獨」的立場，對中共而言，一方面是「反臺獨」、「反分裂鬥爭」的重大勝利；但另一方面也顯示這種現狀已陷入膠著，似無突破的可能。

習近平除了面臨到臺灣內部民意與政治認同的問題以外，自 2018 年開始，受到美、中對峙的影響，中共外部環境則逐漸出現轉變，較江、胡時期已不可同日而語。中共面臨的新困境為，「一個中國原則」不斷受到臺、美等西方民主同盟國家的挑戰。從中共的立場來看，美方逐步從「不支持臺獨」到縱容之。隨著美方介入臺海越深，習近平更難以如江澤民所稱「祖國統一的問題，應當由兩岸中國人自己解決」，也難以如胡錦濤時期採用「經美制臺」的策略。自川普政府開始，臺、美不只突出雙方在意識形態上具有一致性，同時在官員互動頻率與層級、國會推動「友臺法案」，及軍購程序等層面上均有所突破。臺、美互動的變化，對中共而言有兩點意涵。首先，美國藉美中對峙的格局與中華民國臺灣攜手提高中共於國際輿論場上維繫「一個中國原則」的成本，削弱目前中共掌握「祖國統一大業」的主動性。其次，臺、美間在高階官員之間頻密的互動，以及建立起經濟、軍事、科技數位、衛生醫療等既深且廣的合作關係，雖不見得改變美國對於「臺獨」的立場，但卻強化中華民國臺灣「拒統」的意志與能力。

最後，除了「一個中國原則」不斷受到侵蝕以外，目前的新格局也恐導致中共既有的「反獨」作為已緩不濟急。2016 年民進黨政府上臺，再加上隨後展開的美、中對峙，對中共而言，臺海情勢迎來全新的局面，著力防堵「臺獨分裂分子」與外部勢力勾連成為對臺要務。習近平雖仍延續江、胡所奠定的「反獨」框架，意即鞏固「一個中國原則」成為國際建制的一部分；缺席審判突出追究「臺獨」的刑事責任與對臺動武紅線的法制基礎；部署臺

海周邊的軍事行動等作為。但此框架卻因臺灣「勾連外部勢力」、美國「以臺制華」等情勢轉變已顯不足。中共認為美國正逐步擴大「以臺制華」的範圍，從一開始遏止解放軍軍事活動範圍，轉為指控臺、美在兩岸問題上攜手破壞現狀，美方企圖武裝臺灣，藉此支持「臺獨」、侵蝕中共的「一中原則」，提高中共推進「祖國統一」的成本，挫敗中國的國家發展進程。此外，對中共而言，更具威脅感的不只臺、美雙方攜手而已，拜登上臺後糾集民主同盟盟友抗中的策略也帶給中共無比的壓力。例如：中國外長王毅在 2023 年「兩會」外交部長答中外記者問論及中日關係時，才會意有所指地提醒日本千萬不要忽視中日重新建交至今，在日本侵華與臺灣問題上所累積的政治互信，劍指日本政壇對「臺灣有事」的一連串討論。

　　綜上述，本文認為，目前中共對臺工作所面臨的困境與壓力，使習近平須重新檢視過去「反獨」與「促統」的做法。如此一來，恐使臺灣在臺海情勢上面臨全新的壓力。

第四節　習近平對臺政策部署的政治邏輯

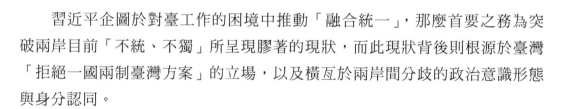

　　習近平企圖於對臺工作的困境中推動「融合統一」，那麼首要之務為突破兩岸目前「不統、不獨」所呈現膠著的現狀，而此現狀背後則根源於臺灣「拒絕一國兩制臺灣方案」的立場，以及橫亙於兩岸間分歧的政治意識形態與身分認同。

　　值得注意的是，臺灣「拒統」的立場與分歧的政治意識形態屬一體兩面的問題，且彼此恐形成相互強化的關係，中共須一併解決之。據此，習近平對臺工作部署的政治邏輯與政策重點如以下所述。

　　首先，在「世界百年未有之大變局」中削弱臺灣「拒統」意志與能力。中共認為，目前臺灣之所以強化「拒統」立場，其根源有二，一是在美中對峙的格局中，美方企圖「以臺制華」，因而臺灣受到來自美國的支持；二是臺、美分享共同的政權型態與政治意識形態。其次，在追求「中華民族偉大復興」的過程中提升自身的經濟發展與治理能力，最大程度地「說服」臺灣

民眾與遏制「臺獨」，提高兩岸走向「融合統一」的機率。在習近平主政下，中共突出「融合統一」須以「強大的中國」為前提—擴張中國經濟、科技、軍事實力，以及凸顯社會主義國家的制度優勢、強化共黨政治體系的治理效能。中共藉「強大的中國」，一方面企圖藉說服臺灣民意調整政治意識形態與身分認同，提升兩岸「心靈契合」的程度，並縮小兩岸間分歧的政治意識形態與身分認同，修正過去採「讓利」爭取臺灣民眾認同的思維，透過對臺灣進行貿易壁壘調查，中止 ECFA 早收清單部分石化產品輸中；另一方面也可達到遏制「臺獨」，使兩岸情勢不致走向兵戎相見的程度。第三，強調中共在解決臺灣問題上將保持「戰略定力」。中共解決臺灣問題的戰略方法，必須臣服於中華民族偉大復興的總體戰略之下。這意指解決臺灣問題固然重要，但仍以「和平」的方式為優先，萬萬不能因外部情勢轉變，而採取躁進的做法，為了解決臺灣問題而阻礙中華民族偉大復興的步調。最後，「反獨」為「祖國走向和平統一」服務，企圖撬開膠著的現狀。在江、胡的對臺戰略中，側重「反獨」發揮的「維持現狀」，以及為兩岸「融合發展」奠基之效。但習近平的對臺目標已發生變化，「反獨」不能只發揮維繫現狀與兩岸「和平發展」的效果。「反獨」作為配合國家整體實力的提升，將具備更加多元、積極與具侵略性的特徵，以撬動臺灣「不統、不獨」的立場，成為習近平企圖推進「融合統一」的助力。

◎ 習近平對臺政策走向的重點

用習近平的政治邏輯開啟對臺工作部署，環繞著以下四點：一要縮小美國在臺海之間的角色；二是擴大軍事施壓，開展出「融合統一」的空間；三是要解決兩岸政治認同分歧的問題；四是要強化自身的實力使之成為鞏固反獨現狀，伺機謀求和平統一的機會。

（一）中共將視對臺工作為與美「鬥爭」的一環

美中對峙的格局不見解決，再加上目前中華民國臺灣對於經濟、軍事戰略的規劃，臺美之間有其共同的意識形態與利益基礎，使得美國日後涉入兩岸問題的趨勢與對臺灣的支持已益發明確。於中南海來說，涉臺事務已離不

開對美「鬥爭」的布局。若中共要維護「融合統一」，在對美「鬥爭」的工作上，勢必要盡全力阻擋外部勢力提供臺灣尋求支持「臺獨」的訊號。其次，則藉提供兩岸統一後，不僅不損及各國利益，甚至將對國際社會穩定繁榮帶來貢獻的說帖，搶奪國際輿論主導權。相較於 1993 年、2000 年的對臺白皮書，2022 年的《第三份對臺白皮書》值得注意的是，增加了兩岸「和平統一」將替世界局勢與東亞區域帶來穩定、繁榮的論述。此說法無疑是對國際與區域內國家釋放一個訊號：若支持臺、美破壞臺海現狀，兩岸難保不會兵戎相見，而臺海情勢凶險並不利於各國國內發展所亟需穩定的外部環境。值得注意的是，中共學者甚至更進一步採兩岸統一將為國際帶來哪些利益的論述「說服」美國在東亞的盟國日本，「兩岸統一將不會改變臺灣海峽為國際航道的事實，日（包含南韓）都不需擔心航道問題」。

（二）強化軍事實力與「和平統一」的互補性

自 2019 年年初開始，中共隨著臺、美雙方關係升溫與美、中關係跌宕起伏停滯不前，開始強化中共既有的「反獨」作為。在軍事施壓方面，解放軍在臺海周邊軍事活動的頻率、型式、樣態、編隊等，屢屢突破以往的範圍與強度。尤其在美國眾議院議長裴洛西訪臺後，除了「圍臺軍演」，展現解放軍具備對美「區域拒止」的能力之外，未來美、中、臺長期以來默示的「海峽中線」恐已成為歷史名詞。

在面對中共當局持續加大對臺施壓脅迫、衝擊地區和平的時刻，2024年蔡總統的元旦講話論及「世界的臺灣」，而蔡總統 2021 年雙十國慶談話強調堅定「四個堅持」，及在經濟產業、社會安全網、民主自由體制、國防戰力等打造「四大韌性」，並呼籲對岸尊重臺灣人民對主權和民主的堅持，理性和平處理問題。對照來看，「習近平新時代下」的對臺工作，雖堅持「和平統一」為目標，但敢於「打破壞現狀的擦邊球」，對臺灣民意透露出若欲堅持民主信仰恐須以付出戰爭代價為前提，替自身在應對民主臺灣時，開拓出「和平統一」的可能性。中國社科院臺灣研究所副所長朱衛東於〈權威專家談解決臺灣問題總體方略〉一文所指，「與過去相比，大陸在推進國家統一上更加雄心勃勃、更加充滿自信、更加務實靈活」的深意。

（三）縮小兩岸政治認同的鴻溝

臺灣民眾到底是因為務實考量，抑或是理念而於統獨立場上持「維持現狀」時一窺中共對臺的困境。學者們發現，臺灣民眾「身分認同」對是否「堅守理念立場」具有影響力—「身分認同」為「臺灣人」者較堅持獨立；「身分認同」為「皆是」者（自認為是中國人也是臺灣人）則傾向「統一」與「維持現狀」。從中可知，臺灣民眾的政治認同是習近平在推動和平統一的過程中不得不解決的頭號問題？

有別於前任領導人，習近平首度主張國家統一不只形式統一，也要追求兩岸同胞心靈契合，以此增進臺灣民眾對「和平統一」的認同，該主張甚至被視為「國家統一理論」的進展。從習近平的主張中，顯示中共已注意到若仍要堅守「和平統一」作為對臺工作的基本方針，仍需強化臺灣民眾對中共的政治認同。王英津也指出，僅僅依靠交流合作仍不足以推動兩岸邁向「和平統一」。因此，習近平提出兩岸「融合發展」的新舉措，並視兩岸「融合發展」為推動兩岸邁向和平統一的新路徑。兩岸「融合發展」的核心在於，提供臺灣與中國的同等待遇。一來降低臺灣人赴中國居住、就業、投資、就學的隱形成本，臺灣人可自由在兩岸間來去；二來提供臺灣與中國同樣享有的資源、市場。此舉有別於過去強調經濟合作、擴大交流、累積政治互信等以發展兩岸關係與兩岸和平發展的政策訴求。江、胡透過擴大兩岸交流，提供臺灣人另一個經濟發展的機會，藉此積累實現國家和平統一有利的條件，故先強調兩岸關係和平發展。

然而，習近平選擇直接面對政治意識形態與認同的問題，推進兩岸「融合發展」，視臺灣人為中國人，提供其同等待遇，爭取臺灣民眾對中國的認同。此舉試圖營造兩岸在追求對內發展時可以相互交織，互相依賴，藉此增進社會、理念體系的融合，創造兩岸得以「和平統一」的有利局勢。

（四）中共強化自身論述與實力

政協主席王滬寧許多談話也顯示「全過程人民民主」、「協商民主」與「新型政黨制度」未來將融入中共對臺工作論述，藉此化解兩岸之間「民主」與「專制」的對抗，北京也據此占據「民主」話語權。

　　為鞏固現狀並謀取改變臺海格局的前提中共在思考兩岸關係時，往往不言明他們極其重視雙方「實力」消長、對比的面向。中共對臺工作早在胡錦濤時期，便認為若兩岸關係要行遠自邇地往和平的方向邁進，那麼不斷提升的國家實力則是其中的關鍵。隨著上升的綜合國力，中國對其國力的自信心也不斷增加，試圖改變、擴大中國與臺灣的力量對比，早已成為中共探索如何往「和平統一」前進的解方之一。習近平也多次表明：「從根本上來說，決定兩岸關係走向的關鍵因素是祖國大陸的發展進步」。值得注意的是，此種思維往往會被包裝為強化對臺灣民眾的吸引力，但如何在關鍵時刻以自身實力壓倒對方才是該種思維的本質，因此中共才會主張隨著中華民族偉大復興，臺灣問題將會隨之解決。同樣地在此種思路影響之下，對臺政策部署必須附屬於中國總體國家發展戰略，以及中美兩國實力對比的現實之下。由於存在這個前提，中共對臺工作才需要保持「戰略定力」，不容許「武統派」妄議中央堅持「和平統一」的政策定力。

第五節　結語：中共未來對臺政策的展望

　　本文透過梳理中共的政治文件，及涉臺官員的談話，認為自「習五條」後，大力推進「祖國和平統一」的進程將主導日後中共對臺工作的走向。中共在接下來對於臺灣仍將採取「軟中帶硬」的策略。在此一策略之下，臺灣沒有立即的危險，但是長期而言卻有終須面對的壓力。臺灣沒有立即危險的原因在於習近平的報告提到「我們堅持以最大誠意、盡最大努力爭取和平統一的前景」，表示當前中共仍然強調用融合來包裝「和平統一」，亦即對於臺灣問題仍然優先採取和平的方式來解決，二十大報告中那些「軟」的訴求都是圍繞著這一主軸而鋪陳開來，這都顯示中國並沒有試圖立即使用武力犯臺的跡象。

　　對臺灣而言，比較險峻的挑戰是未來要如何因應中共對臺策略中「硬」的部分。如上文所提及，在這兩年習近平的對臺政策談話或 2022 年 8 月的「臺灣問題白皮書」中，都顯現了中共解決臺灣問題的強烈決心。從國際政

治理論的角度來看，當一個國家在對峙或衝突過程中展現出某種決心時，等同於它在向對方發出訊號，如果忽視此訊號，就會造成對情勢的誤判。臺灣面對中共發出的這個強烈訊號，千萬不能忽視，並且必須思考如何來因應。雖然中共暫時沒有武力犯臺的計畫，但是它在堅定的決心之下仍然會持續給予臺灣壓力，逼迫臺灣接受它提出的方案。臺灣若不願接受，要如何拒絕而不引發雙方衝突，是決策者終將面對的問題。

不過，從國臺辦主任宋濤 2023 年 2 月 9 日與政協主席王滬寧 10 日會見國民黨副主席夏立言的言論，可以發現宋、王兩人一開頭都強調「新時代黨解決臺灣問題的總體方略」而不提「一國兩制」，因此即便 2 月 8 日國臺辦例行記者會仍提到「堅持『和平統一、一國兩制』方針」，但判斷未來中共將逐漸淡化「和平統一、一國兩制」，而強化「新時代黨解決臺灣問題的總體方略」論述。

但不容否認的是，中共長期以來的對臺工作確有陷入困境之處，即使是習近平也不例外。因此，中共如何在面臨對臺困境之際，實踐對臺工作目標則是規劃對臺政策的政治邏輯之所在。本文主張，習近平時代下涉臺政策的政治邏輯主要由以下四者所組成：一、削弱臺灣「拒統」意志與能力；二、提升自身的經濟發展與治理能力，最大程度地「說服」臺灣民眾，提高兩岸走向「和平統一」的機率；三、對臺需保持「戰略定力」，臺灣問題不得拖累中國的發展進程，不得妄議「一國兩制、和平統一」的基本方針；四、「反獨」為「祖國走向和平統一」服務，企圖改變現狀。如此一來，循此政治邏輯與政策部署來看，日後須持續關注中共對臺政策走向、趨勢如下所述。

第一，明確化「一個中國」的定義，忽視「九二共識」原本刻意模糊化「一個中國」定義的角色。國臺辦主任劉結一稱，「九二共識」明確界定了兩岸關係的根本性質，其核心為兩岸同屬「一個中國」、共同努力謀求國家統一，這是確保兩岸關係和平發展的關鍵。然而，在習近平治下，中共緊縮「一個中國」的定義，已不再模糊化、彈性化處理「一個中國」由誰代表的問題，日後「一個中國」就是由中華人民共和國所代表。換言之，中共刻意忽視雙方僅以口頭的方式表達均堅持「一個中國原則」的立場而已，兩岸並

未針對何謂「一中」取得過共識的事實。如此一來，將大大限制未來兩岸互動過程中，臺灣政府可採取的政策空間。

第二，加速「反臺獨」法制化。「反臺獨」一旦法制化，將大幅降低「反臺獨」的行政成本，有益於在中國境內形成「反臺獨」常態化。此舉對臺灣的影響在於，將對以各種理由赴中國的臺灣民眾設下政治前提。換言之，中共恐採區別「敵我」的立場，日後中國官方所實施的各項對臺的紅利將以遵守「反臺獨」為前提「發放」。

第三，擴大民主協商的對象與搭建民主協商制度化平臺。不論是綱領性的「習五條」或《第三份對臺白皮書》均指出，中共願意以「一個中國原則」與「九二共識」為政治基礎，與臺灣各政黨、團體、人士針對兩岸政治分歧展開對話與民主協商。此外，仇開明（中共中央臺灣工作辦公室研究局局長）於「黨的十八大以來對臺工作和兩岸關係發展情況發布會」（2022 年 9 月 21 日）上，直指中共為團結引領臺灣愛國統一力量，近兩年已創建與臺灣政黨、團體和各界人士代表進行民主協商的制度化平臺。中共日後恐透過擴大與臺灣各界民主協商「兩制臺灣方案」的方式，繞過臺灣政府並與之對話，完成進行「和平統一」時最佳的形式—平等協商、共議統一。

最後，中共距離提出「一國兩制臺灣方案」的目標雖仍有距離，但已非未來式。當「一國兩制臺灣方案」進入多方研究的階段時，且受到國家社科基金的支持時，表示該議題已進入中共議題設定的範圍。一旦中共確認並公開「一國兩制臺灣方案」的內容後，若又輔以多波宣傳與軍事威嚇，預期將於臺灣內部掀起一番政治震盪。既然「一國兩制臺灣方案」勢在必行，從香港經驗中又可得知，「兩制」必須從屬於「一國」，若中國與臺灣成為「一國」，那麼其「標準」為何應是中共現正所關注的焦點。

參考文獻

〈促成國家完全統一實現中華民族偉大復興—權威專家談新時代黨解決臺灣問題的總體方略〉，《新華網》，2021 年 12 月 22 日，
　　http://www.news.cn/tw/2021-12/22/c_1128188658.Htm。

〈國務委員兼外交部長王毅就中國外交政策和對外關係回答中外記者提問〉，
　　《新華網》，2022 年 3 月 8 日，http://www.news.cn/2022-
　　03/08/c_1128448602.htm。

王英津，〈新時代中共解決臺灣問題的總體方略〉，《中評網》，2022 年 3 月 4
　　日，
　　http://bj.crntt.com/doc/1063/1/3/3/106313349_4.html?coluid=7&kindid=0&doc
　　id=106313349&mdate=0304001959。

王毅，〈十年來對臺工作的實踐成就和理論創新〉，《求是雜誌》，第 20 期，2012
　　年 10 月。

李義虎，〈總體方略要破除孤島思維〉，《中評網》，2022 年 3 月 10 日，
　　http://bj.crntt.com/doc/1063/1/8/1/106318103.html?coluid=93&kindid=7950&d
　　ocid=106318103。

孫亞夫，〈中國促進祖國統一的能力和努力都更強了〉，《中新網》，2022 年 8 月
　　17 日，https://www.chinanews.com.cn/gn/2022/08-17/9829500.shtml。

習近平，〈在《告臺灣同胞書》發表 40 周年紀念會上的講話〉，《中國共產黨新
　　聞網》，2019 年 1 月 2 日，
　　http://cpc.people.com.cn/BIG5/n1/2019/0102/c64094-30499664.html。

MEMO

編著者　王智盛

CHAPTER 06

中國「戰狼外交」與臺海情勢

第一節　前言

> 犯我中華者，雖遠必誅！
> 給所有中國公民：無論你在海外遇到了怎樣的危險，
> 請你記住，你的背後有一個強大的祖國！
> ～2017，中國電影，戰狼二

　　中共建政以來，外交方針幾經調整，先有在冷戰時期與美、蘇關係的跌宕起伏，影響了國際格局的轉折變化；後有鄧小平提出的「韜光養晦、有所作為」，被奉為中國從冷戰時期跨入後冷戰時期持續推動「改革開放」的外交圭臬，並影響了中共第三代第四領導人江澤民、胡錦濤的外交政策。但隨著習近平自 2012 年中共十八大的上臺，「韜光養晦」轉向「奮發有為」的中共外交政策路線，反而促使了近年來在國際社會備受指謫批判的「戰狼外交」的出現。當然，無論是「韜光養晦」還是「奮發有為」，中共過去 70 餘年來與臺灣的外交競逐和打壓始終未曾稍歇，而「戰狼外交」的氣焰，更讓北京對臺的國際打壓變本加厲。

第二節　習近平執政前的中共外交政策

　　中共自 1949 年建國至今，歷經了毛澤東、鄧小平、江澤民、胡錦濤、到目前的習近平等五位領導人。在 2012 年中共十八大習近平上臺之前，其外交政策應對著國際情勢變遷與國內政局需求，大致也可以區分為四個發展時期的演變：

一、毛澤東時期

（一）　1950 年代的對蘇聯「一邊倒」時期

　　毛澤東早在中共尚未建政的 1949 年 6 月 30 日，即發表「論人民民主專政」一文，宣布「一邊倒向社會主義陣營」。1950 年 2 月 14 日，中共與蘇

聯簽訂為期 30 年的「中蘇友好同盟互助條約」，同年 6 月韓戰爆發，中共在在史達林要求，10 月派遣「抗美援朝志願軍」跨過鴨綠江，幫助北韓對抗以美國為首的聯合國部隊，正式確立了 1950 年代中共向蘇聯「一邊倒」的外交政策，結合蘇聯及其他共產國家對抗以美國為首的西方民主陣營。北京在這個時期之所以選擇對蘇聯「一邊倒」，固然是以意識形態導向，但也和當時冷戰開始形成的美蘇兩大陣營結構的國際情勢，以及中共建國之初立足未穩、國力有限，而亟需蘇聯協助支持發展息息相關。

（二） 1960 年代的「兩條線」革命外交時期

隨著史達林的去世和赫魯雪夫的上臺，蘇共對社會主義的詮釋，與當時仍強調武裝鬥爭精神的中共，出現了理念分歧，致使毛澤東公開批評蘇共走上「修正主義」（蘇修），與蘇共開始漸行漸遠。中共不再向蘇聯「一邊倒」，改成既反美帝，也反蘇修的「兩條線」戰略。在這個階段，中共面對著國內從「大躍進」到「文化大革命」的意識形態鬥爭、對外面對著毛澤東與赫魯雪夫在共產主義發展立場上的差異，導致了中共選擇雙重孤立的「革命外交」路線。此種意識形態掛帥的「兩條線」對抗外交路線，也導致了中共在本階段同時面臨美蘇兩強的夾殺。

（三） 1970 年代的「一條線」聯美反蘇時期

1969 年 3 月，中蘇發生「珍寶島事件」軍事衝突，中共與蘇聯在烏蘇里江的珍寶島發生邊境流血衝突，蘇聯甚至因此向美國試探摧毀中共核武設施之可能反應。中共面對來自北方之強大威脅情況下，調整其「兩條線」的外交政策，轉為與美國改善關係。在這個時期，中共將蘇聯視為最大的安全威脅；與此同時，陷入越戰泥沼的美國，也感受到蘇聯的威脅，有意「聯中制蘇」，雙方一拍即合。因此，整個 1970 年代，中共所採取的是「反蘇統一戰線」的「一條線」外交路線；也就是在這段期間，中美關係不斷躍進，直至 1979 年的中美建交。

二、鄧小平時期

　　1978 年 12 月，中共十一屆三中全會確立了「改革開放」的新路線，也決議採取對外開放對內改革的外交政策；為了實現「四個現代化」，中共需要維持一個和平的國際環境，蘇聯也藉此機會開始謀求改善與中共的關係。1982 年 3 月蘇共對中共釋善意，兩國重啟政治談判；與此同時，中共又因不滿美國雷根政府的親臺灣立場而疏離對美國關係。因此在同年中共十二大提出獨立自主的外交政策，強調不再以社會制度和意識型態的異同，來決定親疏好惡，開始走向「獨立自主」外交。

　　1989 年六四天安門事件，嚴重打擊中共國際形象，以及緊接著 1991 年蘇聯解體東歐巨變，冷戰的結束與國際的反共浪潮，使得鄧小平提出「冷靜觀察、穩住陣腳、沉著應付、韜光養晦、善於守拙、絕不當頭、有所作為」的 28 字外交箴言，從此「韜光養晦」的外交方針，被中國大陸奉為圭臬長達二十多年。本時期的中共外交政策具體內涵包括：

1. **以經濟建設為中心**：鄧小平上臺後，提出了「經濟建設是中心」的口號，將國內經濟發展置於首要位置。這一理念也深刻地影響了中國的外交政策。中共開始尋求與西方國家建立經濟合作，引入外資，吸收先進技術，以實現國家現代化的目標。

2. **對外開放和現實主義**：鄧小平提出「冷靜觀察、積極應對」的外交方針，強調實事求是、與世界接軌。這標誌著中共外交政策由意識形態主導轉向實用主義，開始重視與其他國家的實際合作，特別是與西方發達國家的經濟交流。

3. **對臺灣問題的控制**：在外交政策中，鄧小平採取了相對較為懷柔的態度處理臺灣問題。他提出「一國兩制」的政治方針，旨在實現中國統一，同時允許臺灣保持一定程度的自治。這一主張容易讓國際社會誤判對於減緩兩岸冷戰對立的緊張局勢有所幫助，而為 80 年代的中國外交創造了更有利的國際環境。

　　總的來說，鄧小平時期的中共外交政策在強調經濟建設、實用主義和對外開放的基礎上，取得了一系列重要的外交突破。這一時期的轉變奠定了中國崛起的基礎，使中共在國際事務中的地位得到提升。

三、江澤民時期

　　1989 年天安門事件後，江澤民臨危授命的上臺，但在鄧小平的加持下，江時期的外交政策，讓中共從蘇東解體的風雨飄搖轉向參與經濟全球化的重要成員。在這段時間內，中共遭遇了後冷戰時期國際格局的變化、經濟全球化的崛起以及中國國內改革開放的挑戰，江澤民在奉行鄧小平「韜光養晦」的路線下，有以下具體的外交政策作為：

1. **經濟發展優先**：江澤民上臺後，中國為擺脫冷戰終結陰影及天安門事件國際制裁，持續強調經濟建設與改革開放，更加明確地將經濟發展置於外交政策的核心位置。這一理念深刻影響了中共的外交走向—中共逐漸開始更積極參與全球經濟體系，吸引外資，拓展對外經濟合作。

2. **多邊主義和國際合作**：江澤民時期中，中共強調多邊主義，開始更加積極參與國際事務。中國成為亞太經濟合作組織(APEC)的重要成員，同時積極參與世界貿易組織(WTO)的談判與合作，並於 2001 年正式「入世」。這表明中國不再僅僅關注雙邊關係，而是更加注重在多邊框架下擴大與其他國家的合作，甚至著重於建構經濟全球化下的影響力。

3. **經濟外交的強化**：正因為中共強調經濟外交，加強與世界各國的經濟合作。中國開始積極與發達國家展開經濟對話，促進貿易和投資合作。「走出去」戰略的提出，鼓勵中國企業積極參與國際市場競爭，實現海外資源的有效利用，也一步步實現中共成為「世界工廠」。

　　總體來說，江澤民時期的中共外交政策突顯了經濟發展的優先地位、多邊主義的強化以及積極參與國際事務的趨勢。這一時期為中國的經濟全球化奠定了基礎，同時也為中國在國際事務中的角色轉變提供了契機。

四、胡錦濤時期

　　從江澤民走向胡錦濤，中國走出了冷戰崩解的陰霾，融入經濟全球化成為高唱「和平發展」的新興大國。准此，胡錦濤時期的外交政策，有著以下幾點具體特徵：

1. **和平發展理念的提出**：胡錦濤提出了「和平發展」的理念，強調中國發展不尋求霸權，旨在建立和諧穩定的國際環境。這一理念被視為對過去中共「韜光養晦、絕不爭先」外交政策的一種延續，意味著中國宣示不打算以崛起大國之姿挑戰美國霸權。

2. **積極推動多邊主義**：胡錦濤時期中，中共更加積極參與國際事務，推動多邊主義，強調國際事務應該透過合作和談判解決。特別是中國在 2007 年全球金融危機下戮力扮演的角色、以及 2008 年北京奧運形塑的和平形象，在在提升了中國在國際事務中更受歡迎的發言權和影響力。

3. **從區域走向全球的大國**：在胡錦濤時期，中共對非洲的關注逐漸增加，開展了一系列合作項目，包括基礎設施建設、資源開發等，反映初中共在發展中國際事務中尋求領導者角色的趨勢。除此之外，中共開始更加積極應對全球性挑戰，包括氣候變化、糧食安全、疾病防控等，主張成為「負責任的大國」。

　　胡錦濤時期的中共外交政策，在「和平發展」理念的引領下，進一步強化了多邊主義和經濟外交，尋求在國際事務中擔當更為積極的角色。同時，中國透過一系列合作和倡議，積極參與全球事務，已慢慢呈現出更強的「大國角色」。

第三節　習近平上臺後外交政策的轉變：從「奮發有為」到「戰狼外交」

一、「奮發有為」：習近平上臺後的新外交政策

　　2012 年中共 18 大，習近平正式掌權，在外交上便迫不及待地一改鄧小平過去的「韜光養晦」低調姿態。習近平高舉所謂「中華民族偉大復興」旗幟，並轉變強調要「奮發有為」的新外交指導方針：其於 2013 年 6 月宣稱，中國大陸與美國歐巴馬政府的互動為「新型大國關係」；同年並發起「一帶一路」倡議、試圖重塑新國際局勢；10 月份在參加中共「周邊外交

工作座談會」上，提出了「要更加奮發有為地推進周邊外交」。至此，過去鄧小平強調的「韜光養晦、有所作為」，已經悄悄變成了習近平的「奮發有為」。

在習近平的第一任任期中，北京外交政策的轉向逐漸明確：習近平更加注重在國際舞臺上展現「奮發有為」的形象，同時積極推動中國的「大國崛起」。這一時期的習近平外交政策展現了中國對於經濟發展、全球事務參與以及國際領導力的強烈追求：

1. **經濟外交的主導**：與過去領導人不同，習近平對於中共經濟外交的核心思維，是在於建構中國在全球經濟事務的大國主導地位。中國一方面進一步深化與其他國家的經濟合作，一方面提出「一帶一路」倡議作為習近平大國經濟外交政策的核心之一，旨在透過推動基礎設施建設、貿易合作以及文化交流，提高中國在全球經濟體系中的主導地位。

2. **大國崛起和強國外交**：與此同時，中共開始強調大國崛起的理念，強調中國是一個全球重要的大國，有責任在國際事務中發揮更大的作用。習近平提出「中國夢」，強調實現國家的偉大復興，這體現在中國尋求更積極參與全球治理體系的建設和重塑、在國際組織內爭取更多發言權、參與推動全球治理體系變革等一系列外交作為中。

3. **強調「中國模式」的發展路線**：與過去歷任領導人強調實用主義的差異，習近平更加堅持強調中國特色社會主義，重新將意識形態帶回中共外交政策的場域，並將中國的發展模式視為對西方模式的一種有效替代。中共推動將「中國模式」、「中國方案」的發展經驗應用於其他發展中國家，藉以提升中國在發展中國家中的影響力和話語權。

簡言之，習近平第一任期內的的中共外交政策，在「奮發有為」的基調下，致力於強化中國國際地位，同時更積極地參與全球事務。中國在這一時期迅速崛起，成為全球經濟和政治體系中的一個重要參與者，同時也面臨著與其他國家的合作和競爭的複雜挑戰。

二、「戰狼外交」：習近平外交政策的轉向

（一）什麼是「戰狼外交」？

　　「戰狼外交」(Wolf Warrior Diplomacy)是對於近年來中國領導人及外交官員對外採取強硬和攻擊姿態的稱謂。《BBC》曾如此描述「戰狼外交」：「對外界的指責加以直接的言語攻擊，而非用理據駁斥或解釋，並以謗止謗地反擊未經證實的言論。」

　　「戰狼」一詞源自中國演員吳京自導自演的電影《戰狼》。2015 年，這部全片洋溢著愛國情緒和英雄主義的電影《戰狼》上映，講述著一名宛如藍波般的中國軍人，他為了捍衛中國的利益在所不惜。這部票房破了 5 億人民幣的電影，在 2017 年推出續集《戰狼二》，這次主角率領中國人民解放軍深入非洲解救中國公民，貫穿著經典的戰狼臺詞：「犯我中華者，雖遠必誅」，更在片尾則出現了紅色封皮的中國護照，一旁搭配著「給所有中國公民：無論你在海外遇到了怎樣的危險，請你記住，你的背後有一個強大的祖國！」

　　《戰狼》這部電影所傳達出的精神，反映出了習近平上臺以來要求的「奮發有為」，讓中國外交官一轉保守、被動、低調的態度，轉為強勢、主動、高調的應對路線一對他們來說，在國際舞臺上就該像戰狼一樣，不惜一切代價捍衛祖國，對那些「不懷好意」的西方國家不要客氣。自此以後中國外交作風漸漸強硬，減少使用「希望相向而行」等謹慎的外交用語，逐漸開始頻繁使用「責任全在某方」「一切後果由某方承擔」等兇猛的外交術語指摘對方。而這種挑釁式、攻擊性的外交風格開始被西方社會統稱形容為「戰狼外交」。

（二）為何有「戰狼外交」？

　　現在全球皆知的「戰狼外交」，是從習近平掌權以來，中共外交戰略發生的轉變，拋棄鄧小平時代的「韜光養晦」，轉而走向「奮發有為」，也可以說是「從富起來到強起來」的「中國夢」衍生產品。簡言之，習近平的「戰狼外交」出現在中國逐漸崛起為全球大國的過程中，背後涉及多方面的因素：

　　首先，中國在習近平領導下實施的經濟強國戰略讓其國際地位大幅提升，使其外交政策更加自信和強硬。

　　其次，國際格局的變化，特別是美國川普政府上臺後表現出的保護主義和貿易對抗，使中國採取了強硬對撞的姿態。

　　最後，內政因素也對戰狼外交的形成產生了影響。中國國內民族主義高漲和習近平「中華民族偉大復興」的目標指導下，民族意識和愛國主義被激發，中國外交風格逐漸轉向主動攻擊，並強調「有所作為」，進一步激發了外交官員寧左勿右的戰狼風格。

（三）戰狼外交的具體作為

　　2019 年習近平對外交部下達「鬥爭精神」(Fighting Spirit)的指示，自此像狼一般凶狠的作風成為中國外交官們的言行準則，「戰狼外交」應運而生。此外，新冠肺炎、香港「反送中」和新疆人權問題帶給中國負面評論的同時，更將中國戰狼外交推向全世界。從 2018 年爆發的中美貿易戰開始，到 2020 年中美新冠肺炎病毒爭論、人權議題風波和中澳漫畫爭議，中國外交風格已轉變為主動性和攻擊性的特色，其具體作為呈現為：

1. **強硬言論和外交姿態**：戰狼外交最為人熟知的特點是其強硬的言論風格。中國駐外大使和外交部發言人在處理國際事務時更加強調中國的主權和尊嚴，傳達出一種偏執對抗的態度。

2. **經濟制裁和報復**：中國在習近平時期開始對一些國家實施經濟制裁和報復措施，這體現出中國對於經濟手段在外交中的更積極運用。這可能包括對特定產業的制裁、貿易談判的強硬立場等。

3. **擴大國際影響力**：中國積極參與國際事務，通過推動「一帶一路」倡議、參與國際和平維護行動、提供疫苗援助等方式，擴大其在國際上的影響力，尤其是在發展中國家中的影響。

4. **南海爭端和邊疆政策**：中國在南海爭端、中印邊界等一系列邊疆問題上採取強悍零和的立場，包括在爭議海域的軍事部署、基礎設施建設等，不惜以烽火外交與周邊國家激烈對抗。

（四）國際社會對「戰狼外交」的反制

「戰狼外交」反映出中國在全球事務中的更積極參與，以及「中國崛起」捍衛國家利益的強硬立場。然而，這種外交風格也引發了國際社會的擔憂和反制。包括：

1. **形成對中國的聯合立場**：一些國家因擔心中國的崛起和戰狼外交的影響，逐漸形成對中國的聯合立場。這體現在一些國際組織中的共識，例如在南海爭端、人權問題等議題上，相關國家團結合作，形成對中壓力。

2. **經濟制裁和貿易限制**：部分國家對中國實施經濟制裁，針對一些涉及人權、知識產權等問題提出貿易限制，以促使中國改變某些政策。

3. **加強國際監察**：國際社會對中國戰狼外交也進行加強監察，對中國的一些行為進行質疑，推動事務的透明度，這體現了對中國外交行為的監測與關注。

4. **擁抱多邊主義**：許多受到「戰狼」壓力的國家，更加強調多邊主義的合作，強化多邊機構和國際法的作用，以平衡中國的單邊主義和強硬外交。

三、中共二十大之後「戰狼外交」的轉向

隨著新冠肺炎的趨緩以及中共二十大習近平第三任期的開始，中國的外交政策呈現出一種由「戰狼外交」逐漸轉向緩和的趨勢。這種轉變涉及的原因，包括國際環境的變化、中國自身國家形象的考慮以及對於在內外壓力下對自身經濟和安全問題的新思考。

（一）國際環境的變化

國際環境的快速變化是影響中共外交轉向的重要因素之一。全球疫情的爆發、經濟不確定性增加以及其他國家的持續關切，促使中國重新評估其在國際舞臺上的形象。中共逐漸意識到單方面強硬的「戰狼」態度，已經引發國際社會的反感甚至圍剿，因而開始調整其外交策略。

（二）對內穩定和經濟發展的需求

中共在二十大後更加強調對國內穩定和經濟發展的迫切需求。「戰狼外交」可能導致國際社會的壓力和制裁，這不僅對外部形象不利，同時也可能引起國內社會的不滿。為了保持國內穩定，中共逐漸放緩了外交姿態，嘗試重拾起習近平第一任任期中「奮發有為」的「負責任大國」形象與作為，企圖逐步扭轉「戰狼」形象。

（三）國際社會的反應和制約

中共在過去的「戰狼」外交行為中引起了國際社會的擔憂和反制。以美國為首的印太及歐洲民主國家對於中國在南海、臺灣等地區的行動表達了強烈反對與壓力，這促使中共重新考慮其外交策略。

第四節　中國對臺灣國際參與的壓制

一、中共「一中原則」在國際社會的實踐

中共的「一個中國原則」是指「世界上只有一個中國」、「中華人民共和國政府是中國唯一合法政府」、「臺灣是中國不可分割的一部分」。此「一中三段論」的政治原則在中國外交及對臺政策中占據重要地位，特別是近年在國際社會的「一中法律戰」中多有強調，藉以宣稱對臺灣擁有主權。

（一）聯合國 2758 決議文

1971 年，聯合國通過 2758 號決議文，確認中華人民共和國是唯一的合法中國代表，取代中華民國。這被視為中共「一中原則」在國際舞臺上的一個重要成功。然而，在此後的幾年裡，中華民國臺灣雖然仍保有部分外交餘地，擁有一些國際組織的參與權，但北京藉由 2758 號決議文大力在國際社會推銷「一中原則」，逐步消滅臺灣在國際社會的參與。

（二）以「一中原則」打壓臺灣在國際組織的參與

中共利用上述 2758 號決議文的「一中代表權」，全面性地針對中華民國臺灣在國際組織的參與進行打壓，其主要的方式有三種：

1. 設法將任何在中華民國臺灣政府從已經參與的國際組織中加以「完全排除」，聯合國的代表權之爭就是一例。

2. 設法將中華民國在國際組織中的名稱「降等」，使之淪為如同香港、澳門一樣的中華人民共和國（或是「中國」）的轄下「特區」，即常見的「中國臺北」(Taipei, China)。

3. 基於非主權國家才能參與的國際組織性質，或是臺灣與中國原本都尚未加入的原因，我政府能夠努力捍衛住非為中華人民共和國政府所轄的「準主權」角色。前者例如中華奧會、亞太經濟合作組織的「中華臺北」（Chinese Taipei 模式），後者則是臺灣以「臺澎金馬個別關稅領域」加入世界貿易組織(WTO)的作法。

觀察上述三種政策，我們可以發現一些重要的特徵。

首先，中共對臺灣國際參與的策略思維是：「扼殺主權、堅壁清野」。詳言之，只要能讓中華民國臺灣政府的國際組織參與減少、封殺臺灣主權在國際社會的能見度，便盡可能為之。第二，如果因為某些原因而必須讓臺灣「有」參與的機會，指導原則就是絕不能讓「中華民國」成為我政府實際參與時使用之名稱，避免國際社會產生兩個「中國」或是混淆中華民國政府為中華人民共和國政府。第三，目前臺灣能爭取到空間參與的國際組織不外乎經貿性質或其他專業屬性十分特定之組織，只要是具有政治屬性的國際組織，或是國際組織中有凸顯臺灣實質獨立政治屬性的會議或單位，仍然受到北京政府嚴密且積極地防阻。

二、中共對臺灣參與國際事務的打壓

具體實踐上，中共對臺灣參與國際事務的打壓，是基於「一中原則」，透過強硬的限制臺灣的參與國際事務。這種打壓體現了中共對於臺灣政治地位的強硬立場，並影響了臺灣在國際上的發展空間。

（一）中共的「一國兩制」政策

中共一直主張「一中原則、一國兩制」作為解決臺灣問題的方針，即臺灣最終必須實現和中國的統一，並接受中共的統治。然而，臺灣政府和民眾普遍反對，認為這威脅到臺灣的自主性和現有的民主政治體制。

（二）中共在國際組織中的排擠

中共積極在國際組織中阻撓臺灣的參與。例如，中共阻撓臺灣加入聯合國、世界衛生組織(WHO)、國際刑警組織(INTERPOL)等國際組織，使臺灣難以參與全球事務。對此，臺灣不僅失去了在全球合作中發聲的機會，也受到了在公共衛生、災害應對、刑事合作等方面的限制。

（三）外交施壓和離間策略

中共採取一系列外交手段施壓，要求其他國家堅守「一個中國」原則，並中斷與臺灣的官方外交關係。其並通過經濟利誘、外交制裁等手段，試圖削弱臺灣在國際上的支持。這種離間策略削弱了臺灣在國際社會的立場，使其在全球事務中處於孤立狀態。

（四）對外施加軍事威脅

中共不僅通過外交手段打壓臺灣，還不時進行軍事威脅，強調保留使用武力統一臺灣的選項。這種軍事壓力使臺灣政府和民眾感受到實質的安全威脅，並且限制了臺灣在國際事務中的行動空間。近年來中共甚至進一步將軍事威脅作為事先恫嚇、事後制裁外國政要與臺灣交流的重要施壓工具。

（五）扭曲臺灣形象的宣傳戰

中共透過宣傳手段，試圖扭曲臺灣在國際上的形象，將其視為中國的分裂分子。中共先是強調臺灣的國際參與是對「一國兩制」的反抗，並試圖使國際社會接受其在臺灣問題上的立場；再進一步倒果為因，主張臺海的兵兇戰危源自於臺灣政府拒不接受「以一個中國為核心的九二共識」。透過宣傳的認知作戰，嘗試影響臺灣的國際形象和聲譽。

第五節　臺灣國際參與與外交突破的機遇與展望

　　儘管面臨中共的多方面外交打壓，臺灣政府仍然積極推動自主外交政策，努力維持臺和和平穩定的現狀。臺灣與一些國家保持雖非官方但密切的關係，強調其在國際上的參與和貢獻。臺灣通過提升自身實力、擴大與友好國家的合作，努力克服中共對其外交發展的限制。特別是在面對習近平近年「戰狼外交」的野心擴張，以及香港「反送中」運動和烏俄戰爭的國際格局變遷下，臺灣國際參與與外交突破的新趨勢，主要可以從以下三大面向來思考：

一、國際參與的新思維

　　臺灣長期以來面臨中共打壓的艱難國際處境，應進一步提出清楚的國際參與策略，爭取國際社會支持，幾個值得未來努力的方向包括：

1. **政策論述**：臺灣應對國際參與問題提出清楚的定位與訴求。臺灣參與國際組織及相關活動，不應只是「為參與而參與」，而應追求「有意義的參與」與「有意義的貢獻」。臺灣參與國際組織不只是為了凸顯自身的國際活動空間，還應追求在國際上的實質貢獻，讓國際社會瞭解臺灣爭取國際參與不單單為了國家「私利」，也為了全球「公益」，尤其若能結合過去臺灣國際參與所做出的實質貢獻，將更能爭取國際社會的認同與國際輿論的聲援。

2. **合作對象**：我國應廣泛爭取國際盟友對臺灣國際參與問題的重視。例如美國一直是我國推展國際參與相當重要的支持者，支持臺灣可在不要求以主權國家為參與條件的國際組織中擁有會員身分，針對需要以主權國家身分才能成為會員的國際組織，美國也支持臺灣有意義且適當地參與。

3. **參與管道**：臺灣除了爭取參加聯合國週邊組織及活動外，對於我國已經參加的國際組織，也應繼續累積成果。例如近年來我國對 APEC 相關會議與活動的參與，已累積相當顯著的成果，未來可爭取在臺灣舉辦高階

官員會議或專業部長會議，讓臺灣在各項跨國合作議題上做出更積極的貢獻。

4. **資源動員**：臺灣應加強政府部門對國際參與的政策協調，同時妥善運用民間社會的資源與能量，結合各類功能性與專業性非政府組織，擴大我國對各類國際事務及活動的參與，進而達到政府與民間力量相輔相成、相互加乘的效果。

二、民主價值外交的展現

中共的「戰狼外交」和香港「反送中」運動，使得國際社會對於中國政權的擔憂升至前所未有的高度。臺灣政府及民眾也觀察到中共對香港的政治干預和「一國兩制」的信用破產，加強了臺灣對自身政治制度的堅持，進一步突顯了民主價值的重要性。這也使臺灣更加努力在國際上弘揚民主價值，並加強與民主同盟國家的聯繫，同時也引起民主國家的共鳴。臺灣民主價值外交的展現，主要在以下幾個部分：

1. **強調人權與法治**：臺灣強調人權和法治，特別是在香港局勢惡化、新冠肺炎肆虐後，更加強調這些價值。臺灣政府在國際上呼籲保護香港人的權利、對應中國的威權防疫政策，同時也展現自身作為一個充滿活力的民主社會的形象。

2. **提倡自由與多元主義**：臺灣將自由和多元視為其核心價值，並積極在國際上宣傳這一形象。特別是對比中國的「戰狼外交」以及近年來更加無孔不入的假訊息滲透與認知作戰，臺灣透過開放的社會、自由的言論環境以及多元的文化特色，展現自身是一個擁有民主價值的現代社會，爭取到了民主同盟國家更多的實質支持。

3. **促深化經濟與科技合作**：面對俄烏戰爭的衝擊，世界各國開始重新思考經濟與科技供應鏈的重要性。臺灣基於半導體的優勢地位，透過加強經濟和科技領域的合作，與民主同盟國家建立新的韌性供應鏈，並藉以強化更緊密的經貿與外交關係，共同面對威權體制可能帶來的挑戰。

4. **強化對抗極權主義的決心**：俄烏戰爭加強了民主國家對抗極權主義的共同決心，也凸顯出了「臺海和平穩定」的重要性。在這個背景下，臺灣與這些國家有更多共鳴之處，彼此在抗衡極權主義、保護民主價值上找到了共同的立場。而臺灣政府也更積極爭取民主同盟國家的支持，希望形成更緊密的協作關係，共同應對極權主義和國際挑戰。

三、地緣政治與戰略的突顯

俄烏戰爭與半導體供應鏈的重組，進一步催化了世界對於中共「戰狼外交」的憂懼。而臺灣位處東亞重要戰略位置，不僅民主價值為全球所稱讚，擁有的經濟科技實力和特殊的地緣戰略位置，更是區域和平、甚至全球和平穩定的關鍵。也無怪乎，從日本已故前首相安倍喊出「臺灣有事、日本有事」伊始，幾乎已經公認成為「臺海有事、全球有事」。對此，臺灣的對策與努力在於：

1. **強化自主國防能力**：面對中國的威脅，臺灣致力於強化自身國防能力，包括現代化的軍事裝備、國防預算增加以及與盟友的軍事合作。這有助於維護臺灣的安全與現狀的維持，同時向國際傳達其自衛意願，促使國際社會更願意共同來維護臺海和平。

2. **外交場域爭取發聲**：透過外交手段，臺灣政府在國際場合發聲，強調其在區域和平穩定中的角色，以爭取國際支持。並且努力爭取美日為首的民主同盟國家及包括 G7、QUAD、NATO 等國際場域針對臺海局勢發表聲明，呼籲和平解決兩岸分歧，反對片面使用武力。透過這類聲明，國際社會強調維護臺海和平穩定的重要性，向中國傳遞「與臺灣站在一起」的明確訊息。

第六節　結　語

中國專家白邦瑞(Michael Pillsbury)於 2015 年出版《2049 百年馬拉松》一書，並描繪出「2049 年，當一個沒有改革的中國統治世界」的可能圖

像。屆時 「中國價值」（極權專制）將取代「美國價值」（民主自由），中國模式大輸出，包括透過科技監控民眾、箝制言論自由、侵犯人權，改變聯合國及世貿組織等國際秩序與制度等。綜觀近年來習近平的「戰狼外交」，這些圖像竟然已悄然地正在發生中。

　　儘管習近平警覺到「戰狼外交」遭受到國際社會的反彈與對抗而尋求緩和的轉向，但在歷經香港「反送中」運動、新冠肺炎肆虐到俄烏戰爭的爆發，國際格局隱然成形的美中各自結盟、經濟科技與軍事圍堵，恐怕已經是「回不去」的現在進行式。在中國「戰狼外交」的擴張下，臺灣是中國銳實力的試驗場，也是民主世界面對中國的前線，這場制度與價值的對決，臺灣身處其中，無可迴避。臺灣若能充分發揮民主的制度優勢，保持戰略定力與經濟韌性，尋求外交支持與國際參與，將是抗衡中共戰狼外交與國際打壓最好的策略。

MEMO

編著者　招名威

CHAPTER

07

後疫情時代的
兩岸交流變化

第一節　前　言

　　2019 年 12 月以來，湖北省武漢市發現不明原因病毒性肺炎病例，個案臨床表現主要為發熱，少數病人呼吸困難，胸部 X 光片呈雙肺浸潤性病灶。衛福部也於 2020 年 1 月 15 日衛授疾字第 1090100030 號公告，新增武漢肺炎為第五類法定傳染病。新型冠狀病毒是一群有外套膜之 RNA 病毒，外表為圓形，在電子顯微鏡下可看到類似皇冠的突起因此得名，主要來自已知疾病 SARS。傳播途徑從確診個案之流病調查與實驗室檢測得知，藉由近距離飛沫、直接或間接接觸帶有病毒的口鼻分泌物、或無呼吸道防護下長時間與確診病人處於兩公尺內之密閉空間裡，將增加人傳人之感染風險。潛伏期依據世界衛生組織公告，感染新型冠狀病毒 SARS-CoV-2 至發病之潛伏期為 1 至 14 天，依據世界衛生組織資訊，確診病人發病前兩天即可能具傳染力。臨床表現與嚴重程度，目前已知罹患武漢病毒確診個案之臨床表現包含發燒、乾咳、倦怠，約三分之一會有呼吸急促。其他症狀包括肌肉痛、頭痛、喉嚨痛、腹瀉等，另有部分個案出現嗅覺或味覺喪失（或異常）等。依據目前流病資訊，患者多數能康復，少數患者嚴重時將進展至嚴重肺炎、呼吸道窘迫症候群或多重器官衰竭、休克等，也會死亡。死亡個案多具有潛在病史，如糖尿病、慢性肝病、腎功能不全、心血管疾病等。臺灣出現武漢肺炎武漢原始病毒株到後續的各種變種病毒案例，目前雖然已得到完整的控制，但就其實際的傳播機轉所知仍有限，只知道它們的傳染速度快，症狀更趨流感化，以及它的病毒蛋白結構會越趨跟人類的 ACE2 接受器連結度高，但目前針對病毒到底從哪來還沒有明確答案，仍須密切追蹤。

第二節　全球公衛挑戰

　　依據衛生福利部疾病管制署的資料 2019 年 12 月起中國湖北武漢市發現不明原因肺炎群聚，疫情初期個案多與武漢華南海鮮城活動史有關，中國官方於 2020 年 1 月 9 日公布其病原體為新型冠狀病毒。此疫情隨後迅速在世

界各地擴散，並證實可有效人傳人。世界衛生組織於 2020 年 1 月 30 日公布此為一公共衛生緊急事件(Public Health Emergency of International Concern; PHEIC)，2 月 11 日將此新型冠狀病毒所造成的疾病稱為 COVID-19，國際病毒學分類學會則將此病毒學名定為 SARS-CoV-2(Severe Acute Respiratory Syndrome Coronavirus 2)。為監測與防治此新興傳染病，我國於 2020 年 1 月 15 日起公告「嚴重特殊傳染性肺炎」(COVID-19)為第五類法定傳染病（一般簡稱為「武漢肺炎」）， 並於 2020 年 1 月 21 日確診第一起境外移入確診個案，另於 1 月 28 日確診第一例本土個案，為境外移入造成之家庭群聚感染，臺灣衛福部的指揮中心自 2020 年 1 月 20 日成立，2023 年 4 月 30 日卸下任務，累計 1,024 萬餘人確診新冠肺炎，死亡人數近 2 萬例。

　　武漢肺炎主要的感染方式是透過近距離口沫傳播，感染後會引發嚴重的肺炎 或呼吸衰竭等重症，甚至死亡。武漢肺炎全球確診病例已超過 7 億，至少 700 萬人死亡，而每天都還有近 8,000 人去世，死亡率非常高，已經是十大死因之首了。其中，於 2020 年 12 月下旬，英國出現傳播力更強的武漢病毒變異種 Alpha「B1.1.7 病毒株」，南極洲智利基地也爆確診案例，以及至今傳播力最強的變異突變株印度 Delta 病毒株「B1.6.1.7.2 病毒株」，至此，全球七大洲皆陷，疫情時好時壞，封城也變成是一個滾動式變化的策略，皆因當地疫情的狀況而定，但全球也有近 33%的人口數已施打疫苗，只可惜疫苗防護效果根據廠牌有所差異，再加上多國的政治力介入，導致各國在防疫的過程中屢屢發生社會維安的危機。

◎ 病毒變異狀況與分類

　　自從 2022 年中臺灣大爆發之後，花了近半年的努力才看到確診數逐漸緩和，以我們當時的防疫措施，疫苗施打覆蓋率不足的情況來看，隨時都是非常有可能再度造成疫情破口的，而且一但被任何一種變種病毒入侵，後果會都不堪設想。

　　世界公認，新冠的變種病毒很厲害這完全不需要懷疑！

　　從最初的變種來說就可以看出一些端倪，根據 Biorxiv 的研究，科學家將編號 B1.617.2，俗稱 Delta 的印度變種病毒基因序列完整排出之後發現，

它的 S 蛋白結構變異位點竟然是融合了美國(D614)和英國(B117)兩個病毒株的長處。其中包括來自美國的變異點，大家熟知的 D614G 位點，以及來自英國的 681 突變點，只是它從 P681H 變成 P681R。

根據統計，因為這個 P681R 的差異，讓印度病毒人體外傳播速度比英國病毒快 60%，進入人體後，感染宿主細胞的速度也比英國病毒高 50%，很多科學家也擔心這樣的改變可能是讓疫苗無法完整辨識病毒，進而產生抗體的主因之一。

不過文獻中也說到，印度病毒缺乏了英國病毒著名的 501Y 突變位點，但別開心，從現在大規模染疫的結果來看，這非但沒有減緩其傳播速度，反而讓致死率大幅增加，推論這改變可能反而是幫助印度病毒，自我大幅升級的關鍵之一。

無論如何，印度病毒是否會進到臺灣來還是個未知數，但敵人已經在門口了，你不想打仗它都有可能會進來，要贏還得看大家對於抗疫的決心大小與否。但可以知道的是，除了個人防護要做好之外，施打疫苗還是有效的，畢竟有打的防護力比沒大高很多，但最好印度變種病毒就不要讓它進來臺灣！

但病毒正在改變，我們追得上嗎？根據統計，Delta 印度病毒更常出現類上呼吸道感染的症狀，而且以 40 歲為分界。40 歲以下會有頭痛、喉嚨痛和流鼻涕；40 歲以上則以頭痛、流鼻涕和發燒分別為前三名。至於為何是 40 歲，不像之前的 50 歲，原因真的不清楚。與英國變種病毒症狀略有差異，推估可能是根據基因位點 P681R 改變有關係，但在此之前，我們一直告誡大家要注意的典型症狀是：咳嗽、發燒、四肢無力、嗅味覺喪失或根本無症狀，是有一些不同。

這種改變讓感染印度病毒的症狀更像「類似感冒」，對病毒來說可能是一種適者生存的概念，讓病毒更容易走入人類生活圈一起共存。畢竟類似感冒，反而會讓年輕人沒有意識到自己已感染武漢肺炎，會讓人們誤以為自己得到只是感冒，依然會出門參加聚會，就會更容易把病毒傳播出去。

　　之後，從 2021 年 7 月起主宰全球的 Alpha 病毒株，經過 Delta、Beta、Gamma 和到 11 月入冬後最新爆發出「集各種突變大成」的 Omicron，再延伸到各種 Omicron 子型。2022 年 4 月，全球陸續爆發大規模的確診潮，臺灣也難逃其中，首波 4 月為 BA.2 病毒株；8 月出現第二波確診潮，截至 9 月初，此波本土個案 BA.5 占比已達 55.3%。11 月，BA.5 的強勢地位受到多種變異株影響，包括 X.BB、BA.2.75、BQ.1 等子型仍在競爭中。

　　所以，造成這種全球大規模感染的 Omicron 到底是什麼？Omicron(B.1.1.529)是嚴重急性呼吸道症候群冠狀病毒 2 型(SARS-CoV-2)的一種變異株。它在 2021 年 11 月 9 日首次在波札那被發現。2021 年 11 月 24 日南非正式向世界衛生組織(WHO)報告。由於 Omicron 變異株顯示較強的傳染性及影響宿主免疫應答與疫苗效力的免疫逃避，世界衛生組織於 2021 年 11 月 26 日將本變異株列為「需要關注的變異株」(VOC)。

　　研究人員已經確定 Omicron 變異株存在五種亞型。其中標準亞型被稱為 BA.1/B.1.1.529.1；另外四個亞型被稱為 BA.2/B.1.1.529.2、BA.3/B.1.1.529.3、BA.4/B.1.1.529.4、BA.5/B.1.1.529.5。BA.4 和 BA.5 的傳播力和免疫逃逸能力更強。OmicronBA.2 的 R0 值達到了 9 左右，BA.5 變異株 R0 值達 18。另外 Omicron 二次感染的機率相較於其他變種病毒可能會上升。

　　但說穿了，病毒突變是為了適應人體、永久生存下去。2003 年 SARS 病毒致死率 10%，65 歲以上高達 55%，宿主人類死亡，病毒也無法存活。新冠病毒比起當年的 SARS 病毒聰明太多，輕易在人群中傳散，不斷突變，破解人類各種防疫措施；雖然這次人類研發疫苗及開發藥物的速度也大幅提升，但疫苗施打落差和用藥的拿捏若不當，未來還可能再訓練出更強大的新變異株。

第三節　病毒來源

　　美國眾議院共和黨的研究團隊公布武漢肺炎的溯源報告，根據「證據優勢」的顯示，武漢病毒經過 SARS 為母體的人工改造似乎是個事實，而中科

院的武漢 P4 病毒實驗室就是負責執行這項目的單位，病毒外洩恐怕 P4 實驗室及其黨務領導會是罪魁禍首，最後導致疫情蔓延全球。

　　而今美國特別同步推出英文和簡體中文版，就是要讓全中國人看清楚，這個病毒是從哪來的，其中關鍵的人、事、時、地、物都有明列出來，還包括中國內部公文跟電子郵件證據。

　　以下基於報告列舉的事實，原文如下：

1. 武漢病毒所的病毒與樣本數據庫的在線訪問在 2019 年 9 月 12 日被突然移除。

2. PRC 的頂級科學家 2019 年對安全表達了關注，隨後武漢病毒所不同尋常地安排了維修。

3. 參加 2019 年 10 月在武漢舉行的世界軍人運動會的運動員患病並出現類似 COVID-19 症狀。

4. 2019 年 9 月和 10 月的武漢衛星圖像顯示武漢病毒所總部周圍的當地醫院的人數增加，同時有異常多的患者出現了類似 COVID-19 的症狀。

5. 一名中國人民解放軍的生物武器專家可能在 2019 年末被任命為武漢病毒所生物安全四級實驗室負責人。

6. 中國共產黨和在武漢病毒所工作或與該所有關的科學家所採取掩藏或掩蓋該所從事的研究種類的行動。

　　還是那句老話，這病毒已經造成人類極大的災難，你要說它不是生化武器很難，但既然已有關鍵報告指出是中共政府的「人工改造病毒」、「實驗室外洩」，戕害全球超過 450 萬條人命，我想罪魁禍首被繩之以法恐不足以彌補這些生命與經濟上的損失，「咎責」和「求償」應該要即刻行動！

　　關於美方在 8 月底要解密武漢病毒的調查報告，中國最近大內宣的力道倒是蠻大的，一直在撇清自己的關係，反直指就是美國的搞的鬼。科學文獻資料都查得到，早年武漢 P4 實驗室所發表的期刊論文很多都是和美國國家衛生研究院(NIH)與新加坡國立大學合作的，不妨可以去搜尋一下，用 R01AI110964 編號就可以查到資金來源，共計 419 萬美金，時間從 2014 年至 2020 年，主要是執行「氣喘和具感染性疾病」的相關研究。

　　除此之外武漢 P4 實驗室同時還執行很多的跨國計畫，包括 R01AI085524、AI085524、T32AI007528、F32AI102561、U19AI109761，執行項目非常廣泛，大多是以 SARS、MERS 為研究標的，只是不知為何會從中衍伸出 COVID-19 出來。從 2017 年開始他們就發表一系列新型冠狀病毒資訊，包括病毒來源、分類、基因定序等，甚至還有研究用何種藥物可以對抗武漢病毒，發表的論文都在極具水準的國際期刊上，但其中有一篇很詭異是關於「對抗武漢病毒的中和抗體」的文章：Cross-neutralization of SARS coronavirus-specific antibodies against bat SARS-like coronaviruses，唯獨它是被發表在中國自己內部的期刊上，我查詢了一下網路上只附了寫給總編輯的信，透過國際數據庫卻看不到內文，這是一個相當少見且非常弔詭的狀況，論文的主筆和通訊作者正是武漢 P4 實驗室的領導「石正麗」。

　　叛逃到美國的 P4 實驗室研究員閻麗夢之前曾到班農的「戰情室」節目受訪，說武漢病毒是 SARS 的強化版，就像一頭牛有著鹿頭、兔耳，還長著猴子的雙手。而她說武漢病毒不是從蝙蝠直接跳到人體，而是以舟山蝙蝠病毒為基礎改良的一個病毒，被中國軍方發現後透過實驗室裡的基因工程修改，讓病毒可以變成以人類為目標，對人類有很強大的殺傷力，所以截至目前為止，很少人類以外的動物受到感染就是這原因。

　　現在調查關鍵是誰洩漏的！

　　無論這病毒從哪來，到底它是否是人為放出來的還是不小心外洩的，不得而知，但唯一可以確定的就是這「東西」已經造成人類極大的災難，你要說它不是生化武器都難。疑點還很多，期望調查得以盡快水落石出，讓真正的罪魁禍首可被繩之以法。

　　根據 SARS-CoV-2 不同尋常的特點委員會少數黨幕僚對科學家、美國政府現任和前任官員的訪談，對 SARS-CoV-2 的自然起源提出了幾點疑問，包括：

1. SARS-CoV-2 的高度傳染性，他們認為與麻疹的傳染性一樣。

2. 缺乏確定的中間宿主（SARS 爆發四個月後以及 MERS 爆發 9 個月後都找到了中間宿主）。

3. 與人 ACE2 結合效率非常高。

　　自 SARS-CoV-2 開始在全球傳播以來，這個病毒的高傳染性一直是激烈討論的話題。一些科學家和其他專家指出，感染病例數量驚人地多，這個證據表明，SARS-CoV-2 本質上與已知的天然乙型冠狀病毒不同。例如，MERS 首次在 2012 年出現，感染人數不到 4,000 人。SARS 首次在 2002 年出現，感染人數少於 10,000 人。在本報告撰寫之際，SARS-CoV-2 在首次出現後的不到兩年時間里，已經感染了超過 2.424 億人。

　　SARS-CoV-2 在與人 ACE2 受體結合方面，也有相比其他宿主而言非常不尋常的特點。2020 年 2 月，美國研究人員仔細研究了這個問題。他們發現，SARS-CoV-2 的刺突蛋白「與它們常見宿主細胞受體的結合緊密程度是嚴重急性呼吸綜合症 SARS-CoV 上相應刺突蛋白的至少 10 倍」。換句話說，相比引起 SARS 的病毒與人 ACE2 的結合，SARS-CoV-2 與人 ACE2 的結合要緊密 10 倍多。研究人員認為，這很可能揭示了為什麼這個病毒如此具有傳染性。

　　澳洲和英國的研究人員還考察了 SARS-CoV-2 如何與不同動物 ACE2 結合的情況，並在 2021 年 6 月 24 日將他們的研究發表在《科學報告》(Scientific Reports)上。這些科研人員發現，SARS-CoV-2 刺突蛋白與人 ACE2 的結合最強。他們報告說：這個發現令人吃驚，因為人畜共患病毒通常在原始宿主物種中呈現最高的初始結合程度，與新宿主物種受體的初始結合程度則較低，直到它適應了新宿主。隨著病毒適應新宿主，病毒需要變異來提高其與新宿主受體的結合程度。由於我們對結合程度的測算是基於疫情爆發之初 2019 年 12 月在中國分離出來的 SARS-CoV-2 樣本，S 蛋白與人 ACE2 極高的結合程度是出乎意料的。

　　這篇論文的預印本的第一個版本提出的主張更進一步，在結論中寫道，「數據表明 SARS-CoV-2 特別適應感染人類，這就病毒究竟是因罕見概率事件發生於自然還是可能源於其他地方提出了重要問題」。這項研究提供證據顯示，SARS-CoV-2 特別適應人類，似乎表明疫情始於非人畜共患來源。

第四節　疫苗手段

一、疫苗種類

　　疫苗百百種，光看名稱因意識形態就有不同的解讀，其實生物科技並沒有這麼複雜，我們就幾種疫苗的技術層面，稍稍分析一下。

（一）滅活（死毒）病毒：A 肝疫苗、中國科興疫苗採用此方法

　　就是將武漢病毒的屍體打入人體中，讓免疫系統認識進而產生抗體，達成免疫效果，是一種傳統的技術，穩定度高，出錯率也不高，保存在常規冰箱既可，開發時間較快，缺點也有，製造過程需要養很多病毒，而且若該藥廠品管有問題，滅活過程不完全，疫苗裡就可能會有活病毒出現。再者，像武漢病毒不斷變異，若一開始只施打單一病毒的屍體，恐怕未來面對新的變種病毒，免疫機制可能會認不出來，對抗效果有限，屆時必須再重新施打。

（二）重組蛋白：B 型肝炎疫苗、HPV 子宮頸疫苗、國產新冠疫苗採用此方法

　　又稱為「次單位」構成技術，意思是核心技術只取病毒的一部分「不易變異」的結構來設計做抗原，一般取得的部分位在病毒外殼的 S 蛋白中，以基因工程的技術，將蛋白的 DNA 序列植入細胞，待細胞長出病毒蛋白後再加以純化製成疫苗，注射後讓免疫系統認識病毒蛋白而產生抗體。這個技術對於辨識變種病毒來說，效能是比較高的，唯獨缺點是走保守趨勢，開發驗證的時間較長，時間會拖的比較久，但若生產出來的疫苗較不會有活病毒的成分在內，相對安全性較高。

（三）mRNA：輝瑞-BNT 和莫德納疫苗採此方法

　　核糖核酸疫苗屬於最新技術，研發的邏輯是，人體免疫系統若偵測到病毒的蛋白會產生抗體，而蛋白質由 RNA 產生而來，於是科學家就直接嘗試把病毒蛋白的 RNA 注入人體來產生抗原，再促進抗體產生，由於跳過細胞純化出蛋白質這個步驟，提高了效率，也提高了面對病毒多元性的問題，如

果是針對變種病毒，辨識效果應該會比較好。但缺點有兩個，第一個是 mRNA 極為不穩定，必須要待在極低溫-70℃，在室溫很快就會失去活性；第二，mRNA 疫苗研發製成需花費極高成本，一般若不是大藥廠或有大國支持，很難完成後續步驟。

（四）腺病毒載體疫苗：嬌生疫苗和 AZ 疫苗均採此方法

腺病毒的技術原理和 mRNA 疫苗相似，差別在於 mRNA 疫苗是把 mRNA 注入細胞內，腺病毒載體則是用病毒為載體，帶著病毒的 DNA 進入人體細胞產生抗體。它有許多優點，像是成本較低，在 4℃就可以保存，載體本身感染效率高，且在疫苗製成上也容易從基因端加以改造，可變性很高，在面對變種病毒的能力上也不差。缺點則是腺病毒本身就是病毒，會造成輕微的呼吸道感染，注射後也會讓身體產生短暫發炎反應，所以副作用會有手臂出現疼痛、腫大、泛紅和發燒等現象，再者，腺病毒疫苗會有血栓產生，10 萬人中約有 1 人出現。

其實每一種疫苗都有其優缺點，設計面向也是有其商業與現實的考量，並不是非哪一種就一定不打，還是需要經過符合規範的臨床試驗驗證，方能確保其功效及安全性。

二、混打可行嗎？

混打疫苗應該是未來的趨勢，但在施行之前仍須確認不同廠牌疫苗組合後，其功效性、安全性及其可能會產生的副作用。

雖然人體數據不足，有的大多都也只是小規模的實驗室文獻，而且量測標準也沒有 SOP，但較可信的是以「免役橋接」的方式量測血液中抗體濃度。初步看到的結果，大概就是兩個疫苗保護力相加除以二，以 AZ(70%)+BNT(95%)為例，保護力約為 85%上下。

即使世界上已有小部分的人確實混打疫苗了，但要真的可行，其衡量標準就要明確，包括合併使用的安全性和保護力，且應該要像臨床試驗一樣嚴格才行。但綜觀全球，目前並沒有這樣的機制出現，再說，這不易執行，怎麼說？以商業布局來看，沒有哪一個藥廠願意把自己既有的市場分一塊出來

給別人去占，而且，技術層面上，很多國家的經濟條件也不是這麼適合使用冷鏈技術，所以要混打，恐怕不是自己嘴巴說說這麼簡單，最後搞不好又淪為幾個有錢國家營利的手段。

我其實認為混打疫苗是未來的趨勢，畢竟病毒變異速度之快，若要每一家廠商都跟上病毒突變的速度來生產新疫苗，難度不低，再說各自都要投入為數不少的研發費用，若再考慮到失敗率，真的有點不切實際。不過，既然病毒是全球性的議題，倒不如分工合作，整合跨國、跨技術平臺共同開發，還比較可行。

三、國產疫苗的 EUA 標準

食藥署於 6 月 10 日公告，EUA 的審查參考美國食品藥物管理局(FDA)於 109 年 10 月發布的 COVID-19 疫苗緊急授權使用指引，須檢附疫苗產品之化學製造管制資料、動物試驗資料，以及執行過的所有人體臨床試驗與風險效益評估報告；安全性方面，需要至少 3,000 人接種完成並追蹤至少 1 個月，所有受試者完成接種後追蹤時間中位數 2 個月的累積安全性資料，且須包含 65 歲以上特殊族群的試驗結果。

至於療效評估標準，由於臺灣疫情難以執行大規模試驗，食藥署已於 3 月份首批 AZ 疫苗開始接種時，委託部立醫院蒐集 200 位國人接種 AZ 疫苗的免疫原性結果作為對照組。國產疫苗若欲申請 EUA，第二期臨床試驗結果的中和抗體效價，必須「不劣於」AZ 疫苗之結果。

食藥署並指出，所有檢體皆會由同一個實驗室以相同方法檢驗，主要由中研院進行的 AZ 疫苗中和抗體研究結果出爐後，才會開始進行 EUA 審查；且後續也將再由另一個公正單位，針對 AZ 疫苗與國產疫苗的數據再進行分析比較。

四、國產疫苗的意義

關於國產疫苗總是謠言滿天飛，我實在看不懂臺灣怎麼有這麼多的假新聞？每天編些消息成本是不是很低？但臺灣卻又有很多人愛轉傳，大家在那邊好像整天打探小道消息，正確科學邏輯的解釋也不聽，我無法理解。

　　但不是說不能批評，必須要合理，我認為任何符合科學的監督都是可以接受的，特別攸關全民的健康，任何一方都該說清楚，汙衊、造謠，騙得了一時但絕對不會是長久之計，而且此風不可長，甚至是長期受到共產中國滲透和壓迫的我們，更不應該處處助長他人志氣。

　　臺灣發展國產疫苗本就困難重重，但戰略物資的生產本就該自我掌握，否則若在未來全球疫情再度大爆發，疫苗全球搶購，甚至被中共以價格戰，高價的方式一次下訂大批量來壟斷市場的時候，我們要如何能再次確保全民有疫苗打？姑且不論「美國人幫助臺灣做疫苗」這事是否屬實，但自去年開始啟動的「國藥國造」也確實反應了未來我們可能會面對的窘境，主要目的都是讓我們不必為購買疫苗而受制於他國，就像是「國機國造」是一樣的道理，如果當年沒有 IDF，豈會有後續的 F-16？

　　現在我們該做的應該是用高強度的方式監督，如同食藥署現階段所做的一樣，在高端疫苗進行檢驗封緘時，採逐批全項檢驗，意思是每一批疫苗都必須隨機抽樣檢測包括外觀、pH 值、鑑別、無菌試驗、細菌內毒素、總蛋白含量、異常毒性試驗、抗原含量、效價測定等項目，特別是「效價測定」檢測，這是一個很花時間和操作成本的試驗，主要是要將疫苗打到倉鼠身上，透過此動物試驗再次確認疫苗的中和抗體效價狀況，通過標準才會放行。

五、國產疫苗不受 WHO 認證？

　　這項檢測標準都是針對高端疫苗，其他進口疫苗 AZ、莫德納、BNT 是沒有這些待遇的，畢竟高端是個民間藥廠，要說不相信它的生產品質也無妨，但我們不得不相信全球最嚴格的食藥署在臺灣這個事實，我們就讓後續數據說話，而不是整天在那邊獵巫、唱衰、阻擋。只是另一個國產疫苗廠聯亞沒通過 EUA，又衍伸出一堆謠言，「印度三期的沒過，沒做二期的可以在臺施打」，這問題的癥結點還是關於高端不被全球認可這事，真的是這樣嗎？

　　關於國產疫苗不被全球認可，這其實是一個很奇怪的議題，早年打流感疫苗的時候，國光疫苗也沒有被 WHO 認證，再說，也沒人在乎認證這件

事，臺灣沒有、歐盟沒有、美國也沒有。就新冠疫苗來說，WHO 目前正式列名的廠商也就四間，這也合理，畢竟疫苗不僅是戰略物資，疫苗產業也是一個寡占的產業，全球 9 成市場只被這四家跨國知名大廠瓜分，所以一個來自臺灣全新的疫苗要一出場就被全球認可根本是不可能的事。

但要解決不被認可的狀況，我認為藥廠的商業布局是關鍵，畢竟 EUA 或是藥證申請的 NDA 都是屬「國家」為單位的制度，再加上現在許多國家都還缺乏疫苗，若國產疫苗廠能在後續的半年到一年內，透過任何方式布建他們的跨國網絡，讓疫苗能取得這些國家的 EUA 授權或藥證，自然而然疫苗就可以走出去，而且像這樣的國家越多，認可國產疫苗的國家才會越多。要被認可是要自己走出去，不是人家自己會跑上來的。

不過，一般民眾會認為美國、英國這些國家不認可的疫苗就是爛疫苗，真的是這樣嗎？以 AZ 為例，AZ 在美國沒有拿到 EUA，但美國 FDA 和 CDC 並沒有因此認定 AZ 就是一個爛疫苗，相反的，凡是施打過 AZ 的留學生還是可以進入校園讀書，所以要知道，一個疫苗可以在其國內大規模使用，考量的基礎點「不完全是」疫苗的品質而已。

商業考量也是主軸，美國當前已有莫德納和嬌生兩款疫苗通過 EUA，在商業角度上，美國是不可能通過一支境外疫苗進行 EUA 施打來搶占自家人生意，更何況，AZ 的技術門與嬌生一樣，保護力也差不多，完全沒有占到任何優勢，所以美國當然不會認可 AZ 在國內施打，但我強調這不表示 AZ 被美國認為是爛疫苗，這是兩碼子事。

至於國產疫苗未來會不會被 WHO 認可？這其實牽涉到的更不只是藥廠間的商業競爭，還有國與國間的政治角力。臺灣的國際處境大家理解，所以我們生產出來的疫苗當然有可能會被多方打壓，甚至來自輝瑞、莫德納或 Novavax 都有可能。但我好奇，就算 WHO 不認可，難道這個疫苗就不能施打嗎？是無效的疫苗嗎？就像是臺灣不是 WHO 的會員國，難道我們就不能堂堂正正地活下去嗎？當然不是！

聯亞沒有通過 EUA，但高端疫苗是通過食藥署標準規範試驗出來的疫苗，可見它的安全性和有效性是有一定水準的，當然可以施打，之後也可以

出國，也因為臺灣的防疫好成績，再加上我們的經濟實力，讓我們的國民無論是否已施打疫苗，都獲得多國的特殊入境許可。目前像是要入境美國、英國、法國，還有比利時、瑞士、奧地利、捷克、葡萄牙、希臘、土耳其、荷蘭、新加坡的旅客都無須進行隔離，沒有施打疫苗的人，只須持有啟程前三天內武漢病毒檢測陰性證明，確保沒有被染疫就可以入境，很多防疫差的國家是沒有這樣特殊待遇的！

再舉一個比較嚴格的例子，德國，自 2021 年 7 月 18 日起，外國公民禁止進入德國，但臺灣居民不受此限，只須出示以下證明「之一」：1. 出發前 48 小時內篩檢確認陰性；2. Paul-Ehrlich-Institute（類似衛福部）認可的疫苗接種證明；或 3. 曾感染武漢病毒並已痊癒之證明。至於其他國家，大部分仍有限制入境或隔離政策，無論是否施打疫苗也需被隔離 7~14 天不等，甚至更長。

六、高端登 WHO 網站

另一方面，日前 WHO 針對是否需要加打「第 3 劑」，在官網發布一則新聞稿，裡面看到了幾個疫苗廠商數據列名，高端就在裡面。報導中提到幾種武漢肺炎疫苗對變種病毒的保護力、保護期限和安全性等，其中公布了一些數據也是之前沒看過的，高端疫苗的數據顯示，若在第 29 天接種第 2 劑，體內抗體會在 14 天後來到 494.85(IU/mL)，隨後慢慢下降，在第 119 天達到 76.59(IU/mL)，若在第 209 天接種第 3 劑，體內的抗體濃度可以在一個月內回升，拉高到 818.31(IU/mL)，超過完整施打的 662。

所以打未來可能要施打第 3 劑來說，次單位蛋白疫苗基於技術層面而言，安全性與功能性不相上下，但本身的穩定性要比 mRNA 和腺病毒要好的情況下，我猜這也可能是高端會被列入 WHO 第三劑施打的選項之一的原因。

誰說高端疫苗沒有被 WHO 認證？難道要真的頒發證書才叫做「認證」嗎？

七、朋友眼裡的臺灣狀況

　　說臺灣的狀況，和大家分享一個故事，幾天前，和以前在麻省理工實驗室一起工作的巴西朋友聊到關於疫情，他說今年光是在巴西就有超過 1,000 名孕婦因染疫而死亡，有超過 39%的孕婦到醫院前就已經過世，能住進醫院的，很少；有些孕婦甚至達到可臨盆的週數，但在重症插管的情況下，胎兒無法順利出生，導致不僅是早產率大幅上升，死胎的發生率也極高。

　　除了大城市，巴西普遍的資源嚴重缺乏，不光是疫苗，就連醫療器材和基礎醫療建設都很不足，雖然疫苗覆蓋率 45%，但已有超過 53 萬人染疫過世，而這些懷孕的女性，幾乎都不曾施打過疫苗，有五分之一甚至連重症隔離病房或加護病房都沒進去過，三分之一沒有呼吸輔助器，再加上巴西國境真的是幅員遼闊，有些地區光看個病就要兩小時車程。他說，如果巴西能像臺灣一樣，這些孕婦的死亡率就可以降到 5%以下，甚至更低。

　　反觀我們自己，現在很少有為了看病要開兩小時車程，而在疫情爆發短短的 90 天內，也幾乎不曾聽過有什麼特殊醫療資源缺乏的窘境，但卻可以拿到 1,000 萬劑疫苗，一劑覆蓋率直衝 40%，確診數回到個位數，放眼全球，罕有其他國家能匹敵我們的能力與效率，這真的不是嘴巴上說天佑臺灣而已，公民素質、基礎醫療建設和強大的醫護團隊才是關鍵。

　　看看我們周邊的國家，其實你會知道，我們很幸福！

　　但臺灣的防疫措施真的做得很好，不是只有我們自己在那邊自嗨，其他國家也看見了。前幾天 FM Global，全球最大的工商財產保險公司針對全球 130 個國家的經濟復甦程度(Resilience Index)做了評比，臺灣在這些經濟體內排名第 29 名，其中評估項目包括「經濟活動」、「風險評估」、「供應鏈的恢復程度」，新增確診數、疫苗接種率、邊境開放程度已經不是最主要的指標了。

　　這個排名代表的意思是，名次越前面，就代表誰的市場經濟最不受疫情影響。和周圍的幾個國家相比，新加坡 12、日本 25、南韓 31、馬來西亞 44、中國 71、菲律賓 89、越南 96，亞洲國家擠進前四分之一的只有三個，臺灣是其中之一，其他都是歐美國家。

也因為臺灣的防疫好成績，再加上我們的經濟實力，讓我們的國民無論是否已施打疫苗，都獲得多國的特殊入境許可。所以，只要你拿臺灣護照，就算沒施打疫苗也是可以入境上述這些國家的，看郭董沒打疫苗就入境歐洲就知道了，況且 WHO 在 7 月 16 日才說，接種疫苗不會是國際旅行的必需條件，旅行當下是否確診才是關鍵。

第五節　兩岸防疫政策的比較

臺灣目前對中國大陸的開放政策基本上是比照西方主要國家（包含日韓） 目前的作法。目前的官方理由當然是以防疫為主。但這其實也不單純是因為中國確診人數爆發增長。最根本的問題是現在資訊非常不透明，我們對中國整個疫情爆發的情況，包括確診率、走向預測、特別是重症和死亡人數等數據（都不很了解），目前中方提供的資訊，（令人）無法評判疫情嚴重程度。這是為什麼臺灣對從中國入境的旅客採取比較嚴格的做法的最重要原因。

臺灣政治人物和民眾在討論及批判臺灣防疫和治理時，很常以中國作為參照對象，覺得中國防疫做得很好，而臺灣應借鏡中國。然而，由於政治體制脈絡不一樣，兩岸防疫政策邏輯和思維的不同，真的很難把同一種方式直接拿到臺灣來使用，特別是中國的防疫成效背後，隱瞞了很多實際數據，雖有其體制秩序作為基礎，也得付出相應代價，未必適用在臺灣。

首先，中國從最初的掩蓋、疏失，到以各種阻斷式、強制性措施收效。這種應急、抗災風格，跟中國政府過往治理邏輯一脈相承。無論中央或地方，都可觀察到類似的應急治理。中國各地疫情此起彼落，只要約兩週就能解決，與潛伏期一致，正因為中國可做到即便只有幾個確診案例就近乎封城。除了重點區域隔離，對於個人資訊的掌握和追蹤也很有效。由於體制性質使然，中國本來就擅長壟斷、干預社會資本流動，許多隔離、追蹤、疫苗施打等措施是建立在這套體制下。因此，臺灣如果要參照中國做法，必須有所意識，哪些方案可以參考，哪些不行，其背後的邏輯到底為何。

　　以臺灣很常討論的「方艙醫院」為例，在臺灣有很多人一直都有想要效仿的意念，但這是中國慣有的「戰時思維」產物。這種思維下，最高權力意志可隨意將特定議題提升到生死存亡高度，並且使個人完全服膺於大共同體的需要。這個生死與共的大共同體，雖然能有效執行防災政策，卻也完全凌駕個體的欲望和需求。

　　此外，當臺灣社會可見對各種疫苗品牌的討論與根據意願登記接種，媒體也持續公開討論疫苗接種之不良反應甚至死亡案例時，中國早已同樣以戰時思維布署疫苗政策。官方早早宣揚中國疫苗的研發成果，在公共討論與媒體的資訊傳播中，也罕見打完疫苗後的不良反應或死亡案例資訊，政府體制可輕易予以壓制。而臺灣則是在因果關係釐清前，就已引起眾聲喧譁。

　　再來，臺灣防疫的績效合法性存在緊張，各種質疑不斷。但問題是，臺灣從未實行真正的封城，若真的執行，民眾也一定怨聲載道。取而代之的是更系統性的協商和分流管制。西方各國即便做到 Lock Down，卻不易做到早上一發現確診案例，下午就封城，很多民主國家都發生民眾上街抗議防疫限制人身自由。換言之，相較於威權體制的治理邏輯，民主體制更多透過系統性協商，依靠政策說服和民眾自願配合，以及社會資本力量。

　　臺灣的防疫存在許多自我修正政策、與滾動式調整改進的空間。在政策修正過程中，社會上的專業與不同角色的參與，往往能發揮不亞於政府的力量，有時甚至比政府還高明。這些情況，即是在一個大有為政府思維下不易出現的。

　　最後，經由這次疫情，我們可發現和專業領域和公眾討論之間的張力，無論何種立場，皆存在專業意見與眾說紛紜，以及依此產生的對立。無論何種話題或立場，似乎都有專業學者發言，也有許多公眾依從，各自堅持信仰，結果卻喪失了溝通的可能，使得討論品質下降。隨著疫情趨緩，這種專業與公共之間的緊張和對立似乎有所改善。但未來若遇到其他突發事件或具爭議的問題時，臺灣能否維持理性的公共領域對話空間，將影響公眾輿論和政策品質。

　　中國自 2022 年 12 月初鬆綁防疫，放棄原本採取的動態清零政策。據人民日報健康用戶端，28 日中國疾控中心週報發表「預先計畫的研究：新冠

疫苗對新冠病毒 Omicron 變異株感染和症狀的有效性—中國，2022 年 12 月至 2023 年 2 月」一文。

文中「推測」，2022 年 12 月至 2023 年 2 月期間，中國全國超過 82%的人口感染新冠病毒。接種疫苗加強針 6 個月內，對預防 COVID-19 病毒感染和症狀方面是有效的，自 2022 年 12 月至 2023 年 2 月，研究團隊對中國 31 個省級行政區進行了 4 次線上調查，使用匿名問卷，收集參與者的性別、年齡、地址、職業、疫苗接種狀況、疫苗類型、上次接種時間、感染狀況（症狀、診斷日期和診斷方法）以及感染的同居者人數等資料。

研究結果指出，自我報告的感染率在 2022 年 12 月 19 日至 21 日達到峰值。截至 2023 年 2 月 7 日，中國全國 82.4%的人口感染了 COVID-19 病毒。

但是，以上這些數據都屬猜測，因為截至目前為止，都沒有真實的數據被揭露出來。

第六節　結語與建議

疫情之初的口罩之亂，印證了臺灣尚未建立起公衛的正確概念，造成過度恐慌與囤貨，使得口罩供不應求。事實上，一般人戴口罩不是擔心會感染給別人，而是為了怕被傳染，不過真的有一些人不誠實，沒公德心，就算得病了也不戴口罩還趴趴走，很不可取，臺灣的防疫措施做得真的比全世界還讚，是不需要過度恐慌，但「防人之心」確實不能少，口罩真的要戴好戴滿！

武漢肺炎歷經三年仍無平息的趨勢，加上病毒變異種的出現，除了疫苗施打之外，還是建議大家做好自我防護，「戴口罩、勤洗手、安全社交距離」很重要，不要鬆懈。提醒大家，面對病毒，千萬勿信旁門左道，預防永遠都是勝於治療，開發出再好的醫療設備和疫苗抗體，能不要用到就是最好的防疫方式了，但防疫工作很簡單，不要自私，多替大家多想一想，不只是保護自己，也是保護身邊的人。

編著者 陳亮智

CHAPTER

08

兩岸軍力比較與潛在軍事衝突危機

第一節　前　言

　　海峽兩岸的軍事實力對比在冷戰結束之後逐漸地出現結構性的變化，總體而言是「彼（中華人民共和國人民解放軍）長我（中華民國國軍）消」。值得注意的是，這樣的結構性轉變不只是出現在中國與臺灣之間，其亦發生在中國與日本、美國及其他國家之間。根據著名的國際軍事力量觀察平臺「全球火力」(Global Firepower; GFP)網站的評比，在 2023 年，美國的軍事力量仍然位居世界第一，日本排名第八，而中國則是第三世界軍事強權。[1]總而言之，中國的軍事實力在西元 2000 年之後已大幅地躍升成為全球性的軍事強權。

　　而大幅攀升後的中國軍事實力（其實還繼續保持提升），其對兩岸關係的影響是出現嚴重負面的衝擊，並且加大加強對臺灣的軍事威脅。例如以近年來解放軍軍機入侵臺灣的防空識別區(Air Defense Identification Zone; ADIZ)來看，根據我國國防部的統計，2020 年有 380 架次，2021 年有 960架次，2022 年有 1,727 架次，2023 年則有 1,709 架次。[2]然而值得關注的是，中國軍力擴張所帶來的威脅與挑戰並非只是針對臺灣而已，其對區域周邊國家，包括日本、南韓、菲律賓、越南等，以及其他國家，包含美國、澳洲、紐西蘭、加拿大與歐洲國家等，都產生一定程度或相當程度的安全衝擊與軍事威脅。因此，中國軍事力量的現代化與擴張，其造成的衝擊不只是一個國家，而是許多的國家與國際組織，其所形成的影響不只是區域性的，更是全球性的。

　　因為如此，臺灣與其他周邊相關的國家近年來亦隨之提升軍備，以回應此一變局，軍備競賽(Arms Races)無疑地在亞洲與印太區域出現並正在進

---

[1] "2023 Military Strength Ranking," *Global Firpower*, https://www.globalfirepower.com/countries-listing.php, accessed on August 5, 2023.

[2] 整理自：「即時軍事動態」，中華民國國防部，https://www.mnd.gov.tw/PublishTable.aspx?Types=%E5%8D%B3%E6%99%82%E8%BB%8D%E4%BA%8B%E5%8B%95%E6%85%8B&title=%E5%9C%8B%E9%98%B2%E6%B6%88%E6%81%AF，最近登錄時間 2023 年 12 月 31 日，以及 "Taiwan ADIZ Violations," China Power, Center for Strategic and International Studies (CSIS), https://docs.google.com/spreadsheets/d/1qbfYF0VgDBJoFZN5elpZwNTiKZ4nvCUcs5a7oYwm52g/edit#gid=1177684118, accessed on January 5, 2024.

行。[3]當然，不論是在臺海或是南海，不論是在太平洋或是印度洋，潛在軍事衝突危機發生的機率正逐漸升高之中。而臺灣海峽發生軍事衝突與大規模戰爭的機會更被許多國際媒體認為是最有可能的地點。[4]本章主要的宗旨是在前述的脈絡之下，對當前兩岸的軍事力量進行比較，並論述此一力量失衡情況下的潛在軍事衝突危機，希冀對現階段的兩岸關係，特別是在軍事的層面，做即時更新與概括介紹。以下依地緣政治與區域衝突、中國軍力現代化發展、臺灣軍事準備與國防政策，以及美國對臺支持與美日韓軍事合作形勢等四個部分，逐一介紹與分析，最後在結語的部分，作者提出針對此一主題的整理與展望。

第二節　地緣政治與區域衝突

在進行海峽兩岸的軍事力量比較與臺海潛在軍事衝突危機的分析之前，我們有必要對其所處的地緣政治與戰略環境做一概括性的描述，因為這是充分提供當前海峽兩岸可能爆發戰爭或軍事衝突的背景因素。簡而言之，臺灣與中國之間的軍事抗衡是發生在一個崛起強權(Rising Power)強烈挑戰既有強權(Dominant Power)的歷史脈絡裡，而前者為中國，後者為美國。更甚者是，崛起強權中國不只是想要「挑戰」既有強權美國的國際領導地位，其亦希冀「取代」美國的霸權地位，也希望改寫並替換第二次世界大戰結束以來，由美國與西方國家所建立及主導的國際秩序。

---

[3] Damien Cave, "An Anxious Asia Arms for a War It Hopes to Prevent," *New York Times*, March 25, 2023, https://www.nytimes.com/2023/03/25/world/asia/asia-china-military-war.html?auth=login-google1tap&login=google1tap; Amy Hawkins, Helen Davison, Justin McCurry, Rebecca Ratcliffe and Daniel Hurst, "Asia's Arms Race: Potential Flashpoint from Taiwan to the South China Sea," *Guardian*, April 4, 2023, https://www.theguardian.com/world/2023/mar/30/asia-pacific-flashpoints-fuelling-regional-arms-race-taiwan-north-korea-south-china-sea-pacific-islands.

[4] "The Most Dangerous Place on Earth," Economists, May 1, 2021, https://www.economist.com/leaders/2021/05/01/the-most-dangerous-place-on-earth; "The Struggle for Taiwan," Economists, March 11, 2023, https://www.economist.com/weeklyedition/2023-03-11.

一、美中之間的「大國競爭」

　　事實上，本章的主題是美中之間「大國競爭」(Great Power Competition)的一部分，其本身既是受到華盛頓與北京之間激烈的戰略競爭所影響，同時也深刻左右兩個強權之間的互動；臺灣問題一方面是美國與中國激烈競爭的標的，另一方面也是雙方用以牽制對方的依據。對美中兩強而言，臺灣與臺灣海峽皆是他們的重要核心利益—對美國而言，臺灣攸關其戰略利益與國際霸權領導，一旦失去臺灣，美國及其盟邦（尤其是日本）在西太平洋的戰略地位，甚至是在全世界的利益與信譽，將受到天翻地覆的改變。對中國來說，特別是對中國共產黨與習近平統治集團，臺灣是其追求中國統一的最後一塊拼圖，是中國共產黨統治不可能放棄的歷史使命工程，也是習近平推動中華民族偉大復興運動與中國亟欲實踐成為世界政治、經濟、軍事與科技大國的最大一塊墊腳石。

　　一如前述，美中之間的「大國競爭」源自於崛起強權中國強烈挑戰既有強權美國的權力、領導與利益。[5]迥異於歷史上若干的和平「權力轉移」(Power Transition)組合，例如 1990 年代的英國、法國與德國，冷戰時期的美國與蘇聯，以及 20 世紀初期的英國與美國，當前的美國與中國組合則是充滿著衝突與競爭。[6]雖然最終的結果是否會發生戰爭仍不得而知，但美中兩強之間的競爭已讓許多的國際政治學家與媒體評論認為，它們其實正在邁向兩國所不樂於見到的結果—戰爭。[7]之所以如此，美中權力之間的消長變化是一個十分重要的關鍵。例如中國意識到它的綜合國力是不斷地上升，而美國的綜合國力則是相對地處於下滑的狀態，這讓中國在實力對比上有機會逼近美國，甚至是超越美國。另一個重要的因素是美中兩強分屬不同的政治體系—民主政治(Democracy)與獨裁政治(Autocracy)，它們在政治體制、價值信念、意識形態與生活方式等方面，皆存在著極大的差異，這也造成彼此對國

---

[5] Jacques Delisle and Avery Goldstein, "Rivalry and Security in a New Era for US-China Relations," in Jacques Delisle and Avery Goldstein, eds., *After Engagement: Dilemmas in U.S.-China Security Relations* (Washington, D.C.: Brookings Institution Press, 2021), pp. 9-16.

[6] Graham Allison, *Destined for War: Can America and China Escape Thucydides's Trap?* (New York: Houghton Mifflin Harcourt, 2017), pp. 41-85.

[7] Ibid., pp. 154-184.

際秩序與戰略利益上有著極為嚴重的落差。[8]然而，最重要的原因恐怕是來自於中國自身的戰略意圖，由於對當前國際秩序的不滿，中國試圖挑戰並寫既有的國際規範與制度，同時也尋求西方國家與國際社會重新審視中國的地位及修正與其交往的模式。[9]這在許多議題上便出現破壞國際秩序的情況，進而引起極大的國際糾紛，例如有關南中國海(South China Sea)的主權爭議、填海造陸與軍事基地化工程等。這些因素都加劇了地緣政治與地緣戰略上的不穩定。

二、中國對印太區域的影響力投射

有關中國崛起與大國競爭下的地緣政治格局，基本上就是中國伴隨其政治、經濟、軍事、科技與文化等實力的成長與擴張，逐漸地在印太區域，甚至是印太區域以外的其他地區，乃至整個世界，嚴重地擠壓美國與其他國家的空間與利益（特別是美國）。首先，在政治方面，中國憑藉著豐厚的經濟實力與龐大的國內市場，其對印太國家具有強大的政治影響力。固然，在東北亞，日本與南韓受中國的影響不若其他東南亞國家，但是兩者在內政與外交上仍然無法擺脫「中國因素」。[10]在東南亞，儘管越南、菲律賓、印尼與馬來西亞等國與中國在南海具有領域主權的爭議，然而整個東南亞十國與北京的關係是更甚於它們與華盛頓的關係。[11]在南太平洋，中國近年來更是努力經營與此地區國家的關係，包括索羅門群島、吉里巴斯、庫克群島、斐濟、巴布亞紐幾內亞、薩摩亞、東加與萬那杜等，北京皆祭出強大的經濟優惠措施而與這些國家建立並深化關係。

其次，在經濟方面，根據澳洲智庫「洛伊國際政策研究院」(Lowy Institute)的統計資料所顯示，在 2018~2023 年之間，中國與整個亞洲區域的

[8] Matthew Kroenig, *The Return of Great Power Rivalry: Democracy Versus Autocracy from the Ancient World to the U.S. and China* (New York: Oxford University Press, 2020), pp. 170-209.

[9] Allison, *Destined for War: Can America and China Escape Thucydides's Trap?* pp. 107-132; Ian Easton, *The Final Struggle: Inside China's Global Strategy* (Manchester, UK: Eastbridge Books, 2022), pp. 35-52.

[10] Chang-Min Lee, "Decoupling from China Is Not So Easy for Japan and Korea," *9DASHLINE*, March 7, 2023, https://www.9dashline.com/article/decoupling-from-china-is-not-so-easy-for-japan-and-korea.

[11] Susannah Patton, "China Is Beating the U.S. in the Battle for Influence in Asia," *Lowy Institute*, June 6, 2022, https://www.lowyinstitute.org/publications/china-beating-us-battle-influence-asia.

貿易總額在每一個年份接遠遠超過美國。以 2022 年為例，中國為 3.831 兆美元，而美國則是 1.466 兆美元。在其他的指標項目中，包括在整個區域的銷售力、購買力、投資關係與經濟外交等，北京也都超越華盛頓。[12]尤其是，中國在 2013 年推動了「一帶一路」倡議("One Belt, One Road" Initiative； OBOR)或稱「帶路」倡議(Belt and Road Initiative; BRI)，隨著對沿線國家的投資、貿易與融資等等，北京在印太區域的經濟影響力更是充分地彰顯。但值得注意的是，隨著時間的流逝，中國對帶路沿線國家的承諾跳票情事已逐漸地浮現，甚至衍生成藉機向沿線國家索求並讓渡重要基礎設施（例如港口）的使用權，同時也以此干涉、控制該國的內政、經濟與財政等等。這些新興的問題被稱為「債務陷阱」(Debt-Trap)。

再者，在軍事方面，近年中國更是強力推動軍事現代化與改革，在建軍方面具有驚人的成長。根據美國國防部最新向國會所提交的《2023 中國軍事與安全發展報告》(Military and Security Developments Involving the People's Republic of China 2023)（一般簡稱《中國軍力報告》），在努力軍事現代化與軍改之後，中國人民解放軍，不論是在人員規模、軍種分類分工、武器裝備、作戰概念、教育訓練與後勤保障等等，皆有長足的進步。[13]特別是解放軍海軍已建立起一支在船艦數量上為世界最大規模的海軍，並且經常性地在西太平洋進行巡弋、訓練及演習，包括在東海、臺海、南海與第一及第二島鏈之間。[14]甚且，中國亦積極在南海、印度洋與南太平洋建立海外軍事基地與據點。而在對臺灣的威脅方面，解放軍更在 2020 年開始加大對臺灣防空識別區的侵擾，空軍戰機時而跨越「海峽中線」(Taiwan Strait Median

[12] 參照： "Economic Relationships," *Lowy Institute Asia Power Index 2023 Edition*, https://power.lowyinstitute.org/data/economic-relationships/, accessed on August 5, 2023.

[13] Office of the Secretary of Defense, *"Military and Security Developments Involving the People's Republic of China 2023* (Washington, D.C.: U.S. Department of Defense, 2023), https://media.defense.gov/2023/Oct/19/2003323409/-1/-1/1/2023-MILITARY-AND-SECURITY-DEVELOPMENTS-INVOLVING-THE-PEOPLES-REPUBLIC-OF-CHINA.PDF, pp. 47-48; Ronald O'Rourke, *China Naval Modernization: Implications for U.S. Navy Capabilities—Background and Issues for Congress* (Updated August 3, 2021) (Washington, D.C.: Congressional Research Service, 2021), pp. 6-7.

[14] 參照：Isaac B. Kardon and Wendy Leutert, "Pier Competitor: China's Power Position in Global Ports," *International Security*, Vol. 46, No. 4 (Spring 2022), pp. 9-47; Alex Wooley, Sheng Zhang, Rory Fedorochko, and Sarina Patterson, "Harboring Global Ambitions: China's Ports Footprint and Implications for Future Overseas Naval Bases," *AIDDATA*, July 25, 2023, https://docs.aiddata.org/reports/harboring-global-ambitions/Harboring_Global_ambitions.pdf.

Line)，以及機艦時而繞行臺灣並在周邊進行演習。這些都足以顯示中國對印太區域的戰略企圖。

三、美國對中國的回防：印太戰略

為了因應上述中國在政治、經濟與軍事各方面對印太秩序的衝擊，美國於川普(Donald Trump)總統時代(2017~2021)開始提出「印太戰略」(Indo-Pacific Strategy; IPS)構想。[15]而在 2021 年接任的拜登(Joe Biden)政府基本上亦承接並繼續執行所謂的「印太戰略」。[16]整體來說，華盛頓逐步地調整其戰略作為，在政治外交上強化與印太區域國家的關係經營，在經濟上提升與區域的貿易及投資，在軍事上更是推動與盟國及夥伴的合作，也加強對印太區域的軍力部署。

首先，在東北亞方面，美國積極強化它與主要同盟國日本及南韓的關係，雖然川普政府時期曾一度強烈質疑美國盟邦對軍事同盟的態度，因此要求提高軍費的負擔，進而衝擊同盟關係的穩定。但是，美國與盟邦的各項關係仍處於提升的情況，尤其是與日本及南韓。美日關係不但在前首相安倍晉三時代即獲得長足的進步，接任的菅義偉與岸田文雄兩位首相亦是持續強化美日同盟。而南韓在 2022 年選出親美的尹錫悅總統後，美韓同盟關係亦有加溫的趨勢。值得注意的是，在美國的鼓勵與努力協調之下，日韓關係在 2023 年春天亦出現突破性的發展，這在反制中國威脅上具有重大的意義。[17]

---

[15] 對此，作者認為有一個觀念必須做慎重地釐清，即因為中國對美國及世界秩序的挑戰是全面性的，而軍事只是其中的一項，因此美國的印太戰略亦是多元性的，所涵蓋的項目包含政治、外交、經濟、軍事、科技（網路、數位、綠能）與基礎建設等，而軍事亦只是其中的一項。若是將「印太戰略」單純地視為是「以軍事為導向的戰略架構」，這是一種嚴重錯誤的認知。參照：陳亮智，「美國印太戰略之軍事內涵與運用」，**戰略與評估**，第 12 卷第 2 期（2022 年 12 月），頁 52。有關川普政府的「印太戰略」，可參照：The White House. *National Security Strategy of the United States of America* (Washington, D.C.: The White House, 2017), pp. 45-47; U.S. Department of Defense, *Indo-Pacific Strategy Report: Preparedness, Partnerships, and Promoting a Networked Region* (Washington, D.C.: U.S. Department of Defense, 2019), https://www.state.gov/wp-content/uploads/2019/11/Free-and-Open-Indo-Pacific-4Nov2019.pdf; U.S. Department of State, *A Free and Open Indo-Pacific: Advancing a Shared Vision* (Washington, D.C.: U.S. Department of State, 2019), https://www.state.gov/wp-content/uploads/2019/11/Free-and-Open-Indo-Pacific-4Nov2019.pdf.

[16] 有關拜登政府的「印太戰略」，可參照：Executive Office of the President, "Indo-Pacific Strategy of the United States," *White House*, February 2022, https://www.whitehouse.gov/wp-content/uploads/2022/02/U.S.-Indo-Pacific-Strategy.pdf.

[17] Choe Sang-Hun and Motoko Rich, "Leaders of Japan and South Korea Vow to Deepen Ties," *New York Times*, May 7, 2023, https://www.nytimes.com/2023/05/07/world/asia/south-korea-japan-summit-apology.html.

在東南亞方面，雖然以往美國在此著力並不深，而且中國對此區域的影響力遠超過美國。但是隨著「印太戰略」的推動，美國也逐漸開始重視它與東南亞國家關係的經營，包括外交訪問與經貿投資。而在軍事上，美國一方面延續之前與區域國家的合作，包括「國際軍事教育與訓練計畫」(International Military Education and Training Program; IMET)、「剩餘國防物資法案計畫」(Excess Defense Articles Program; EDA)以及「外國軍事銷售與財務計畫」(Foreign Military Sales and Financing Program; FMS/FMF)等，另一方面則是提升與部分國家的聯合演習，特別是菲律賓，因為菲國與中國在南海主權爭議上具有嚴重的衝突。[18]而在南亞方面，美國與印度在近年更是發展成為重要的戰略夥伴關係。雖然兩者並非是軍事同盟國，同時在諸多國際事務上也有不同的看法（例如俄烏戰爭有關制裁俄羅斯的問題），但毫無疑問地，在反對中國企圖片面改變印太安全與秩序上，華盛頓與新德里則有一致的共識。[19]

四、俄烏戰爭的爆發及其對印太區域的衝擊

另外，爆發於 2022 年 2 月下旬的俄烏戰爭，其本身對印太區域安全以及海峽兩岸的軍事情勢亦有極為深遠的影響。從表面上看來，俄烏戰爭是發生在歐洲東部的一場地區性戰爭，按理應該與遠在印度洋與太平洋的和平穩定並不相干。然而，因為俄羅斯與中國的高度「聯合」(Alignment)關係，加上兩者均是所謂的「威權主義國家」(Authoritarianism State)與「修正主義者」(Revisionist)，其目的不只是要在地緣戰略、政治與經濟上抗衡美國及西方世界，更是要在政治體制、意識形態、價值信念與生活方式挑戰上並改寫二次大戰之後由後者所建立的規則與秩序。因此，俄烏戰爭與印太安全、臺海安全當然有高度的關連性，而俄烏戰爭可視為是威權修正主義者對美國霸權與上述之規則與秩序所發動的第一場正式戰爭。

---

[18] David Shambaugh, "U.S.-China Rivalry in Southeast Asia: Power Shift or Competitive Coexistence," *International Security*, Vol. 42, No. 4 (Spring 2018), p. 87.

[19] Ayeshea Perera, "Joe Biden and Narendra Modi Hail 'Defining' US-India Partnership," *BBC News*, June 23, 2023, https://www.bbc.com/news/world-asia-india-65994923.

　　由於俄烏戰爭與印太安全的高度關連性，國際社會與臺灣內部一度「流行」所謂的「今日烏克蘭，明日臺灣」的相關報導與討論。[20]因此作者提出兩個合理的假說(Hypothesis)。假說一：若是莫斯科在烏克蘭戰場上取得勝利，北京將因此獲得更大的鼓舞，從而顯得更具侵略性。其對臺海發動戰事與破壞印太安全的機率也隨之升高，華盛頓與臺北所面對的挑戰與壓力也隨之增高。相反地，假說二：若是莫斯科在烏克蘭戰場上無法取得勝利，甚至是完全失敗，北京將因此甚少獲得鼓舞，從而顯得更為保守、謹慎。其對臺海發動戰事與打破印太安全的機率也隨之降低，華盛頓與臺北所面對的挑戰與壓力將獲得舒緩。[21]正因為如此，美國及其盟友（包括臺灣）與國際社會，一方面既要關注俄烏戰爭的變化，另一方面也要留意印太區域與臺海局勢的發展。這可謂是美中兩大強權在戰略競爭中一個極其複雜的因果關係網絡。

第三節　中國軍力現代化發展

　　海峽兩岸軍事力量的失衡問題並非發生在習近平掌權（2012 年 11 月）之後，而是之前；並且它的發生是歷經相當漫長的一段時間，橫跨 1980 年代晚期，然後整個 1990、2000、2010 到 2020 年代，並非是一朝一夕的變化。在習上臺之前，兩岸的軍事實力固然已經出現明顯的失衡現象，然而在習之後，尤其是在其推動「軍事現代化」與「軍事改革」（簡稱「軍改」）之下，不只是海峽兩岸的軍事實力出現更巨大的落差，美中兩大強權的軍事力量對比也出現若干的變化。

---

[20] 例如："Taiwan Says Inappropriate to Link Its Situation to Ukraine's," *Reuters*, February 28, 2022, https://www.reuters.com/world/china/taiwan-says-inappropriate-link-its-situation-ukraines-2022-02-28/; Gary Sands, "Today Ukraine, Tomorrow Taiwan?" *Asia Times*, April 1, 2022, https://asiatimes.com/2022/04/today-ukraine-tomorrow-taiwan/.

[21] 陳亮智，〈美國「國內」對俄烏戰爭與印太戰略連動的反應：拜登政府、美國國會與國內民意〉，沈明室、侍建宇主編，《2022 印太區域安全情勢評估報告》（臺北：財團法人國防安全研究院，2022 年），頁 42。

一、中國人民解放軍目前概況

中國人民解放軍(People's Liberation Army; PLA)（以下簡稱「解放軍」）是中國目前的主要軍事作戰武力部隊，包含陸軍、海軍、空軍、火箭軍四大軍種，以及跨軍種的戰略支援部隊、聯勤保障部隊與武警等部分。在「黨指揮槍」的基本原則下，解放軍是聽從、服從中國共產黨的領導，由「中國共產黨中央軍事委員會」（簡稱「中共中央軍事委員會」或「中央軍委」）所指揮，該委員會最高領導人為「中國共產黨中央軍事委員會主席」（簡稱「中共中央軍事委員會主席」或「中央軍委主席」）。

根據統計，解放軍目前總共大約有 220 萬的現役軍人，準軍事相關人員約 66 萬人，以人數而言，總體規模是排行世界第一。[22]在軍事預算部分，2021 年的總體國防預算為 2,859.3 億美元，相較於 2020 年，增加幅度為 6.8%；2022 年的總體國防預算為 2,919.6 億美元，增加幅度為 7.1%。[23]

（一）解放軍陸軍

在軍種方面，解放軍陸軍在 5 個戰區總共有 13 個合成軍團以及 4 個合成師，平均每個戰區大約包含 2~3 個軍團，每個軍團除了由不同的師級、旅級部隊組成之外，也包括支援後備部隊。其中，以東海、臺灣及西太平洋為主要目標的「東部戰區」，其陸軍包含第 71、72 與 73 三個直屬軍團；以南海為主要目標的「南部戰區」，其陸軍則包含第 74、75 兩個直屬軍團；「西部戰區」陸軍下轄第 76、77 兩個直屬軍團，「北部戰區」陸軍則統領第 78、79、80 三個直屬軍團；「中部戰區」陸軍則下轄第 81、82、83 三個直屬軍團。每個軍團的兵力約 3~6 萬人不等。[24]

---

[22] Office of the Secretary of Defense, *Military and Security Developments Involving the People's Republic of China 2023*, p. 47.

[23] 參照：C. Textor, "Estimated Expenditure on the Military in China in Current Prices from 1990 to 2022," Statista, July 17, 2023, https://www.statista.com/statistics/267035/china-military-spending/, accessed on August 5, 2023.

[24] Office of the Secretary of Defense, *Military and Security Developments Involving the People's Republic of China 2023*, pp. 48-51.

（二）解放軍海軍

　　相較於陸軍與其他軍種，解放軍海軍近幾年來的發展更是受到國際的矚目，其關鍵是它在數量與質量上的驚人成長。首先，就數量而言，根據公開的資料顯示，解放軍海軍目前（2023 年）的各式船艦數量大約是 340 艘，已超越美國海軍各式船艦的總體數量（約 300 艘）。然而，美國國會研究服務處(Congressional Research Service; CRS)的報告進一步指出，解放軍海軍並不以此為自滿，到 2025 年時，其船艦數量預估將會是在 400 艘左右，到 2030 年時，數量則預估是 440 艘左右。[25]其次，在武器裝備與人員素質方面，美國國會研究服務處報告亦指出，解放軍海軍同時間在武器裝備、作戰平臺及系統上也做了大幅度地升級，不論是在船艦保養維修、軍事後勤補給、海軍人員素質、艦隊教育訓練，以及各式演習等等，皆有長足的進步。[26]值得注意的是，解放軍海軍已逐漸步向藍水海軍(Blue Water Navy)發展，除既有的 Type 001 航艦「遼寧號」與 Type 002 航艦「山東號」以外，據信，Type 003 航艦已在建造當中，而且其命名工作已完成，艦名為「福建號」，舷號為 18。[27]而相關的其他戰鬥船艦也在發展之中，特別是超過一萬噸以上的 Type 055 驅逐艦，目前有 8 艘服役中；具備兩棲登陸作戰能力的 Type 075 兩棲攻擊艦，目前有 3 艘服役中，第 4 艘則於 2023 年年中進行艦體分段施工。[28]一般來說，前者具備強大的打擊火力，可為航艦與航艦編隊提供重要的火力支援及防護；後者擁有三棲攻擊的特殊屬性，其被運用在南中國海與臺灣海峽的機會很高。

　　除了在海軍艦艇部分的提升之外，解放軍海軍陸戰隊的擴編也是值得注意的一項重點。2022 年 7 月 20 日，中國官媒《解放軍報》宣揚解放軍海軍

---

[25] Ronald O'Rourke, *China Naval Modernization: Implications for U.S. Navy Capabilities—Background and Issues for Congress* (Updated May 15, 2023) (Washington, D.C.: Congressional Research Service, 2023), pp. 6-9; Office of the Secretary of Defense, *Military and Security Developments Involving the People's Republic of China 2023*, pp. 52-61.

[26] Ibid., pp. 1-6.

[27] GT Staff Reporters, "China Launches EM-Catapults-Equipped 3rd Aircraft Carrier in Shanghai," *Global Times*, June 17, 2022, https://www.globaltimes.cn/page/202206/1268368.shtml.

[28] 第 1 艘 Type 075 兩棲攻擊艦為「海南號」（舷號 31，2021 年 4 月 23 日開始服役），第 2 艘為「廣西號」（舷號為 32，2021 年 12 月 1 日開始服役），以及第 3 艘為「安徽號」（舷號 33，2022 年 9 月 11 日開始服役）。

陸戰隊將進行擴編計畫，並強調對臺灣問題之應對。[29]解放軍曾在 2019 年即宣布將對海軍陸戰隊實施擴大編制，其中涉及「兩棲登陸」、「島礁作戰」與「多維空間作戰」等面向，其目的是要提升「跨海登陸作戰」，並且加強「空降特戰能力」。很明顯地，這不只是針對臺灣而已，其戰略發展目標也同時針對日本、菲律賓、越南及美國，以及西太平洋上的島嶼。根據公開資料顯示，2012/2013 軍改實施後迄今，解放軍海軍陸戰隊已由 2 個旅擴編為至少 7 個旅，總兵力超過 5 萬人。主要的部署情況為南部戰區駐防 4 個海軍陸戰旅（含 1 個特戰旅），主要任務是應對南海島礁擴建及海外基地的防務；東部戰區則新建 2 個海軍陸戰旅，因應釣魚臺群島與臺灣海峽爭端；北部戰區則新建 1 個海軍陸戰旅，其為機動支援部隊。[30]由於海軍陸戰隊是屬於「攻擊性」(Offensive)的武力，此項發展顯示出兩項重要戰略意涵：第一、解放軍正努力朝向「遠征力量」(Expedition)做準備；第二、海軍陸戰隊將在對臺灣及西太平洋第一島鏈之內的島嶼作戰發揮重大的功能。

（三）解放軍空軍

解放軍空軍是解放軍的第三軍種，下設航空、防空導彈、空降、通信雷達、電子作戰、偵察等部隊。目前解放軍空軍大約有 400,000 名兵力及約 5,200 架飛機，包含第五代戰機殲-20、殲-11 戰機、殲-16 多功能戰機及運-20 遠程戰略運輸機等等。根據美國空軍大學(Air University)中國航天研究院(China Aerospace Studies Institute; CASI)於 2023 年 7 月 31 日所公布消息指出，在 2023 年年初，解放軍海軍航空兵部隊已移交至空軍。到 2023 年年中，解放軍空軍將管理大部分的海軍戰機、轟炸機、雷達、防空設施與機場部隊。在此，解放軍一共調動了至少 3 個戰鬥機旅、2 個轟炸機團、3 個雷達旅、3 個防空旅與許多機場。據此，解放軍將強化空中與海上的聯合指揮與打擊能力，同時統合分散在「戰區」底下兩個軍種的問題，將之歸屬在戰區空軍司令部下指揮。[31]

---

[29] 魏兵、莫小亮，「我海軍陸戰隊向多域多維多棲挺進」，《解放軍報》，2022 年 7 月 20 日，https://rmt-static-publish.81.cn/file/20230224/9b88d28d5f38f57e93764d68e1aa74bc.pdf.

[30] 李玉偉，「中共海軍陸戰隊軍改後觀察」，《國防安全研究院週報》，第 22 期，2018 年 11 月 16 日，頁 12-13。

[31] Rod Lee, "PLA Naval Aviation Reorganization 2023," *China Aerospace Studies Institute (CASI), Air University*, July 31, 2023, https://www.airuniversity.af.edu/Portals/10/CASI/documents/Research/PLAN_Aviation/2023-07-31%20PLAN%20Aviation%20Reorg%202023%20Clean.pdf.

（四）解放軍火箭軍

解放軍火箭軍是解放軍的第四軍種，由中共中央軍委會指揮，主要是以地對地的戰略導彈為核心裝備，肩負戰略戰術目標打擊與核子打擊及反擊之戰略作戰任務。火箭軍的前身亦為獨立之軍種，即所謂的「第二炮兵部隊」（簡稱「二炮」）。不同於傳統的陸軍砲兵，其主要是參考蘇聯火箭軍的建制，以戰略彈道飛彈與巡弋飛彈為主要攻擊武器，可搭載傳統與核子彈頭，搭配短程、中程、長程之作戰需求，對敵對之一方構成強大的威嚇能力，甚至是核子威懾力量。解放軍火箭軍是由一般導彈部隊、核子導彈部隊及作戰保障部隊所組成，目前兵力約 15 萬人。根據若干公開的文獻所顯示，在各式武器裝備方面，包括近程彈道飛彈，例如東風系列（東風-11 型、東風-15 型與東風-16 型等）約 1,150 枚，中程彈道飛彈（東風-21 型與東風-26 型）約 1,300 枚，各型長程及洲際彈道飛彈（東風-5 型、東風-31 型與東風-41 型）約 200 枚。另外還包含各類巡弋飛彈約 3000 枚。[32]

另一方面從部署的位置來看，多數的彈道飛彈與巡弋飛彈是部署在東部戰區、南部戰區、與北部戰區，其中東部戰區主要負責的範圍涵蓋臺灣海峽與釣魚臺群島，南部戰區主要負責的區域則是包含南中國海。由於這兩個區域與範圍皆是中國安全與戰略的重心，因此從戰區與戰略飛彈的部署角度而言，這樣的分布情況實屬合理，而若干衛星圖像也顯示出，位於福建與廣東兩省的火箭軍基地近幾年來有擴大及設備升級的情況。[33]

二、「軍改」與軍事現代化

中共中央於 2012~2013 年之間推動了所謂的「軍改」，是中共從 1949 年建政以來所通過之最大規模與最深程度的軍事改革。由於解放軍機關報《解放軍報》曾多次提及解放軍有五個嚴重的軍事指揮官問題，包括缺乏對戰場形式的自主判斷力、無法有效理解上級指令、不能做出作戰決策、無法部署

---

[32] Lawrence "Sid" Trevethan, "The PLA Rocket Force's Conventional Missiles," *Proceedings*, Vol. 149 (April 2023), https://www.usni.org/magazines/proceedings/2023/april/pla-rocket-forces-conventional-missiles, accessed on August 5, 2023.

[33] Hans M. Kristensen, Matt Korda and Eliana Reynolds, "Chinese Nuclear Weapons, 2023," *Bulletin of Atomic Scientists*, Vol. 79, Iss. 2 (March 2023), pp. 108-133.

部隊，以及不能妥善應對突發事件，而習近平亦深知中國軍事發展的若干弱點，因此解放軍從組織調整、軍兵種調整、到戰區調整等，進行了一系列的變革。

「軍改」的全稱為「深化國防和軍隊改革方案」，是中國共產黨第 18 屆中央委員會總書記、中共中央軍事委員會主席習近平於 2012 年中共十八大之後開始實施的軍事改革計畫。該案主要是以「軍委管總、戰區主戰、軍種主建」為指導原則，推動軍委總部組織調整，軍兵種領導管理體制，新制戰區劃分，並且籌建戰區聯合作戰指揮及軍委聯合作戰指揮等機構。首先，中共中央軍委將其領導的 4 個解放軍總部，包括總後勤部、總參謀部、總政治部與總裝備部，改為多個部門體制，包括成立中央軍委聯合參謀部、政治工作部、後勤保障部、裝備發展部、訓練管理部、國防動員部等。中央軍委機關則調整為辦公廳、紀律檢查委員會、政法委員會、科學技術委員會、戰略規劃辦公室、改革和編制辦公室、國際軍事合作辦公室、審計署、機關事務管理總局等 9 個部門。2017 年 7 月則是成立中央軍委軍事科學研究指導委員會。

其次，在軍兵種領導管理體制方面，2015 年 12 月，中央軍委陸續成立解放軍陸軍領導機構、火箭軍部隊、以及戰略支援部隊。其中，陸軍領導機構的成立是某一種程度地弱化解放軍陸軍的作用，象徵中國揚棄過去的「大陸軍主義」，即陸軍高於一切其他軍種的觀念。同時，原第二炮兵部隊則改組成立為火箭軍，主司戰略彈道飛彈與巡弋飛彈的攻擊，用於對敵構成威嚇能力與核威嚇。火箭軍是解放軍在陸、海、空軍之外所成立的第四個獨立軍種。此外，新成立了戰略支援部隊，有別於傳統的保障維修與補給功能，特別專注在維護國防軍事的新型作戰力量，強調「新質作戰能力」，以戰場環境保障、資訊安全防護、訊息通信保障等為主要核心。[34]

再者，「軍改」的一項重點便是在新制戰區的劃分。從 2016 年 1 月 16 日開始，解放軍將原有的七大軍區終止其指揮權的行使，改為戰區體制進行

---

[34] 「新時代的中國國防」，中華人民共和國國務院新聞辦公室，2019 年 7 月 24 日，http://big5.www.gov.cn/gate/big5/www.gov.cn/zhengce/2019-07/24/content_5414325.htm。

運作，總共成立東部戰區、南部戰區、西部戰區、北部戰區、中部戰區等五大戰區，於 2 月 1 日成立，2 月 29 日起開始運作。這是根據「軍改」中的「軍委管總、戰區主戰、軍種主建」指導原則而落實的調整，主要是在中央軍委會「聯合作戰指揮中心」的指揮領導下，各戰區擁有對該戰區之具體戰略、戰役戰術的指揮權，也包含對其他戰區的支援作戰等。由於當前臺灣、東海及南海為重要戰略挑戰區域，因此東部戰區與南部戰區是當前的重點戰區。

最後，在籌建戰區聯合作戰指揮及軍委聯合作戰指揮等機構方面，事實上，上述的各項改革皆在發展「聯合作戰」(Join Operation)，因為解放軍認為「聯合作戰」是作戰中的關鍵，其中又以「聯合作戰指揮體制」為重中之重，「聯合作戰指揮體制改革，是深化國防和軍隊改革的現實緊迫課題，也是衡量改革成效的重要標誌」。[35] 因此「聯合作戰」必須落實到各個層面，除了軍兵種之間的聯合作戰以外，戰區聯合作戰與戰區間的聯合作戰，以及中央軍委聯合作戰指揮各級作戰等，這些都已逐漸建立並予以完備法制化，其目的在於實踐「全域與持續」作戰。[36]

作者認為，「軍改」本身的推動並不影響解放軍朝向現代化的進程。所謂的軍事現代化，對中國而言，其實是改革開放與經濟發展之後一個高度的可能後果，而當中搭配的當然有中國對美國與西方所領導之國際秩序的不滿，有其對國家所處之現狀的不滿。除了藉由強大的經濟實力發揮其國際影響力，進而改變國際規範之外，軍事武力是此一目標的重要憑藉依據。習近平曾於 2017 年訂定兩大軍事時程與目標：第一、在 2035 年實現國防與軍隊現代化；第二、在 2049 年建成「世界一流軍隊」。上述之各項軍種的建設與發展，其實在「軍改」之前多已取得相當的進步與成果，「軍改」的實施一方面並不違背解放軍的現代化進程，另一方面則是在於如何將軍事現代化的成果達成軍事作戰之最大效益的發揮。而從組織改造與戰區調整來看，這無

---

[35] 轉引自謝游麟，「析論中共軍改後之聯合作戰指揮體制」，海軍學術雙月刊，第 52 卷第 1 期（2018 年 2 月 1 日），頁 43。

[36] 「中國的軍事戰略」，中華人民共和國國務院新聞辦公室，2015 年 5 月 26 日，http://big5.www.gov.cn/gate/big5/www.gov.cn/zhengce/2015-05/26/content_2868988.htm。

疑是權力走向中央集中的表現。某種程度而言，這將加強中共中央軍委（特別是軍委主席習近平）的權力，若是聯合 2022 年 10 月中國共產黨第二十次全國代表大會之後，習近平取得中共中央總書記及中華人民共和國國家主席的第三任期來看，此次「軍改」無疑是習近平個人意志的堅決貫徹，同時也將會是他未來指揮解放軍的重要基石。因此利用「軍改」的名義，實際調整組織部門、軍兵種、以及軍事將領，達到真正的中央集權指揮，這恐怕才是「深化國防和軍隊改革」的核心意義。[37]

第四節　臺灣的軍事準備與國防政策

面對解放軍威脅的不斷增加，以及海峽兩岸軍事實力差距的持續擴大，臺灣近年來也強化其軍事上的準備，不論是在軍事國防預算上的投注，武器系統的採購與研發，與國際相關之戰略與安全的對話，以及後備軍事改革與義務役役期的延長等等，都可以看出臺灣在國防事務方面的調整。

一、中華民國國軍目前概況

中華民國國軍(The Republic of China Armed Forces)，簡稱「國軍」，是臺灣目前的主要軍事作戰武力部隊，包括陸軍、海軍、空軍等三大軍種，主要防衛的區域包括臺灣、澎湖、金門與馬祖。由於憲法的規範，國軍由中華民國總統統帥，國防部管轄，另外在戰時也可納入海巡與警察等執法機關成為輔助戰鬥力量。根據《中華民國 110 年國防報告書》的資料，國軍目前總兵力為 21.5 萬人左右。[38]由於從 1990 年代後期開始所實施的各項裁軍方案，包括精實案、精進案、精粹案等，國軍的總體兵力從原先的 60 萬人縮減至目前的 21.5 萬人規模。值得注意的是，歷經時代的演變，國軍義務役官士兵的役期也逐漸縮減，並且逐漸朝向徵兵與募兵雙軌制發展。2017

---

[37] 林穎佑，「共軍軍事體制改革的意涵與影響」，戰略與評估，第 6 卷第 4 期（2015 年冬季），頁 29。另參照：「中央軍委關於深化國防和軍隊改革的意見」，《新華網》，2016 年 1 月 1 日，https://www.xinhuanet.com//politics/2016-01/01/c_1117646695.htm。

[38] 《中華民國 110 年國防報告書》（臺北：國防部，2021 年），頁 60。

年，國軍採行志願役與義務役並行的兵役制度；2018 年 1 月 1 日開始實施全募兵制，非志願役的常備役男性則改為四個月軍事訓練役。[39]然而，隨著海峽兩岸的情勢變化，以及解放軍對臺的威脅加劇，在諸多因素催促下，2022 年 12 月 27 日，三軍統帥蔡英文總統召開「強化全民國防兵力結構調整方案」記者說明會，正式公布將國軍義務役役期修正至一年，並於 2024 年 1 月 1 日起開始實施。據此，臺灣再度確立志願役與義務役雙軌並行的兵役制度。相對地，在後備動員部分，國軍亦將原已實施的退伍後不定期進行教育召集訓練，從原先的 5 天增加至 14 天，並增加訓練科目的強度。另外也在 2022 年 1 月 1 日，在國防部底下增設「全民防衛動員署」(All-Out Defense Mobilization Agency)，專責協調、規劃並執行跨部會的國家總體動員事務，推動建構全國全民總力量以支援軍事作戰與災害救援。

在軍事預算方面，2020 年的總體國防預算為 121.1 億美元，2021 年為 124.8 億美元，2022 年為 177.5 億美元，2023 年則為 202.2 億美元。[40]整體而言，臺灣近年來的國防預算皆保持攀升的態勢，整體大約占中央政府總預算的 17%左右。從這個角度來看，這也表示臺灣十分重視海峽兩岸的緊張情勢與解放軍對臺的軍事威脅。其中，雖然絕大部分的國防預算是用在人員的維持部分，一般約占 46~47%左右，而在軍事採購與投資方面，國軍也為了因應安全情勢的變化而逐漸投注許多的預算。例如為加速提升空軍空防能力，2020 至 2026 年期間即編列「新式戰機採購特別預算」大約 85.24 億美元，以購置 F-16V 新式戰機；2019 年則編列約 13.93 億美元採購 108 輛 M1A2 戰車；以及 2021 年編列大約 103.22 億美元用於推動國機國造、國艦國造、與各式新型武器系統的研發。[41]近期，國軍更將無人飛行載具(Unmanned Aerial Vehicle; UAV)與人工智慧(Artificial Intelligence; AI)等先進科技系統列為未來的重點投資與發展項目，除了順應新時代高科技的發展趨勢之外，2022 年 2 月所發生的俄烏戰爭之經驗也充分顯示高科技結合於戰場作戰的應用。

---

[39] 同前註，頁 110-111 及頁 69-70。

[40] 同前註，頁 123。

[41] 同前註，頁 123 與 125。

二、戰略指導與建軍規劃

　　由於海峽兩岸的軍事實力對比懸殊，對相對弱小許多的臺灣而言，發展一套有效的建軍指導戰略遂變得十分重要。依據國防部《中華民國 110 年國防報告書》的描述，中華民國國防主要的理念是：1. 捍衛國家主權與民主自由價值，2. 打造一個不受威脅的安全環境，3. 做為國家生存發展的後盾，與 4. 維持區域和平穩定。因此，其國防戰略目標為：1. 鞏固國家安全，2. 建構專業國防，3. 貫徹國防自主，4. 守護人民福祉，與 5. 拓展戰略合作。而在更具體的軍事戰略方面，國軍積極推動「防衛固守，重層嚇阻」的戰略，並且強調以「不對稱作戰」(Asymmetric Warfare)的創新思維方式，建構符合防衛作戰構想的武器裝備與戰術戰法，如此有效地實踐前揭之「防衛固守，重層嚇阻」的軍事戰略。[42]而之所以採取這一系列的邏輯與作法，其實就是要避開落入國際關係理論中的「安全困境」(Security Dilemma)與「軍備競賽」(Arms Races)，因為臺灣在這方面是處於極為弱勢的一方。

（一）防衛固守，重層嚇阻

　　依據國防部《中華民國 110 年國防報告書》中有關臺灣抵禦中國人民解放軍的軍事戰略指導原則，乃為「防衛固守，重層嚇阻」。換言之，臺灣已揚棄過去的反攻大陸政策，完全側重在臺澎金馬的防衛，希冀透過多層次的武力嚇阻，發揮三軍聯合戰力，並且結合全民的力量，遏阻解放軍進犯的意圖，甚至是擊敗解放軍的侵略行動。其中，「防衛固守」的部分包括善用臺灣海峽之天塹與地理優勢，構築防衛臺灣的重要屏障；提升戰力防護與戰力保存，以增加國軍抗敵之作戰能力。同時，也針對重要的關鍵基礎設施及資訊通信網絡進行安全保護，以確保作戰之指揮管制；並且結合全民防衛與全民國防之總體力量，厚植持續作戰能力。而「重層嚇阻」部分則是依據地理的概念發展出「拒敵於彼岸、擊敵於海上、毀敵於水際、殲敵於灘岸」的用兵理念，對解放軍實施重層的火力打擊，以逐次削弱敵方之進犯能力，使其占領臺灣的終極目標無法實現。[43]

---

[42] 《中華民國 112 年國防報告書》（臺北：國防部，2023 年），頁 62-67。

[43] 《中華民國 110 年國防報告書》（臺北：國防部，2021 年），頁 55；《中華民國 112 年國防報告書》（臺北：國防部，2023 年），頁 63。

　　在過去的一段時間裡，國軍亦發展出一套與「防衛固守，重層嚇阻」相近的臺澎防衛作戰指導方略，或說是根據「防衛固守，重層嚇阻」而發展出的臺澎防衛軍事戰略，稱之為「整體防衛構想」(Overall Defense Concept; ODC)。基本上，「整體防衛構想」也是強調利用臺灣海峽此一先天之地理優勢，以「創新不對稱」作戰思維做為根基，統合陸海空三軍聯合作戰，予以敵人致命的打擊，最終目標是迫使解放軍奪取並占領臺灣的任務失敗，而這便是臺澎防衛作戰勝利的定義。總體而言，「整體防衛構想」的實踐重點在於三個階段（或三個面向），即戰力防護、濱海決勝與灘岸殲敵。

　　詳言之，首先，「戰力防護」是國軍戰力發揮的關鍵，貫穿全程，也是戰事最重要的開始階段。一般認為，解放軍極高可能先採取封鎖策略，以逼迫臺灣就範並進入政治談判階段。若無法遂行此目的，接續將發動軍事攻擊，其中又以大量的戰術飛彈襲擊並破壞臺灣的軍事基地與重要關鍵基礎設施為最可能的策略。準此，國軍必須做到最好的戰力防護與保存，如此方有後續作戰能力。因此，國軍必須強調機動、隱蔽、分散、欺敵、偽裝、防護等方法進行人員及武器裝備的保護，並且快速而有效地控制戰損[44]。在更進一步作為方面，國軍強調偵察與預警能力，例如強化機動防空偵察的能力，建立能夠偵察匿蹤與小型目標的雷達系統，提升指揮管制與情監偵的備援設施等，並在以上均融入人工智慧之輔助。另外，對空軍而言，強化機場設施與跑滑道的搶修能力，空軍基地之機庫、油庫、彈藥庫的抗炸防護能力，以達到洞庫化、地下化與機動化的「戰場存活」。[45]

　　其次，「濱海決勝」是運用國軍空中與陸地之兵力及火力可以達到的範圍，於臺灣海峽上選擇關鍵之區域，針對解放軍之渡海船團實施打擊與阻殲，如此以形成關鍵之優勢。此一時期的重要觀念是揚棄「控制整片水域」與「控制臺灣海峽」的想法，改以「拒止」(Denial)的觀念而聚焦在敵之渡海階段的船團，並加以縮小目標集中攻擊敵人的重心—指揮管制船艦與兩棲登陸船艦。[46]於此，國軍強調多項建軍重點，包括發展長時間滯空與多功能

---

[44] 《中華民國108年國防報告書》(臺北：國防部，2019年)，頁59。

[45] 同前註，頁65-66。

[46] 同前註。另外請參照：李喜明，《臺灣的勝算：以小制大的不對稱戰力》(臺北：聯經出版事業股份有限公司，2022年)，頁398-400；Elbridge A. Colby, *The Strategy of Denial: American Defense in An Age of Great Power Conflict* (New Haven and London: Yale University Press, 2021), p. 150-152, p. 153, and p. 161.

的無人飛行載具以進行監偵，購置新式戰機以提升制空與制海戰力，發展潛艦部隊與水下無人載臺以提升水下戰力，建構輕快而高效能作戰艦艇以遂行不對稱作戰，發展中長程反艦飛彈與精準打擊火力，同時也建置並強化快速機動的布置水雷戰力。[47]

再者，「灘岸殲敵」是如果解放軍突破濱海決勝階段而來到登陸之際，國軍將統合運用陸海空三軍之兵力及火力予以擊滅敵人於泊、灘、岸之地區，迫使其無法登陸立足。[48]若是無法完成登陸，解放軍自然無法攻克主要城市（特別是臺北），也將無法完成占領臺灣的目標。具體的作法包括發展機動、快速、精準的打擊能力，用於進行灘岸的殲滅敵人能力，項目有M1A2 新型戰車，陸軍航空打擊能力，以及高效能反裝甲的火箭與火砲。[49]另外，國軍原本也就強調發展單兵攜帶式的防空飛彈攻擊武器，在經過俄烏戰爭的驗證，國軍更是著重在此一不對稱戰力提升。

（二）「不對稱作戰」

由於國防資源及規模與對岸的懸殊差距，臺灣近年來不斷地強調「不對稱作戰」，訴求「以小博大」的致勝策略。不對稱作戰首重在「攻擊敵人之弱點或利用敵人之弱點而擾亂其作戰重心，而非以攻擊敵人之強點的作戰方式」。換言之，「不對稱作戰」即不是「硬碰硬」，而是以我之強攻克敵之弱；不求全面性的獲勝，而是在關鍵點上挫敗敵人的戰略目標。在臺澎防衛作戰上，臺灣必須善用臺灣海峽的天然地理環境優勢，發揮阻絕並攻擊解放軍的跨海奪臺計畫，使其作戰能力癱瘓，作戰節奏失序，並且作戰行動遲滯而被迫更改，甚至是放棄。[50]

由於重心落在「以小博大」、「以小制大」，國軍在「不對稱作戰」思維之下普遍強調「小型、快速、機動」的作戰特質。例如海軍訴求建置輕小但迅速的船艦，並與海巡署船艦配合，建立搭載反艦飛彈為主的攻擊力量，用

---

[47] 《中華民國 108 年國防報告書》（臺北：國防部，2019 年），頁 66。

[48] 同前註。

[49] 同前註，頁 66。

[50] 《中華民國 110 年國防報告書》（臺北：國防部，2021 年），頁 62。

於海上進行奇襲作戰。另外也強調防禦性水雷與地雷的迅速布置，以反制敵人的兩棲與三棲登陸作戰。而另一個極大的特色便是強調「飛彈」的角色，包括防空方面，強化並提升天弓二型、天弓三型防空飛彈、以及愛國者二型飛彈與愛國者三型飛彈等武器系統，以提高我方重要軍事目標或關鍵基礎設施的防護。在攻擊方面，國軍近年來更是強化攻擊型飛彈的量與質，包括陸軍購置「M142 高機動性多管火箭系統」(M142 High Mobility Artillery Rocket System)，簡稱「海馬斯」(HIMARS)，海軍建構並提升雄風二型飛彈、雄風三型飛彈、魚叉飛彈反艦飛彈、與海劍二型飛彈等。空軍則是建構 F-16V 型戰機的 AGM-84H 空對海反輻射飛彈、AGM-88B 空對面反輻射飛彈、AGM-154C 遠距遙控攻擊精準彈藥，以及雄昇與萬劍飛彈等。[51]以上這些發展的確是反映了「不對稱作戰」的思維。

　　然而，在此必須一提的是，因為「不對稱作戰」的倡議，臺灣與國際社會（最主要是美國）也陷入某種程度的爭辯。一方主張認為臺灣應該揚棄大型載臺的傳統武器，例如戰機與驅逐艦等，因為這些大型而且造價高昂的武器系統在作戰中會很容易也很快速地被摧毀。耗費巨資在這些武器載臺上對臺灣的國防來說並沒有實質的助益。[52]另外一方主張則認為，由於臺灣無法在總體軍事規模上（包含人員數量、國防預算、及武器系統等）與中國進行軍備競賽，因此必須集中資源與力量專注在「小型的、大量的、機動的、與能造成致命的」武器系統，全力將臺灣打造成一座「刺蝟」的島嶼，一般也稱此為「刺蝟戰略」(Porcupine Strategy)。[53]但不論如何，臺灣的國防與軍事準備仍然是在這兩者之間取得折衷，並非是完全地追求大型載臺與武器系統之建造，也非一味地追求小型載臺與武器裝備的發展。

---

[51] 以上主要參照：《中華民國 110 年國防報告書》（臺北：國防部，2021 年），頁 62-63。

[52] 李喜明，《臺灣的勝算：以小制大的不對稱戰力》，頁 104-105。

[53] Lee His-min and Eric Lee, "Taiwan's Overall Defense Concept, Explained," *Diplomat*, November 3, 2020, https://thediplomat.com/2020/11/taiwans-overall-defense-concept-explained/; James Timbie and Adm. James O. Ellis, Jr., "A Large Number of Small Things: A Porcupine Strategy for Taiwan," *Texas National Security Review*, Vol. 5, Iss. 1 (Winter 2020/2021), pp. 83-93, https://tnsr.org/2021/12/a-large-number-of-small-things-a-porcupine-strategy-for-taiwan/; "Taiwan Needs a New Defense Strategy to Deal with China," *Economist*, March 6, 2023, https://www.economist.com/special-report/2023/03/06/taiwan-needs-a-new-defence-strategy-to-deal-with-china.

三、灰色地帶的挑戰

臺灣面對解放軍的另一項威脅是所謂「灰色地帶」(Gray Zone)的操作與襲擾，此一模式近年來有加大的趨勢，並且對臺灣安全造成極大的威脅與困擾。「灰色地帶」的主要定義是一種介於戰爭與非戰爭之間的過渡與模糊狀態，可能透過軍事或非軍事手段，或者是兩者混合運用，藉以對敵對一方進行襲擾，進一步造成「既定之事實」(Fait Accompli)或達成某種程度的目的；它並非是一步到位的鯨吞策略，而是採取漸進式之「切香腸戰術」(Salami Tactics)而慢慢地蠶食。概括而言，灰色地帶是運用非戰原則與和戰之間的手段，迫使敵方面臨多方困難的決策，最終不得不屈就己方的目的或要求。[54]

解放軍近年頻仍地對臺灣實施操作灰色地帶之威脅，其手段包括軍事手段與非軍事手段。前者例如幾乎是每日以軍機侵入臺灣的西南空域與防空識別區，甚至是跨越所謂的「海峽中線」，在東沙島周邊進行軍事演習，以及在臺灣周邊進行海、空軍編組遠海訓練與巡弋。後者則利用船隻衝撞臺灣海巡署的船艦，大量集結抽砂船與漁船在臺灣周邊水域作業等等。其戰略意圖不外乎有對臺灣施加壓力，耗損我方的資源與戰力，打擊我方的民心與士氣，企圖改變海峽兩岸的現狀並造成既定事實，以及藉此練兵與蒐集情報資訊等等。[55]為此，國軍亦感到十分困擾，因為面對灰色地帶的襲擾，國軍不可能不應對處理；然而另一個困境是，起身應對處理的則是無止境的消耗與長期對抗，其實這也就進入另類的軍備競賽當中。筆者認為，不論是從理論或者從實務來看，領海與領空應該是最後的底線。若是解放軍跨進臺灣的領海與領空區域內，國軍必須採取更堅定的處置措施。

[54] 蘇紫雲，「灰色地帶衝突的特徵與樣態」，《國防情勢特刊》，第 2 期，2020 年 6 月 5 日，頁 2-3。

[55] 《中華民國 110 年國防報告書》(臺北：國防部，2021 年)，頁 41-43。

第五節　美國對臺支持與美日韓軍事合作形勢

　　雖然臺灣與中國的軍事實力對比差距甚大，為了因應此一失衡的情況，以及臺灣海峽可能的發生的軍事衝突，近年除了臺灣方面努力進行軍事改革並提升國防實力之外，國際社會也普遍重視海峽兩岸的情勢發展。當然，在國際方面，美國及以美國為首的民主同盟(Democratic Alliance)多方提升與臺灣方面的安全對話及交流。

　　首先，在美國對臺灣支持的部分，從川普(Donald Trump)政府開始(2017~2021)，美國便在外交與軍事上不斷地提升與臺灣的關係。在美國國會方面，國會山莊通過一系列支持臺灣外交與國防的法案，包括 2017 年 9 月的《2018 財政年度國防授權法》(National Defense Authorization Act for Fiscal Year 2018, NDAA FY2018)，2018 年 3 月的《臺灣旅行法》(Taiwan Travel Act)，2018 年 8 月《2019 財政年度國防授權法》(National Defense Authorization Act for Fiscal Year 2019; NDAA FY2019)，2018 年 12 月《亞洲再保證倡議法》(Asia Reassurance Initiative Act of 2018)，與 2019 年 10 月的《2019 年臺灣友邦國際保護及加強倡議法案》(Taiwan Allies International Protection and Enhancement Initiative (TAIPEI) Act of 2019; TAIPEI Act)等，在在顯示美國國會部門對臺灣的友善。值得注意的是，在《臺灣旅行法》通過之後，美國行政部門亦依此履行派遣高層官員訪問臺灣。2020 年 8 月 9 日，美國衛生及公共服務部長阿札爾(Alex Azar II)搭乘美國空軍 C-40 行政專機抵臺訪問；2020 年 9 月 17 日，美國國務院主管經濟成長、能源與環境次卿柯拉克(Keith Krach)也訪問臺灣，這是中華民國與美國斷交 41 年以來國務院現任官員訪問臺灣的最高層級。在軍事行動上，美國仍以軍艦約每個月一次的頻率通過臺灣海峽，並主張這是「航行自由」的行動。同時美國政府也通過一系列的對臺軍售案，以支持臺灣的軍事國防，包括 108 輛 M1A2 戰車、250 具刺針防空飛彈，及 66 架 F-16V 戰機，總計四年內(2017~2021)達183.35 億美元。[56]

---

[56] 整理自：John Curtis, "Taiwan: Relations with the United States," *House of Commons Library*, August 14, 2023, https://researchbriefings.files.parliament.uk/documents/CBP-9265/CBP-9265.pdf, accessed on August 30, 2023 and "U.S. Arms Sales to Taiwan," *Forum on the Arms Trade*, https://www.forumarmstrade.org/ustaiwan.html, accessed on August 30, 2023.

　　2021 年 1 月，在拜登接任總統之後，美國仍繼續執行川普政府時期所執行的印太戰略及對臺友好政策。在政治與政策方面，2021 年 3 月，美國駐帛琉大使倪約翰(John Hennessey-Niland)陪同帛琉總統惠恕仁(Surangel Whipps Jr.)訪問臺灣，其為中華民國與美國斷交 43 年以來，首位美國大使訪臺。2021 年 4 月，美國國務院公布新版的「對臺交往準則」，允許美國官員更進一步與臺灣官員會晤交流。2021 年 7 月，美國眾議院外交委員會通過《確保美國全球領導地位及參與法案》(Ensuring American Global Leadership and Engagement Act)，法案中呼籲美國政府強化美臺外交關係，並且要求國務院就臺灣駐美的代表機構「駐美國臺北經濟文化代表處」(Taipei Economic and Cultural Representative Office in the United States; TECRO)正式更名為「臺灣駐美國代表處」(Taiwan Representative Office in the United States, TRO)。2022 年 6 月，臺美雙方宣布啟動「臺美 21 世紀貿易倡議」(U.S.-Taiwan Initiative on 21st-Century Trade)，此為自斷交以來雙方最極力推動的全面性雙邊貿易協定。2022 年 8 月 2~3 日，美國眾議院議長裴洛西(Nancy Pelosi)訪問臺灣，此為斷交以來第二位現任的美國眾議院議長訪問臺灣，充分延續美國國會對臺友好的立場。在軍事行動上，美國繼續執行其在臺灣海峽的「航行自由」行動，同時也持續提供臺灣軍售，截至 2023 年 12 月底為止，累計達 47.46 億美元。[57]

　　其次，在美國所領導的民主同盟部分，美日韓三方的合作進展是當中的關鍵，而日韓關係的提升更是關鍵中的關鍵。日本首相岸田文雄與南韓總統尹錫悅於 2023 年 3 月及 5 月分別到對方國家進行訪問，於是兩國中斷 12 年的「穿梭外交」(Shuttle Diplomacy)重新恢復，而日韓關係的突破也順勢強化了美國在亞洲所領導的抗衡中國之民主同盟。5 月 19~21 日在日本廣島舉行七大工業國家集團(G7)高峰會時，美日韓三方領袖則舉行了場邊會議。除了強調提升合作外，三國亦針對北韓核威脅與中國軍事挑釁做出「核子保護傘」的決議。基本上，所謂「核子保護傘」的概念是由擁有核子武器國家向無核子武器國家盟邦做出保護的承諾，明確地以核戰略嚇阻力量來阻止其他

---

[57] "U.S. Arms Sales to Taiwan," accessed on January 5, 2024.

國家使用核子武器對其盟邦進行攻擊。換言之，在東亞或西太平洋，若是美國的同盟國遭到核武攻擊，美國也將以核武報復。而預期這對象不只是南韓，也包含日本。

稍早，尹錫悅於 4 月下旬到美國進行國是訪問時，美韓雙方便重申，若是北韓對南韓發動軍事攻擊，美國將協同南韓一起作戰，並且不排除使用核子武器。一般認為這是美韓兩國對北韓進行「延伸嚇阻」(Extended Deterrence)，同時也警告中國不要輕啟朝鮮半島爭端。如今，隨著日韓關係的改善以及美日韓三方的戰略合作與安全保障強化，「延伸嚇阻」也有「延伸同盟一同嚇阻的態勢」。筆者認為，這樣的同盟提升也將回饋強化臺灣海峽的安全與穩定。

值得注意的是，美日韓三國的關係提升在 8 月又有了進一步的發展。2023 年 8 月 18 日，拜登、岸田文雄、與尹錫悅於美國華府近郊的大衛營 (Camp David)再度舉行三方領袖峰會，共同討論了加強軍事合作、提升國際協調、三國飛彈防禦合作及研發、中國在南海的作為、北韓軍事與核子威脅、以及強化與東南亞及南太平洋島國促進合作等議題。其中，三方也再次談及臺灣安全與和平穩定的重要性。[58]這些發展軌跡均顯示出，美日韓三國合作的態勢正逐步地升高，此一趨勢對臺海安全應該具有正面的意義。

事實上，美國不只是針對臺灣海峽的潛在軍事衝突做出準備，其同時也對西太平洋與印太區域可能發生的軍事危機做出因應。除了仍由傳統的單一美國霸權之重新強化軍事部署外，傳統的雙邊軍事同盟（美日、美韓、美菲）也是同步地提升。在三邊型態上，除上述的美日韓三邊安全合作之外，另外也還有由澳美英三國所組成的「三方安全夥伴」(AUKUS)機制（2021年開始），由美日印澳四國所建立的「四方安全對話」(Quadrilateral Security Dialogue; QSD or QUAD)，及由美英加澳紐五國所組織的「五眼聯盟」(Five Eyes; FVEY)等。而美國的同盟國與戰略夥伴之間的交流合作也有提升趨勢，例如日韓、日澳、日英、日菲、日越、印菲等。而近期歐洲國家（包括

---

[58] "The Spirit of Camp David: Joint Statement of Japan, the Republic of Korea, and the United States," *The White House*, August 18, 2023, https://www.whitehouse.gov/briefing-room/statements-releases/2023/08/18/the-spirit-of-camp-david-joint-statement-of-japan-the-republic-of-korea-and-the-united-states/.

北約）與臺灣的關係及互動也有加溫的趨勢。這都顯示出由美國所領導的亞洲民主防線（以及全球民主防線）正在擴大與鞏固。

第六節　結　語

　　從以上各節的綜合論述來看，不論是在印太區域，或是在全球世界各地，由於美中兩大強權的權力對比與國際關係出現急遽的變化，區域及全球的地緣政治與戰略環境也出現強烈的位移，形成如今所謂的「大國競爭」。在此脈絡之下，中國與美國的衝突（或美國與中國的衝突）、中國與臺灣的衝突（或臺灣與中國的衝突）、以及中國與其他國家的衝突（或其他國家與中國的衝突）皆或多或少，或大或小地出現在這樣的變動格局裡，也反映出這樣的時局變化。雖然海峽兩岸的軍事失衡早在美中戰略競爭開始之前，但毫無疑問地，美中激烈的戰略競爭與中國加速的軍事現代化兩者是息息相關且互為因果，兩者也共同伴隨海峽兩岸的軍力失衡加速以及軍事衝突風險增高。

　　此時，海峽兩岸的軍事實力對比確實呈現了驚人的結構性變化，而且是「彼（解放軍）長我（國軍）消」，而此情況也發生在中國與日本、美國及其他國家之間。因此，當今的印太區域（甚至是全球其他主要國家）正在進行一波為時相當漫長的軍備競賽。固然，解放軍的軍事實力增長是有目共睹，對臺灣與南海，以及其他周邊區域和國家的軍事威脅是日益升高，但此並非絕對表示戰爭或是軍事衝突必然發生。在臺灣、美國與美國為首的民主國家之一方，受到「安全困境」與「軍備競賽」的驅動，它們也都在整軍備戰之中。臺灣雖然在總體軍事規模上不如中國，但是近年來亦努力推動國防事務改革，發展其「防衛固守，重層嚇阻」的防衛戰略，並以「不對稱作戰」做為其對抗解放軍威脅的基本思維，期能「以小博大」而遏止解放軍犯臺的企圖，抑或是挫敗解放軍奪臺的目標。然而，中國所發展出的「灰色地帶」策略則深深地困擾著臺灣，國軍極思在此問題上尋求突破。以上這些態勢正可謂是當前的「新型態」(New Normal)，已迥然不同於以往的戰略態勢

與安全環境。但也印證中國軍力擴張的威脅並非只是針對臺灣而已，其也針對印太區域與周邊國家，因此以美國為首的同盟國家與戰略夥伴，它們既一方面提升彼此的合作關係，也另一方面加強與臺灣的交流對話。整體而言，國際環境傾向於對臺灣有利，而這也可能會讓解放軍在發動侵臺行動上傾向保守與遲疑。然而，時局變化莫測，未來的情勢發展值得繼續保持關注。

《中華民國 108 年國防報告書》（臺北：國防部，2019 年）。

《中華民國 110 年國防報告書》（臺北：國防部，2021 年）。

《中華民國 112 年國防報告書》（臺北：國防部，2023 年）。

「中國的軍事戰略」，中華人民共和國國務院新聞辦公室，2015 年 5 月 26 日，
    http://big5.www.gov.cn/gate/big5/www.gov.cn/zhengce/2015-
    05/26/content_2868988.htm。

「中央軍委關於深化國防和軍隊改革的意見」，《新華網》，2016 年 1 月 1 日，
https://www.xinhuanet.com//politics/2016-01/01/c_1117646695.htm。

「即時軍事動態」，中華民國國防部，
    https://www.mnd.gov.tw/PublishTable.aspx?Types=%E5%8D%B3%E6%99%82
    %E8%BB%8D%E4%BA%8B%E5%8B%95%E6%85%8B&title=%E5%9C%8B
    %E9%98%B2%E6%B6%88%E6%81%AF。

李玉偉，「中共海軍陸戰隊軍改後觀察」，《國防安全研究院週報》，第 22 期，
    2018 年 11 月 16 日，頁 12-15。

李喜明，《臺灣的勝算：以小制大的不對稱戰力》（臺北：聯經出版事業股份有
    限公司，2022 年）。

林穎佑，「共軍軍事體制改革的意涵與影響」，戰略與評估，第 6 卷第 4 期
    （2015 年冬季），頁 23-41。

陳亮智，「美國印太戰略之軍事內涵與運用」，戰略與評估，第 12 卷第 2 期
    （2022 年 12 月），頁 49-82。

陳亮智，〈美國「國內」對俄烏戰爭與印太戰略連動的反應：拜登政府、美國國
    會與國內民意〉，沈明室、侍建宇主編，《2022 印太區域安全情勢評估報
    告》（臺北：財團法人國防安全研究院，2022 年），頁 41-52。

「新時代的中國國防」，中華人民共和國國務院新聞辦公室，2019 年 7 月 24
    日，http://big5.www.gov.cn/gate/big5/www.gov.cn/zhengce/2019-
    07/24/content_5414325.htm。

謝游麟，「析論中共軍改後之聯合作戰指揮體制」，海軍學術雙月刊，第 52 卷第 1 期（2018 年 2 月 1 日），頁 42-55。

魏兵、莫小亮，「我海軍陸戰隊向多域多維多棲挺進」，《解放軍報》，2022 年 7 月 20 日，https://rmt-static-publish.81.cn/file/20230224/9b88d28d5f38f57e937 64d68e1aa74bc.pdf。

Allison, *Graham, Destined for War: Can America and China Escape Thucydides's Trap?* (New York: Houghton Mifflin Harcourt, 2017).

Cave, Damien, "An Anxious Asia Arms for a War It Hopes to Prevent," *New York Times*, March 25, 2023, https://www.nytimes.com/2023/03/25/world/asia/asia-china-military-war.html?auth=login-google1tap&login=google1tap.

Choe, Sang-Hun and Motoko Rich, "Leaders of Japan and South Korea Vow to Deepen Ties," *New York Times*, May 7, 2023, https://www.nytimes.com/2023/05/07/world/asia/south-korea-japan-summit-apology.html.

Colby, Elbridge A., *The Strategy of Denial: American Defense in An Age of Great Power Conflict* (New Haven and London: Yale University Press, 2021).

Curtis, John, "Taiwan: Relations with the United States," *House of Commons Library*, August 14, 2023, https://researchbriefings.files.parliament.uk/documents/CBP-9265/CBP-9265.pdf.

Delisle, Jacques, and Avery Goldstein, "Rivalry and Security in a New Era for US-China Relations," in Jacques Delisle and Avery Goldstein, eds., *After Engagement: Dilemmas in U.S.-China Security Relations* (Washington, D.C.: Brookings Institution Press, 2021), pp. 1-49.

Easton, Ian, *The Final Struggle: Inside China's Global Strategy* (Manchester, UK: Eastbridge Books, 2022).

"Economic Relationships," *Lowy Institute Asia Power Index 2023 Edition*, https://power.lowyinstitute.org/data/economic-relationships/.

GT Staff Reporters, "China Launches EM-Catapults-Equipped 3rd Aircraft Carrier in Shanghai," *Global Times*, June 17, 2022, https://www.globaltimes.cn/page/202206/1268368.shtml.

Hawkins, Amy, Helen Davison, Justin McCurry, Rebecca Ratcliffe and Daniel Hurst, "Asia's Arms Race: Potential Flashpoint from Taiwan to the South China Sea," *Guardian*, April 4, 2023, https://www.theguardian.com/world/2023/mar/30/asia-pacific-flashpoints-fuelling-regional-arms-race-taiwan-north-korea-south-china-sea-pacific-islands.

Kardon, Isaac B. and Wendy Leutert, "Pier Competitor: China's Power Position in Global Ports," *International Security*, Vol. 46, No. 4 (Spring 2022), pp. 9-47.

Kristensen, Hans M., Matt Korda and Eliana Reynolds, "Chinese Nuclear Weapons, 2023," *Bulletin of Atomic Scientists*, Vol. 79, Iss. 2 (March 2023), pp. 108-133.

Kroenig, Matthew, *The Return of Great Power Rivalry: Democracy Versus Autocracy from the Ancient World to the U.S. and China* (New York: Oxford University Press, 2020).

Lee, Chang-Min "Decoupling from China Is Not So Easy for Japan and Korea," *9DASHLINE*, March 7, 2023, https://www.9dashline.com/article/decoupling-from-china-is-not-so-easy-for-japan-and-korea.

Lee, His-min and Eric Lee, "Taiwan's Overall Defense Concept, Explained," *Diplomat*, November 3, 2020, https://thediplomat.com/2020/11/taiwans-overall-defense-concept-explained/.

Lee, Rod, "PLA Naval Aviation Reorganization 2023," *China Aerospace Studies Institute (CASI), Air University*, July 31, 2023, https://www.airuniversity.af.edu/Portals/10/CASI/documents/Research/PLAN_Aviation/2023-07-31%20PLAN%20Aviation%20Reorg%202023%20Clean.pdf.

Office of the Secretary of Defense, *Military and Security Developments Involving the People's Republic of China 2023* (Washington, D.C.: U.S. Department of Defense, 2023, https://media.defense.gov/2023/Oct/19/2003323409/-1/-

1/1/2023-MILITARY-AND-SECURITY-DEVELOPMENTS-INVOLVING-THE-PEOPLES-REPUBLIC-OF-CHINA.PDF.

O'Rourke, Ronald, *China Naval Modernization: Implications for U.S. Navy Capabilities—Background and Issues for Congress (Updated August 3, 2021)* (Washington, D.C.: Congressional Research Service, 2021).

O'Rourke, Ronald, *China Naval Modernization: Implications for U.S. Navy Capabilities—Background and Issues for Congress (Updated May 15, 2023)* (Washington, D.C.: Congressional Research Service, 2023).

Patton, Susannah, "China Is Beating the U.S. in the Battle for Influence in Asia," *Lowy Institute*, June 6, 2022, https://www.lowyinstitute.org/publications/china-beating-us-battle-influence-asia.

Perera, Ayeshea, "Joe Biden and Narendra Modi Hail 'Defining' US-India Partnership," *BBC News*, June 23, 2023, https://www.bbc.com/news/world-asia-india-65994923.

Sands, Gary, "Today Ukraine, Tomorrow Taiwan?" *Asia Times*, April 1, 2022, https://asiatimes.com/2022/04/today-ukraine-tomorrow-taiwan/.

Shambaugh, David, "U.S.-China Rivalry in Southeast Asia: Power Shift or Competitive Coexistence," *International Security*, Vol. 42, No. 4 (Spring 2018), pp. 85-127.

"Taiwan ADIZ Violations," *China Power, Center for Strategic and International Studies (CSIS)*, https://docs.google.com/spreadsheets/d/1qbfYF0VgDBJoFZN5elpZwNTiKZ4nvCUcs5a7oYwm52g/edit#gid=1177684118.

Timbie, James and Adm. James O. Ellis, Jr., "A Large Number of Small Things: A Porcupine Strategy for Taiwan," *Texas National Security Review*, Vol. 5, Iss. 1 (Winter 2020/2021), pp. 83-93, https://tnsr.org/2021/12/a-large-number-of-small-things-a-porcupine-strategy-for-taiwan/.

Trevethan, Lawrence "Sid," "The PLA Rocket Force's Conventional Missiles," *Proceedings*, Vol. 149 (April 2023), https://www.usni.org/magazines/proceedings/2023/april/pla-rocket-forces-conventional-missiles.

The White House. *National Security Strategy of the United States of America* (Washington, D.C.: The White House, 2017).

The White House, "Indo-Pacific Strategy of the United States," *The White House*, February 2022, https://www.whitehouse.gov/wp-content/uploads/2022/02/U.S.-Indo-Pacific-Strategy.pdf.

"Taiwan Needs a New Defense Strategy to Deal with China," *Economist*, March 6, 2023, https://www.economist.com/special-report/2023/03/06/taiwan-needs-a-new-defence-strategy-to-deal-with-china.

"Taiwan Says Inappropriate to Link Its Situation to Ukraine's," *Reuters*, February 28, 2022, https://www.reuters.com/world/china/taiwan-says-inappropriate-link-its-situation-ukraines-2022-02-28/.

Textor, C., "Estimated Expenditure on the Military in China in Current Prices from 1990 to 2022," *Statista*, July 17, 2023, https://www.statista.com/statistics/267035/china-military-spending/.

"The Most Dangerous Place on Earth," *Economists*, May 1, 2021, https://www.economist.com/leaders/2021/05/01/the-most-dangerous-place-on-earth.

"The Spirit of Camp David: Joint Statement of Japan, the Republic of Korea, and the United States," *The White House*, August 18, 2023, https://www.whitehouse.gov/briefing-room/statements-releases/2023/08/18/the-spirit-of-camp-david-joint-statement-of-japan-the-republic-of-korea-and-the-united-states/.

"The Struggle for Taiwan," *Economists*, March 11, 2023, https://www.economist.com/weeklyedition/2023-03-11.

U.S. Department of Defense, *Indo-Pacific Strategy Report: Preparedness, Partnerships, and Promoting a Networked Region* (Washington, D.C.: U.S. Department of Defense, 2019), https://www.state.gov/wp-content/uploads/2019/11/Free-and-Open-Indo-Pacific-4Nov2019.pdf.

U.S. Department of State, *A Free and Open Indo-Pacific: Advancing a Shared Vision* (Washington, D.C.: U.S. Department of State, 2019), https://www.state.gov/wp-content/uploads/2019/11/Free-and-Open-Indo-Pacific-4Nov2019.pdf.

"U.S. Arms Sales to Taiwan," *Forum on the Arms Trade*, https://www.forumarmstrade.org/ustaiwan.html.

Wooley, Alex, Sheng Zhang, Rory Fedorochko, and Sarina Patterson, "Harboring Global Ambitions: China's Ports Footprint and Implications for Future Overseas Naval Bases," *AIDDATA*, July 25, 2023, https://docs.aiddata.org/reports/harboring-global-ambitions/Harboring_Global_ambitions.pdf.

"2023 Military Strength Ranking," *Global Firpower*, https://www.globalfirepower.com/countries-listing.php.

MEMO

編著者 王國臣

CHAPTER 09

經濟全球化與兩岸經貿關係

第一節　前言：兩岸經貿的趨勢分析

一、兩岸貿易

　　兩岸貨物貿易呈現爆炸式成長；其中，臺灣對陸出口由 1994 年的 1 億美元，飆升到 2022 年的 1,211 億美元。臺灣自陸進口亦由 1990 年的 3 億美元，擴張到 2022 年的 840 億美元。進出口相抵，1990~2001 年，臺灣對陸貿易逆差 211 億美元。此後轉為順差，2002~2022 年累計 6,707 億美元（見圖 9-1）。

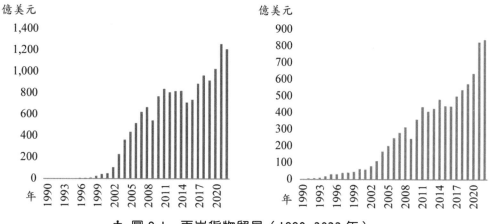

✚ 圖 9-1　兩岸貨物貿易（1990~2022 年）

（左：臺灣對中國大陸出口；右：臺灣自中國大陸進口）

資料來源： 本文整理自經濟部國際貿易局(2023)，《中華民國進出口貿易統計》，https://cuswebo. trade.gov.tw/FSC3000C?table=FSC3210F。

　　臺灣對陸服務出口由 2005 年的 22 億美元，飆升到 2018 年的 109 億美元。2019 年起開始趨緩，至 2020 年跌落到 76 億美元；2021 年略微拉回 91 億美元。臺灣對陸服貿進口亦由 2005 年的 22 億美元，爬升到 2019 年的 68 億美元。隔年下挫 8 億美元，2021 年則拉回到 78 億美元（見圖 9-2）。

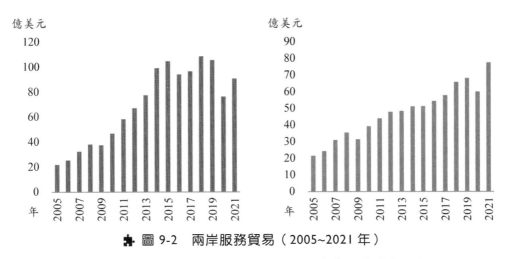

✚ 圖 9-2　兩岸服務貿易（2005~2021 年）

（左：臺灣對中國大陸出口；右：臺灣自中國大陸進口）

資料來源：World Trade Organization(2023), Trade in Services, https://stats.wto.org/.

二、兩岸投資

　　臺灣赴陸直接投資逐漸向大型企業集中。1991 年臺商赴陸投資計 237 件，投資金額為 2 億美元；每筆投資案平均 73 萬美元。1994~2006 年每筆投資案規模，擴增到百萬美元。2007~2022 年每筆投資案規模，再擴增到千萬美元。惟臺灣赴陸投資由 2018 年的 726 件放緩到 2022 年的 372 件，金額亦由 85 億美元降至 50 億美元；件數與金額同步回落（見圖 9-3）。

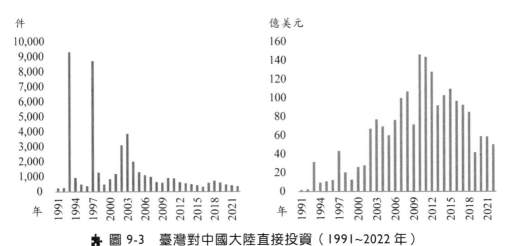

✚ 圖 9-3　臺灣對中國大陸直接投資（1991~2022 年）

（左：投資案件；右：投資金額）

資料來源：本文整理自經濟部投資審議委員會(2023)，《核准僑外投資、陸資來臺投資、國外投資、對中國大陸投資統計月報》，https://www.moeaic.gov.tw/chinese/news_bsAn.jsp。

準此，行政院於 2019 年祭出《歡迎臺商回臺投資行動方案》，至 2022 年底共吸引 277 家在陸臺商返鄉，投資 11,090 億元；尤以資訊與通訊科技(Information and Communication Technology; ICT）為眾，比率達 49.7%（見表 9-1）。

表 9-1　在陸臺商回臺投資

單位：億元／比率(%)

項目類別	家數	投資金額	資通訊產業比率
2019 年	165	7,116	47.3
2020 年	45	827	64.4
2021 年	44	2,455	50.0
2022 年	23	692	69.6
平均	277	11,090	49.7

資料來源：本文整理經濟部投資業務處 (2023)，《投資臺灣三大方案》，https://investtaiwan.nat.gov.tw/showPagecht1135?lang=cht&search=1135&menuNum=58

另一方面，行政院於 2009 年開放陸資來臺投資。截至 2022 年底，我方共核准 1,556 件投資案，累計 256,625 萬美元，每筆投資案平均 165 萬美元。期間，投資案由 2020 年的 90 件折半至 2022 年的 46 件，金額亦由 12,631 萬美元銳減至 2022 年的 3,873 萬美元。投資案件與金額聯袂收縮（見圖 9-4）。

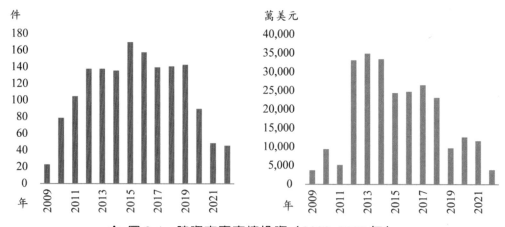

圖 9-4　陸資來臺直接投資（2009~2022 年）

（左：投資案件；右：投資金額）

資料來源：本文整理自經濟部投資審議委員會(2023)，《核准僑外投資、陸資來臺投資、國外投資、對中國大陸投資統計月報》，https://www.moeaic.gov.tw/chinese/news_bsAn.jsp。

臺灣 16 家金融控股公司對陸拆存、放款與投資由 2016 年的 23,552 億元，持續擴張到 2019 年的 26,449 億元。此後開始縮減，2022 年已收斂到 22,672 億元。36 家本國銀行對陸投融資亦呈相同趨勢，由 2016 年的 15,898 億元，持續擴張到 2018 年的 17,752 億元，隨後萎縮到 2022 年的 10,757 億元（見表 9-2）。

表 9-2　臺灣金控與銀行業對陸拆存、放款暨投資

單位：億元

項目類別	金控	國銀
2015 年	25,121	17,320
2016 年	23,552	15,898
2017 年	25,409	17,312
2018 年	25,572	17,752
2019 年	26,449	16,453
2020 年	26,431	15,088
2021 年	24,935	13,395
2022 年	22,672	10,757
合計	200,142	155,638

資料來源：本文整理自金融監督管理委員會(2023)，《本國銀行對大陸地區之授信、投資及資金拆存總額度》，https://www.banking.gov.tw/ch/home.jsp?id=591&parentpath=0,590&mcustomize=multimessage_view.jsp&dataserno=201311210001&dtable=Disclosure。金融監督管理委員會 (2023)，《本國金控集團國內及海外曝險統計表》，https://www.banking.gov.tw/ch/home.jsp?id=591&parentpath=0,590&mcustomize=multimessage_view.jsp&dataserno=201703020001&dtable=Disclosure。

中國大陸對臺證券投資餘額，由 2015 年底的 2 億美元，緩步增加到 2021 年底的 15 億美元；惟 2022 年上半年，陸資大幅減持三分之二的臺灣股票。部分資金轉向債市，陸資對臺灣券餘額由 2020 年底的 2 億美元，增加到 2022 年上半年的 6 億美元，創歷史新高（見表 9-3）。

🎯 表 9-3　中國大陸對臺證券與債券投資

單位：億美元

項目類別	證券	債券	合計
2015 年	2	0	2
2016 年	4	3	7
2017 年	-1	-1	-2
2018 年	2	0	2
2019 年	4	5	9
2020 年	2	-3	-1
2021 年	2	0	2
2022 年	-10	4	-6
餘額	5	6	11

說明：2022 年最新資料為 6 月底。

資料來源：本文整理自 International Monetary Fund(2023), Coordinated Portfolio Investment Survey, https://data.imf.org/?sk=B981B4E3-4E58-467E-9B90-9DE0C3367363。

　　兩岸貿易與投資越趨緊密，雙邊匯兌亦迅速膨脹。臺灣全體銀行匯出中國大陸的資金，由 2006 年的 1,289 億美元倍增到 2022 年的 5,739 億美元。自陸匯入金額也由 2006 年的 726 億美元，飆升到 2022 年的 4,415 億美元。兩者相抵，臺灣對陸皆為淨匯出，2006~2022 年累計 20,459 億美元（見圖 9-5）。

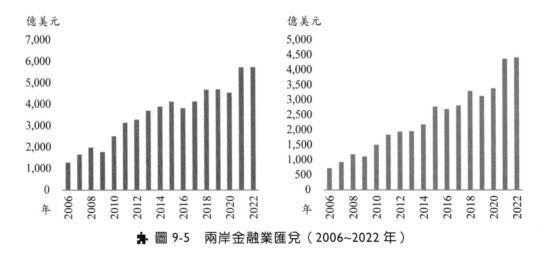

✚ 圖 9-5　兩岸金融業匯兌（2006~2022 年）

（左：對陸匯出；右：自陸匯入）

資料來源：本文整理自金融監督管理委員會 (2023)，《金融業務統計輯要》，https://survey.banking.gov.tw/statis/webMain.aspx?k=defjsp。

三、在臺人民幣業務

　　我國中央銀行與中國人民銀行於 2012 年簽署《海峽兩岸貨幣清算合作備忘錄》，臺灣正式開展人民幣業務。至 2022 年底，累計 65 家外匯指定銀行(Domestic Banking Unit; DBU)與 56 家國際金融業務分行(Offshore Banking Unit; OBU)，可在臺辦理人民幣業務。

　　惟中國大陸經濟趨緩，在臺人民幣業務亦相應萎縮。2018~2022 年存款共減持 1,270 億人民幣。2019~2022 年基金暴跌 182 億人民幣。新契約保費收入由 2019 年的 58 億人民幣，驟降至 2022 年的 3 億人民幣。在臺人民幣計價債券（寶島債）發行量，也由 2020 年的 171 億人民幣，銳減到 2022 年的 25 億人民幣。

　　目前僅人民幣結算穩定成長，由 2013 年的 15,459 億人民幣，攀升到 2022 年的 55,619 億人民幣。結算穩定擴張主要受惠於兩岸貨物貿易緊密。附帶一提的是，放款則歷經 2020~2021 年的兩年衰退後，2022 年意外成長 46 億人民幣。這很可能因為人民幣貶值，壓低陸資企業海外籌資成本（見表 9-4）。

🎯 表 9-4　在臺人民幣趨勢

單位：億人民幣

類別　項目	存款	放款	基金	債券	保險	結算
2013 年	1,826	127	35	0	0	15,459
2014 年	1,197	41	35	59	0	39,565
2015 年	171	25	13	136	0	51,357
2016 年	-80	24	18	14	0	40,367
2017 年	108	-89	64	24	0	40,331
2018 年	-238	-3	93	197	0	43,985
2019 年	-374	33	104	57	58	46,316
2020 年	-165	-20	34	171	9	49,072
2021 年	-126	-17	6	141	5	52,909

🎯 表 9-4　在臺人民幣趨勢（續）

單位：億人民幣

項目 類別	存款	放款	基金	債券	保險	結算
2022 年	-367	46	-78	25	3	55,619
平均	1,952	167	324	824	75	434,980

說明：存放款與基金為餘額。債券、保險與結算為歷年累計。

資料來源：本文整理中央銀行 (2023)，《銀行辦理人民幣業務概況》，https://www.cbc.gov.tw/tw/sp-news-list-1.html。金融監督管理委員會保險局(2023)，《壽險業外幣保險商品銷售情形》，https://www.ib.gov.tw/ch/home.jsp?id=239&parentpath=0,2,238。證券投資信託暨顧問商業同業公會 (2023)，《境內基金統計資料》，https://www.sitca.org.tw/ROC/Industry/IN2001.aspx?PGMID=IN0201。證券櫃檯買賣中心(2023)，《國際債券資料查詢（含寶島債）》，https://www.tpex.org.tw/web/bond/publish/international_bond_search/memo_org.php?l=zh-tw。

四、兩岸人員交流

臺灣赴陸短期觀光由 2009 年的 152 萬人次，倍增到 2018 年的 417 萬人次；2019 年降至 404 萬人次。特別是，2019 年底爆發新型冠狀病毒肺炎 (Coronavirus Disease 2019; COVID-19)疫情，赴陸參訪急遽收縮到 41 萬人次；2021 年再降至 13 萬人次。2022 年雖略微反轉，但全年也僅 17 萬人次。

另一方面，2001 年修訂《大陸地區人民來臺從事觀光活動許可辦法》至 2007 年，陸客來臺累計 170 萬人次。兩岸簽署《海峽兩岸關於大陸居民赴臺灣旅遊協議》簽署後，2008~2019 年陸客來臺暴增到 3,000 萬人次。惟北京當局於 2019 年終止自由行，疊加肺炎疫情衝擊，2020~2022 年驟降至 14 萬人次（見圖 9-6）。

兩岸異地居留人數同步放緩。如圖 7 所示，國人赴陸工作由 2009 年的 41 萬人，緩步增加到 2012 年的 43 萬人；2013~2014 年皆維持在此一水準。此後開始下降，由 2015 年的 42 萬人縮減至 2021 年的 16 萬人。另一方面，陸方來臺居留人數亦由 2012 年的 51,827 人，逐步降至 2022 年的 39,283 人（見圖 9-7）。

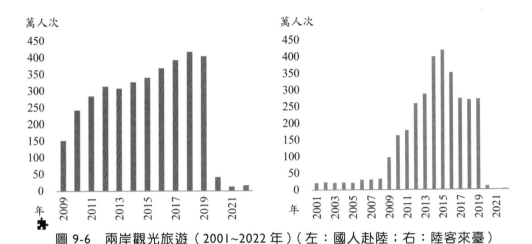

❖ 圖 9-6　兩岸觀光旅遊（2001~2022 年）（左：國人赴陸；右：陸客來臺）

說明：國人赴中國大陸觀光原包含於亞洲其他地區，自 2008 起單獨列出。

資料來源：本文整理自交通部觀光局 (2023)，《歷年中華民國國民出國人數統計》，
https://admin.taiwan.net.tw/businessinfo/FilePage?a=14643。　交通部觀光局(2023)，
《來臺旅客來臺目的統計》，
https://admin.taiwan.net.tw/businessinfo/FilePage?a=14643。

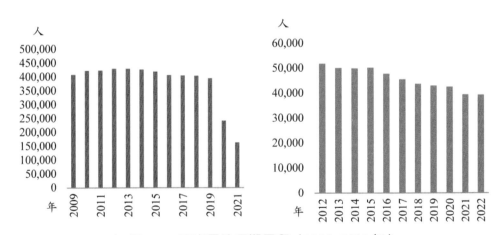

❖ 圖 9-7　兩岸異地長期居留（2009~2022 年）

（左：國人赴陸工作；右：中國大陸民眾居留人數）

資料來源：本文整理自行政院主計總處(2023)，《國人赴海外工作人數統計結果》，https://www.
stat.gov.tw/News.aspx?n=2708&sms=10980。內政部 (2023)，《內政統計月報》，
https://ws.moi.gov.tw/001/Upload/OldFile/site_stuff/321/1/month/month.html。

　　立法院於 2010 年修訂《兩岸人民關係條例》、《大學法》與《專科學校法》，正式承認陸方學歷與開放陸生來臺就學。臺生赴陸報考大專院校且審核通過者，由 2011 年的 1,433 人增加到 2017 年 2,567 人。2018 年開始遞減，至 2020 年僅剩 1,157 人。隨肺炎疫情趨緩，2023 年回升到 1,333 人，惟規模已不復過往。

　　來臺攻讀大專以上學歷的陸生，由 2010 年的 2,888 人暴增到 2017 年的 41,981 人。此後開始遞減，由 2018 年的 35,304 人縮減到 2020 年的 25,106 人。中國教育部更以肺炎疫情與兩岸關係緊張為由，暫停陸生來臺升學，故 2021 年驟減到 3,033 人，預期近年內將趨近於零（見圖 9-8）。

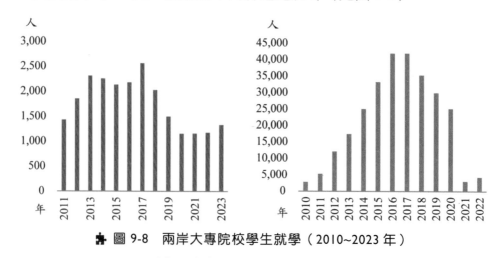

✦ 圖 9-8　兩岸大專院校學生就學（2010~2023 年）

（左：臺生赴陸；右：陸生來臺）

資料來源：本文整理自教育部統計處 (2023)，《大專院校境外學生概況》，https://stats.moe.gov.tw/statedu/chart.aspx?pvalue=36。中國普通高等學校聯合招收華僑港澳臺學生辦公室(2023)，《普通高等學校聯合招收華僑港澳臺學生報名資格審核通過考生公示名單》，https://www.gatzs.com.cn/gatzs/pz/hongkong/202202/20220221/2167184957.html。

五、兩岸科技交流

　　兩岸專利申請趨勢明顯分殊，如圖 9 所示，中國大陸來臺申請專利由 2000 年的 48 件，持續成長到 2022 年的 4,424 件。反之，臺灣赴陸申請專利則由 2000 年的 10,778 件，倍增到 2012 年的 23,349 件。惟 2013 年開始趨緩，2020 年萎縮到 10,766 件；2021 年方拉升回 11,140 件，再次證實臺灣對陸投資意願越趨低落（見圖 9-9）。

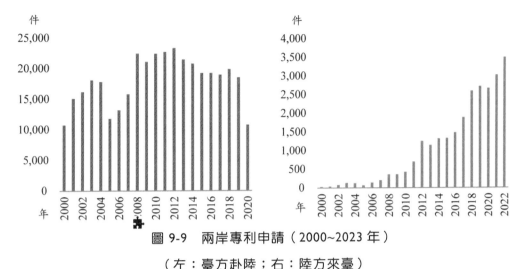

圖 9-9　兩岸專利申請（2000~2023 年）

（左：臺方赴陸；右：陸方來臺）

資料來源： 本文整理自中國國家知識產權局(2023)，《國家智慧財產權局統計年報》，
https://www.cnipa.gov.cn/col/col61/index.html。經濟部智慧財產局(2023)，《專利年度
統計》，https://topic.tipo.gov.tw/patents-tw/lp-780-101-2-20.html。

　　臺灣赴陸申請商標亦持續遞減，由 2019 年的 19,719 件降至 2020 年的
14,441 件，再縮減到 2021 年的 13,068 件。另一方面，陸方來臺申請商標亦
由 2019 年的 6,108 件，滑落到 2020 年的 4,575 件；2021 年雖反彈到 4,929
件，但 2022 年又下挫到 4,324 件（見表 9-5）。

◎ 表 9-5　兩岸商標申請

單位：件

項目類別	臺方赴陸	陸方來臺
2019 年	19,719	6,108
2020 年	14,441	4,575
2021 年	13,068	4,929
2022 年	NIL	4,324
合計	47,228	19,936

說明：NIL 表示資料無法取得。

資料來源： 本文整理自中國國家知識產權局(2023)，《國家智慧財產權局統計年報》，
https://www.cnipa.gov.cn/col/col61/index.html。經濟部智慧財產局(2023)，《商標年度
統計》，https://topic.tipo.gov.tw/trademarks-tw/lp-848-201.html。

第二節　兩岸經貿的結構分析

一、兩岸投資結構

　　臺灣赴陸投資越趨集中。前 10 大產業占赴陸投資總額的比率，由李登輝總統執政時期（1990~1999 年）的 64.0%，上升到陳水扁總統執政時期（2000~2008 年）的 75.5%，再增加到馬英九總統執政時期（2009~2016 年）的 74.4%；蔡英文總統執政時期（2017~2022 年），前 10 大產業的比率更攀升到 79.9%。

　　臺灣對陸投資的主力為電力設備、電子零組件、機械設備、電腦光電與非金屬製品製造業。特別值得關注的是，臺商赴陸投資由紡織與食品製造，轉型為化學材料與基本金屬。服務業亦相繼前進中國大陸市場，尤以批發零售、金融保險與專業科技為最，顯示兩岸投資結構的持續升級（見表 9-6）。

🎯 **表 9-6　赴陸直接投資前 10 大產業分布**

排序	1990~1999 年	2000~2008 年	2009~2016 年	2017~2022 年
1	電腦光電製品*	電子零組件*	電子零組件*	電子零組件*
2	電力設備*	電腦光電製品*	金融保險	批發零售
3	電子零組件*	電力設備*	電腦光電製品*	電腦光電製品*
4	金屬製品*	金屬製品*	批發零售	金融保險
5	食品*	塑膠製品*	化學材料*	化學材料*
6	塑膠製品*	化學材料*	非金屬製品*	電力設備*
7	非金屬製品*	機械設備*	不動產	基本金屬*
8	紡織	非金屬製品*	電力設備*	非金屬製品*
9	其他製造	批發零售	機械設備*	機械設備*
10	機械設備*	基本金屬*	基本金屬*	專業科技服務

說明：*表示製造業。灰色網底為橫跨全部觀測期間。

資料來源：　本文整理自經濟部投資審議委員會(2023)，《核准僑外投資、陸資來臺投資、國外投資、對中國大陸投資統計月報》，https://www.moeaic.gov.tw/chinese/news_bsAn.jsp。

　　另一方面，陸資來臺投資高度集中批發零售、港埠、銀行、電子零組件、住宿、金屬製品、電腦光電製品、資訊軟體與機械設備；惟可能受到國安審查趨嚴的影響，前 10 大產業占陸資來臺投資總額的比率，由 2013 年底的 93.2%，降至 2016 年底的 88.9%，再降至 2022 年底的 85.1%（見表 9-7）。

◎ **表 9-7　陸資來臺直接投資前 10 大產業分布**

排序	2013 年底	2016 年底	2022 年底
1	批發零售	批發零售	批發零售
2	港埠	銀行	電子零組件*
3	銀行	電子零組件*	銀行
4	電子零組件*	港埠	資訊軟體
5	住宿	電力設備*	港埠
6	金屬製品*	電腦光電製品*	機械設備*
7	電腦光電製品*	住宿	電腦光電製品*
8	資訊軟體	資訊軟體	研究發展
9	機械設備*	金屬製品*	電力設備*
10	食品*	化學製品*	金屬製品*

說明：*表示製造業。灰色網底為橫跨全部觀測期間。

資料來源：　本文整理自經濟部投資審議委員會(2023)，《核准僑外投資、陸資來臺投資、國外投資、對中國大陸投資統計月報》，https://www.moeaic.gov.tw/chinese/news_bsAn.jsp。

二、兩岸貿易結構

　　臺灣對陸出口越趨集中。前 10 大出口貨品比率由 1990~1999 年的 82.0%，上升到 2000~2008 年的 88.7%；2009~2016 年降至 88.2%，但 2017~2022 年便反彈回 90.7%。出口大宗為電機設備、機械用具、鋼鐵與塑膠製品。特別值得一提的是，精密儀器與有機化學品，逐漸取代人造纖維絲棉，凸顯出口結構轉型（見表 9-8）。

🎯 表 9-8　臺灣出口中國大陸前 10 大貨品

排序	1990~1999 年	2000~2008 年	2009~2016 年	2017~2022 年
1	電機設備(85)	電機設備(85)	電機設備(85)	電機設備(85)
2	機械用具(84)	精密儀器(90)	精密儀器(90)	機械用具(84)
3	塑膠及其製品(39)	機械用具(84)	塑膠及其製品(39)	精密儀器(90)
4	有機化學產品(29)	塑膠及其製品(39)	機械用具(84)	塑膠及其製品(39)
5	人造纖維棉(55)	有機化學產品(29)	有機化學產品(29)	有機化學產品(29)
6	鋼鐵(72)	鋼鐵(72)	銅及其製品(74)	銅及其製品(74)
7	顏料及其萃取物(32)	銅及其製品(74)	鋼鐵(72)	雜項化學產品(38)
8	橡膠及其製品(40)	礦物燃料(27)	雜項化學產品(38)	鋼鐵(72)
9	人造纖維絲(54)	人造纖維絲(54)	人造纖維絲(54)	礦石及熔渣(26)
10	車輛及零附件(87)	雜項化學產品(38)	礦物燃料(27)	玻璃及玻璃器(70)

說明：灰色網底為橫跨全部觀測期間。括弧類數字為 HS 二位碼序號。

資料來源：　本文整理自經濟部國際貿易局(2023)，《中華民國進出口貿易統計》，https://cuswebo.
trade.gov.tw/FSC3000C?table=FSC3210F。

　　臺灣自陸進口也越趨集中。前 10 大進口貨品比率由 1990~1999 年的
70.1%，上升到 2000~2008 年的 76.6%，再攀升到 2009~2016 年 78.8%；
2017~2022 年更來到 83.4%。進口大宗為電機設備、鋼鐵、機械用具與有機
化學品。尤其值得關注的是，精密儀器與車輛及零附件，取代鞋靴與木製
品，顯示進口結構轉型（見表 9-9）。

🎯 表 9-9　臺灣自中國大陸進口前 10 大貨品

排序	1990~1999 年	2000~2008 年	2009~2016 年	2017~2022 年
1	電機設備(85)	電機設備(85)	電機設備(85)	電機設備(85)
2	鋼鐵(72)	機械用具(84)	機械用具(84)	機械用具(84)
3	礦物燃料(27)	鋼鐵(72)	鋼鐵(72)	精密儀器(90)
4	機械用具(84)	礦物燃料(27)	精密儀器(90)	塑膠及其製品(39)
5	石灰及水泥(25)	精密儀器(90)	雜項化學產品(38)	有機化學產品(29)
6	鞋靴(64)	有機化學產品(29)	有機化學產品(29)	鋼鐵(72)

🎯 表 9-9 臺灣自中國大陸進口前 10 大貨品（續）

排序	1990~1999 年	2000~2008 年	2009~2016 年	2017~2022 年
7	木及木製品(44)	塑膠及其製品(39)	塑膠及其製品(39)	關稅配額貨品(98)
8	工業或藥用植物(12)	雜項化學產品(38)	車輛及零附件(87)	車輛及零附件(87)
9	鋅及其製品(79)	石灰及水泥(25)	寶石或貴金屬(71)	雜項化學產品(38)
10	有機化學產品(29)	車輛及零附件(87)	銅及其製品(74)	銅及其製品(74)

說明：灰色網底為橫跨全部觀測期間。括弧類數字為 HS 二位碼序號。

資料來源：本文整理自經濟部國際貿易局(2023)，《中華民國進出口貿易統計》，https://cuswebo.trade.gov.tw/FSC3000C?table=FSC3210F。

三、兩岸產業貿易結構

本文利用聯合國統計司(United Nations Statistics Division；UNSD)發布的《中央產品分類》(Central Product Classification)，整合《國際商品統一分類制度》(Harmonized Commodity Description and Coding System)六位碼、《廣泛經濟分類》(Broad Economic Category)，以及《國際行業標準分類》(International Standard Industrial Classification of All Economic Activities)四位碼，估算兩岸產業中間財(Intermediate Goods)與最終財(Final Goods)貿易。

實證結果顯示，2022 年臺灣中間財輸陸 2,083 億美元，占同期輸陸總額的 73.9%，較 1999 年上升 1.5 個百分點。臺灣自陸進口中間財 534 億美元，占同期自陸進口總額的 78.3%，較 1999 年上升 4.4 個百分點。反之，臺灣最終財輸陸比率，由 1999 年的 6.5%降至 2022 年的 5.0%；進口比率同步下挫 1.6 個百分點（見表 9-10）。

🎯 表 9-10 兩岸中間財與最終財貿易

單位：比率(%)

項目類別	出口				進口			
	1999	2008	2017	2022	1999	2008	2017	2022
中間財	93.5	94.7	95.5	95.0	73.9	79.9	73.3	78.3
消費財	6.5	5.3	4.5	5.0	26.1	20.1	26.7	21.7

說明：因若干商品兼具中間財與消費財的特徵，故行業編碼 01~07 歸入消費財；08~18 歸入中間財。*表示製造業。其他行業含括電力及燃氣、用水及汙染整治業與服務業。

資料來源：本文整理自 IHS Markit (2023), Global Trade Atlas, https://connect.ihsmarkit.com/。

　　臺灣輸陸中間財係由電腦光電製造業驅動，其占 2022 年輸陸中間財的 83.4%；緊接著是石化製藥、電力與機械設備，比率皆超過 1%。臺灣自陸進口中間財亦以電腦光電製造業為主，其占 2022 年中間財進口比率達 52.5%。緊接著是石化與製藥、基本金屬、電力設備與機械設備，以及運輸工具，比率皆超過 3%。

　　進一步而言，2022 年電腦光電製造業輸陸中間財為 83.4%，高於自陸進口中間財 30.9 個百分點，顯示臺灣 ICT 產業技術大幅領先陸資。反之，農林漁牧等 14 個行業的中間財進口比率平均為 3.4%，高於出口比率 2.2 個百分點，隱含陸資已逐漸追上臺灣相關產業（見表 9-11）。

🎯 表 9-11　臺灣產業與中國大陸中間財貿易

單位：比率(%)

項目類別	出口				進口			
	1999	2008	2017	2022	1999	2008	2017	2022
農林漁牧	0.2	0.0	0.0	0.0	1.4	0.7	0.6	0.4
土石採取	0.3	0.2	0.2	0.1	7.2	5.7	1.1	2.2
飲食菸草*	0.1	0.0	0.1	0.0	1.1	0.9	0.6	0.4
紡織*	17.6	2.9	1.6	0.6	2.8	1.4	1.2	0.9
成衣*	0.0	0.0	0.0	0.0	0.0	0.0	0.0	0.0
毛皮*	0.3	0.6	0.1	0.0	1.0	0.1	0.1	0.0
木竹*	0.2	0.0	0.0	0.0	1.5	0.5	0.6	0.5
紙製品暨複製*	1.6	0.5	0.3	0.4	1.1	1.1	1.7	1.2
石化與製藥*	26.5	24.3	13.1	7.2	13.2	17.9	16.2	12.1
塑橡膠*	5.1	2.1	1.5	0.9	2.7	2.2	3.1	3.1
非金屬*	1.2	0.8	1.0	0.5	2.0	1.9	2.1	2.0
基本金屬*	20.3	9.6	4.1	2.6	27.0	20.1	14.4	10.3
電腦光電*	17.6	52.2	72.4	83.4	20.6	30.0	42.7	52.5
電力設備*	4.5	4.3	3.2	2.5	7.4	8.2	6.8	6.6
機械設備*	2.2	1.4	1.7	1.3	6.0	5.1	4.2	3.8
運輸工具*	1.5	0.3	0.4	0.3	2.1	3.3	3.8	3.6

🎯 表 9-11　臺灣產業與中國大陸中間財貿易（續）

單位：比率(%)

項目類別	出口				進口			
	1999	2008	2017	2022	1999	2008	2017	2022
家具與其他*	0.8	0.2	0.2	0.1	2.8	0.6	0.7	0.3
其他行業	0.1	0.4	0.1	0.0	0.0	0.1	0.1	0.0

說明：本表未將資本財（設備等）納入計算，故部分產業比例加總未達 100%。因若干商品兼
　　　具中間財與消費財的特徵，故行業編碼 01~07 歸入消費財；08~18 歸入中間財。*表示製
　　　造業。其他行業含括電力及燃氣、用水及汙染整治業與服務業。
資料來源：本文整理自 IHS Markit(2023), Global Trade Atlas, https://connect.ihsmarkit.com/。

　　臺灣輸陸最終財由電腦光電製造業驅動，其占 2022 年輸陸最終財的
69.2%；緊接著是石化與製藥、塑橡膠製品、電力設備、家具與其他製造
業，以及飲食菸草，比率皆超過 3%。臺灣自陸進口最終財亦以電腦光電製
品為主，其占 2022 年最終財進口比率達 36.4%。緊接著是成衣、家具與其
他製造業、飲食菸草、電力設備與機械設備，比率皆超過 5%。

　　電腦光電製造業輸陸最終財為 69.2%，遠高於自陸進口最終財 32.8 個百
分點，顯示 ICT 產業技術大幅領先陸資。惟農林漁牧等 14 個行業的最終財
進口比率平均為 4.7%，高於出口比率 3.4 個百分點，凸顯紅色供應鏈的崛
起；其中尤以成衣業最為明顯（見表 9-12）。

🎯 表 9-12　臺灣各產業與中國大陸最終財貿易

單位：比率(%)

項目類別	出口				進口			
	1999	2008	2017	2022	1999	2008	2017	2022
農林漁牧	0.7	0.2	2.7	0.7	1.5	0.7	2.6	1.8
土石採取	0.1	0.0	0.0	0.0	0.0	0.0	0.0	0.0
飲食菸草*	2.6	1.7	8.6	3.4	3.5	6.1	17.6	9.8
紡織*	3.1	0.5	0.6	0.3	2.8	2.7	2.6	2.0
成衣*	4.3	0.8	0.7	0.2	21.8	8.5	9.5	11.3
毛皮*	0.5	0.1	0.3	0.1	6.6	3.7	4.3	4.3
木竹*	0.3	0.1	0.0	0.0	1.1	0.4	0.8	0.6

🎯 表 9-12　臺灣各產業與中國大陸最終財貿易（續）

單位：比率(%)

項目類別	出口				進口			
	1999	2008	2017	2022	1999	2008	2017	2022
紙製品暨複製*	1.3	0.3	0.2	0.2	0.1	0.5	0.3	0.3
石化與製藥*	2.7	60.2	14.0	7.7	4.0	7.4	3.4	3.4
塑橡膠*	15.8	4.3	10.7	4.1	5.0	2.2	2.2	3.1
非金屬*	0.6	0.4	0.5	0.2	0.8	0.3	1.2	1.7
基本金屬*	7.3	2.8	1.5	1.0	3.0	2.6	2.2	2.7
電腦光電*	27.9	11.6	42.8	69.2	20.8	39.3	36.1	36.4
電力設備*	15.2	6.6	5.5	4.5	9.2	8.8	5.6	6.4
機械設備*	10.3	4.4	2.4	1.5	2.8	5.1	3.7	5.5
運輸工具*	0.4	0.4	0.7	0.7	0.9	2.1	0.7	0.6
家具與其他*	6.3	5.3	6.5	3.9	15.8	9.1	7.2	10.1
其他行業	0.7	0.4	2.4	2.4	0.2	0.5	0.2	0.1

說明：本表未將資本財（設備等）納入計算，故部分產業比例加總未達 100%。因若干商品兼
　　　具中間財與消費財的特徵，故行業編碼 01~07 歸入消費財；08~18 歸入中間財。*表示製
　　　造業。其他行業含括電力及燃氣、用水及汙染整治業與服務業。

資料來源：本文整理自 IHS Markit(2023), Global Trade Atlas, https://connect.ihsmarkit.com/。

第三節　兩岸經貿的影響評估

一、兩岸經貿對中國大陸經濟的影響

　　臺商對陸經濟貢獻主要有四：一是臺商對陸直接投資貢獻，等於臺商對
陸直接投資，加上臺商經英屬維京群島(British Virgin Islands)與開曼群島
(Cayman Islands)等避稅天堂，轉投資中國大陸的金額；其中，中國商務部國
際貿易經濟合作研究院於 2004 年的估計，臺商經此兩地迂迴投資的比率約
略七成。[1]

---

[1]　中國商務部國際貿易經濟合作研究院(2004)，〈臺商大陸投資模式正在起變化〉，
　　http://tinyurl.com/kl32cp。

　　如表 9-13 所示，1997~2022 年臺灣對陸直接投資 568 億美元；期間，英屬維京群島與開曼群島對陸直接投資 2,285 億美元，該金額乘以 70%，即臺灣迂迴投資中國大陸 1,600 億美元；兩者合計 2,168 億美元，占中國大陸吸引各國直接投資（26,333 億美元）的 8.2%，此相當於臺商對陸吸引外資的貢獻。

🎯 表 9-13　臺灣對中國大陸外人直接投資的貢獻

單位：億美元、比率(%)

項目類別	直接貢獻	間接貢獻	總貢獻	外資總額	貢獻率
1997~2000 年	111	37	148	1,718	8.6
2000~2008 年	214	639	854	5,507	15.5
2009~2016 年	170	592	762	9,756	7.8
2017~2022 年	24	107	131	3,254	4.0
合計	568	1,600	2,168	26,333	8.2

說明：間接貢獻等於英屬維京群島與開曼群島對陸投資的七成。
資料來源：本文整理自中國商務部外國投資管理司 (2023)，《外商投資統計》，http://wzs.mofcom. gov.cn/。

　　二是臺商對陸出口貢獻，等於外商出口額乘以臺商出口傾向。臺商出口傾向的計算步驟有三：一是高長的研究發現，即 1995 年在陸臺商出口傾向為 52.1%。[2] 二是臺商占中國大陸出口百強企業的比率；其中，2012 年囊括 27 家，占 46 家上榜外商企業的 58.7%；至 2019 年再攀升到 62.7%。惟此後不再發布排名。[3] 故本文以線性插補(Linear Interpolation)，推估 1997~2011 年的遺漏值；2020 年迄今則以 62.7%替代。

　　如表 9-14 所示，1997~2022 年在陸外商出口 175,217 億美元，乘以臺商平均出口傾向 57.4%，即在陸臺商約略出口 391,912 億美元，占同期中國大陸出口總額的 25.6%，此相當於臺商對陸出口的貢獻。分時期看，2000~2008 年為 31.3%，2009~2016 年降至 28.3%；2017~2022 年再降至 22.1%，顯示臺商對陸出口貢獻越趨縮減。

---

[2] 高長(1997)，〈臺商在大陸投資趨勢及其對大陸經濟之影響〉，《經濟情勢暨評論》，3 (1)：136-147。

[3] 中國對外經濟貿易統計學會 (2012~2019)，〈中國對外貿易 500 強企業綜合排名〉，http://www.zgdwjjmytjxh.org.cn/article/n/。

🎯 表 9-14　臺灣對中國大陸出口的貢獻

單位：億美元、比率(%)

項目類別	平均出口傾向	外商出口	臺商出口	出口總額	貢獻率
1997~2000 年	0.528	3,639	1,922	8,106	23.7
2000~2008 年	0.556	33,763	18,774	60,049	31.3
2009~2016 年	0.584	75,933	44,347	156,489	28.3
2017~2022 年	0.614	21,009	12,896	58,327	22.1
合計	0.574	175,217	100,523	391,912	25.6

說明：臺商出口等於平均出口傾向乘以外商出口。

資料來源：本文整理自中國海關總署 (2023)，《統計月報》，http://www.customs.gov.cn/customs/302249/zfxxgk/2799825/302274/302277/4899681/index.html。

　　三是臺商對陸就業貢獻。2021 年底港澳臺企業共雇用 1,175 萬人，乘以 98.2%，則臺商企業約略聘僱 1,154 萬人，占全中國大陸就業人口的 1.5%，此相當於臺商對陸就業的貢獻。其中，98.2%源自廣東省對外貿易經濟合作廳於 2006 年揭露，全省臺商雇用近 600 萬人，相當於港澳臺企業聘僱勞工的 98.2%（見表 9-15）。[4]

🎯 表 9-15　臺灣對中國大陸就業的貢獻

單位：萬人／比率(%)

項目類別	港澳臺企業	臺商企業	總就業人口	貢獻率
1999 年底	310	301	71,394	0.4
2008 年底	679	667	75,564	0.9
2016 年底	1,305	1,281	76,245	1.7
2021 年底	1,175	1,154	74,652	1.5

說明：臺商企業雇用勞工等於港澳臺企業乘以 98.2%。

資料來源：本文整理自中國國家統計局(2000~2023)，《中國統計年鑑》。北京：中國統計出版社。

---

[4] 轉引自洪家科、童振源(2009)，〈臺商對中國經濟發展的貢獻：1988~2008 年〉，發表於臺商大陸投資二十年：經驗、發展與前瞻。臺北：政治大學中國大陸研究中心。

最後是臺商對陸稅收貢獻。考量因素有二：一是中國大陸稅率。2008
年前，外商企業所得稅率平均 11.0%。兩稅合一後為 25%，惟高新技術企業
仍享有 15%的優惠稅率，兩者平均 20%。二是在陸臺商家數。對此，江蘇省
臺灣工作辦公室揭露，2022 年底昆山含括 644 家規模以上臺灣企業，[5]占
2,494 家規模以上工業企業的 25.8%。[6]

如表 9-16 所示，1997~2022 年規模以上工業企業實現利潤 1,075,954 億
人民幣，企業所得稅率平均 16.0%，即應繳稅金 203,252 億人民幣；其中，
以臺商占規模以上工業企業的 25.8%估算，臺商應繳稅金 52,484 億人民幣，
占中國大陸企業所得稅 440,458 億人民幣的 11.9%；此即臺商對中國大陸的
稅收貢獻。

🎯 表 9-16　臺灣對中國大陸稅收的貢獻

單位：億美元／比率(%)

項目類別	利潤總額	企業所得稅率	臺商應繳稅金	稅收總額	貢獻率
1997~2000 年	9,843	11	280	4,767	5.9
2000~2008 年	122,809	11	3,488	44,929	7.8
2009~2016 年	485,541	20	25,075	163,859	15.3
2017~2022 年	158,955	20	8,209	75,808	10.8
合計	1,075,954	16	52,484	440,458	11.9

說明：　臺商應繳稅金等於利潤總額乘以企業所得稅率，再乘以臺商占規模以上工業企業家數的
　　　　比率(25.8%)。
資料來源：本文整理自中國國家統計局(2000~2023)，《中國統計年鑑》。北京：中國統計出版
　　　　社。

二、兩岸經貿對臺灣經濟的影響

臺灣以貿易為根本。1990~2000 年臺灣對全球貿易順差 1,173 億美元，
占國內生產毛額(Gross Domestic Product; GDP)的 5.0%；2000~2008 年上升到
6.9%，2000~2008 年再爬升到 8.1%。2017~2022 年微幅跌落到 6.3%。其

---

[5] 新華社 (2022)，〈江蘇昆山 644 家規模以上臺企全面復工〉，
　　http://tw.people.com.cn/BIG5/n1/2022/0517/c14657-32423804.html。

[6] 蘇州市統計局 (2022)，〈蘇州統計年鑑〉。北京：中國統計出版社，

中，兩岸貿易順差對 GDP 的貢獻率，由 2000~2008 年的 5.5%，升至 2009~2016 年的 7.3%；2017~2022 年的 5.8%。很顯然，兩岸貿易順差是驅動臺灣對全球貿易順差的關鍵因素（見表 9-17）。

⊙ 表 9-17　兩岸貿易順差對臺灣經濟的貢獻

單位：億美元／比率(%)

項目類別	中國大陸	全球	GDP	中國大陸貢獻率	全球貢獻率
1990~2000 年	-198	1,173	28,569	-0.7	5.0
2000~2008 年	1,556	1,439	28,543	5.5	6.9
2009~2016 年	2,880	2,732	39,403	7.3	8.1
2017~2022 年	2,352	3,258	40,219	5.8	6.3
合計	6,590	8,603	136,733	4.8	5.0

資料來源：本文整理自行政院主計總處(2023)，《總體統計資料庫》https://nstatdb.dgbas.gov.tw/dgbasall/。

　　惟過度依靠中國大陸經貿，引發產業空洞化(Industrial Hollowing-Out)的疑慮。1991~2021 年農林漁牧產值年均成長只有 2.0%而已！工業、製造業與服務業亦僅 5.3%、5.7%與 5.6%。唯一例外為 ICT 產業，1991~2021 年產值年均增長高達兩位數(10.1%)。換言之，臺灣絕大多數的產業成長速度相對緩慢（見表 9-18）。

⊙ 表 9-18　臺灣各產業產值

單位：年成長率(%)

項目類別	農林漁牧	工業	製造業	ICT	服務業
1991~2000 年	1.8	6.2	6.5	16.1	10.9
2000~2008 年	-0.2	3.1	4.0	7.7	3.1
2009~2016 年	6.2	6.4	6.4	6.2	2.5
2017~2022 年	-1.0	5.6	5.7	8.2	3.9
合計	2.0	5.3	5.7	10.1	5.6

說明：ICT 為資訊與通訊技術。

資料來源：本文整理自行政院主計總處(2023)，《總體統計資料庫》https://nstatdb.dgbas.gov.tw/dgbasall/。

　　臺灣產業成長動能頹靡，肇因於投資率低落。1991~2021 年農林漁牧資本形成毛額為 7,142 億元，占 GDP 的比率僅 0.2%。服務業投資率為 11.0%。工業最高，投資率為 12.4%；其主要由製造業驅動，投資率為 10.8%；而製造業又端賴 ICT 產業支撐，投資率達 8.1%。易言之，臺商赴陸設廠，移轉很大部分的國內投資（見表 9-19）。

🎯 表 9-19　臺灣各產業投資率

單位：比率(%)

項目類別	農林漁牧	工業	製造業	ICT	服務業
1991~2000 年	0.1	14.7	12.7	10.0	11.2
2000~2008 年	0.3	10.3	8.3	3.9	15.6
2009~2016 年	0.1	11.5	10.0	6.8	11.7
2017~2022 年	0.1	11.0	9.8	6.9	11.2
合計	0.2	12.4	10.8	8.1	11.0

說明：ICT 為資訊與通訊技術。
資料來源： 本文整理自行政院主計總處(2023)，《總體統計資料庫》https://nstatdb.dgbas.gov.tw/dgbasall/。

　　投資不振更壓抑企業研發經費。2001~2022 年服務業企業研發支出 5,088 億元，占全部研發支出的比率僅 7.5%。相對而言，製造業企業則囊括 92.5%的研發支出；其中，ICT 產業又高達 75.8%。換言之，研發力道薄弱，拖累產業創新與轉型升級的步伐（見表 9-20）。

表 9-20　臺灣各產業企業研發經費

單位：比率(%)

項目類別	製造業	ICT	服務業
2001~2008 年	92.9	72.7	7.1
2009~2016 年	92.4	75.4	7.6
2017~2022 年	92.5	77.8	7.5
合計	92.5	75.8	7.5

說明：ICT 為資訊與通訊技術。
資料來源： 本文整理自國家科學及技術委員會 (2023)，《科學技術統計要覽》，https://wsts.nstc.gov.tw/stsweb/technology/TechnologyStatisticsList.aspx?language=C。

　　研發投入亦影響人力資本(Human Capital)的積累。根據行政院主計總處的測算，2021 年工業及服務業實質 GDP 年增 7.8%；其中，1.7%來自資本與勞動要素投入，其餘 6.0%源自多因素生產力(Multifactor Productivity; MFP)的貢獻。分產業看，工業 MFP 年增 8.2%，是服務業(3.6%)的兩倍之多。

　　進一步來看，2021 年製造業實質 GDP 年增 8.8%，資本、勞動、能源、原材料與企業服務等要素總合投入年增 5.8%；兩者相減，總要素生產力(Total Factor Productivity; TFP)年增 3.1%。同期，ICT 產業 TFP 年增 3.3%，顯示臺灣生產力的提升源自工業，工業生產力繫於製造業；製造業又為 ICT 產業驅動（見表 9-21）。

表 9-21　臺灣各產業多因素生產力

單位：年增率(%)

項目類別	全部門	工業	服務業	製造業	ICT
2002~2008 年	2.9	4.5	1.8	1.2	2.7
2009~2016 年	2.0	4.9	-0.1	1.1	2.7
2017~2021 年	2.5	2.6	2.2	1.0	2.2
合計	2.5	4.2	1.2	1.1	2.6

說明：ICT 為資訊與通訊技術。全部門、工業與服務業的計量單位為多因素生產力(MFP)。製造業與 ICT 產業的計量單位為總要素生產力(TFP)。

資料來源：本文整理自行政院主計總處(2023)，《多因素生產力趨勢分析報告》https://www.stat.gov.tw/News_Content.aspx?n=2723&s=105077。

　　最後，生產力決定薪資。如表 9-22 所示，1991~2022 年臺灣各行業薪資年均成長 2.8%；其中，生產力較高的工業，薪資年均成長 3.1%，高於服務業的 2.4%。反之，臺商赴陸投資帶動其薪資成長。城鎮非私營單位工資由 1990 年的 178 人民幣，暴增到 2022 年的 9,502 人民幣。兩岸薪資差距從 24.3 倍收斂到 1.4 倍。

🎯 表 9-22　兩岸薪資比較

單位：年增率(%)

項目類別	臺灣			中國大陸		
	全部門	工業	服務業	全部門	工業	服務業
1991~2000 年	5.6	5.7	5.2	16.1	14.9	18.7
2000~2008 年	0.8	1.2	0.3	15.2	15.0	14.5
2009~2016 年	1.3	1.5	1.2	11.2	10.2	10.8
2017~2022 年	2.7	3.3	2.3	9.1	9.1	7.8
合計	2.8	3.1	2.4	13.3	12.7	13.6

資料來源：本文整理自行政院主計總處 (2023)，《總體統計資料庫》https://nstatdb.dgbas.gov.
tw/dgbasall/。中國國家統計局(2000~2023)，《中國統計年鑑》。北京：中國統計出版社。

第四節　兩岸經貿的風險評估

一、對陸投資風險

　　中國大陸自 2001 年加入世界貿易組織(World Trade Organization; WTO)
以降，經濟治理品質改善有限。如表 9-23 所示，僅貿易自由穩定成長，由
69 分爬升到 73 分。營商自由、法治(Rule of Law)、財產權保障，以及清廉
則呈現先降後升的趨勢。政治穩定、法規執行品質、投資自由、金融自由與
公民自由更出現明顯倒退。

　　據此，中國大陸竊占臺商財產案件，由 1991~2007 年的平均 39 件，驟
增到 2008~2016 年的 333 件。期間（2011~2013 年）尚爆發 497 起盜竊智慧
財產權事件；直至 2016 年蔡英文總統上任後，情勢方趨緩和。惟臺灣民眾
在陸人身安全問題依舊嚴峻，自 2003 年起每年都保持百件以上的案例（見
圖 9-10）。

🎯 表 9-23　中國大陸治理品質

項目類別	2001~2007 年	2008~2013 年	2014~2017 年	2018~2022 年
貿易自由度	69	72	73	73
營商自由度	60	49	53	70
法治程度	45	44	44	55
財產權保障	32	20	29	52
政治穩定度	62	52	49	52
法規執行品質	54	50	44	46
清廉度	40	37	38	42
投資自由度	35	26	25	21
金融自由度	30	30	27	20
公民自由度	17	14	14	14
平均	45	39	40	45

說明：　自由之家評比分數介於 0~7 分。世界銀行評比分數則採標準分數(Standard Score)。國際
　　　　透明組織評比分數於 2012 年，將原先的 10 分擴大為 100 分。傳統基金會則採 100 分。
　　　　對此，本文調整各機構的評比尺度，轉換為 0~100 分，且分數越高表示治理品質越佳。

資料來源：本文整理自 Heritage Foundation (2023), Index of Economic Freedom,
　　　　　https://www.heritage.org/index. Freedom House (2023), Freedom in the World,
　　　　　https://freedomhouse.org/report/freedom-world. Transparency International (2023),
　　　　　Corruption Perceptions Index, https://www.transparency.org/en/cpi/2022. World Bank
　　　　　(2022), Worldwide Governance Indicators, http://info.worldbank.org/governance/wgi.

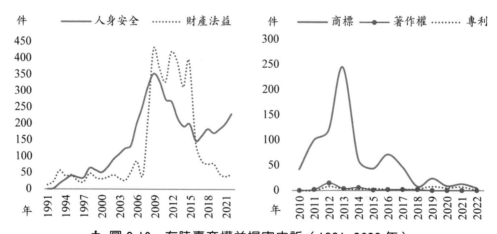

♣ 圖 9-10　在陸臺商權益損害申訴（1991~2022 年）

（左：經貿糾紛；右：侵害智慧財產權）

資料來源：本文整理自海峽交流基金會 (2023)，《海基會協處臺商經貿糾紛案件處理統計表》，
　　　　　https://www.sef.org.tw/article-1-27-12523。經濟部智慧財產局 (2023)，《協處案件》，
　　　　　https://www.tipo.gov.tw/tw/lp-116-1.html。

中國大陸尚屬行嚴格的外匯管制，加大臺商資金返還的困難。國家外匯管理局於 2016 年 12 月大砍資金匯出審查門檻，由 5,000 萬美元驟降至 500 萬美元。隔月再要求，匯款總額不得超過淨資產的三成，且單筆匯款達 5 萬美元以上還需額外課稅（見表 9-24）。

◎ 表 9-24　中國大陸外匯管制措施

時間	主要措施
2015/9	每張銀聯卡境外提領現金，每年累計不得超過等值 10 萬人民幣
2016/2	每張銀聯卡單次刷卡額度不得超過 5,000 美元
2016/11	當日單筆或累計交易超過 5 萬人民幣，金融機構需呈交大額交易報告
2016/12	企業資金匯出的安全審查門檻，由 5,000 萬美元降至 500 萬美元
2017/1	個人購匯需填報《個人購匯申請書》，且不得用於證券、保險與房地產投資
2017/1	企業境外匯款最多不得超過淨資產的 30%
2017/6	金融機構需呈報，單筆等值 1,000 人民幣以上的境外消費交易訊息
2017/12	境外每日提取現金限制 1 萬人民幣，每年累計限制 10 萬人民幣
2019/5	銀行業美元提領檢查標準，從 5,000 美元降至 3,000 美元

資料來源：本文整理自中國國家外匯管理局 (2023)，《政策法規》https://www.safe.gov.cn/safe/zcfg/index.html。

最後，愛國民族主義更增添中國大陸消費市場的不確定性。[7]例如：共產主義青年團（共青團）於 2021 年 5 月，點名主機板大廠技嘉科技「辱華」。服務業更是重災區，舉凡張惠妹受邀總統陳水扁就職典禮上演唱國歌、85℃接待過境美國的蔡英文總統，乃至周子瑜揮舞國旗，皆遭陸方抵制。

---

[7] Jessica Chen Weiss (2014), *Powerful Patriots: Nationalist Protest in China's Foreign Relations.* New York: Oxford University Press.

二、營商環境惡化與政策風險

　　中國大陸經濟越發放緩，疊加美國經貿封鎖與肺炎疫情衝擊，消費內卷(Involution)更趨明顯。如表 9-25 所示，在陸臺商首要營運困難為「同業競爭激烈」，比率由 2008~2013 年平均的 18.7%，攀升到 2018~2022 年的 28.0%。與之對應的是「內銷市場開拓困難」，2008~2022 年共增加 4.0 個百分點。

　　中國大陸消費頹靡，加劇在陸臺商經營困難。存貨比率由 2014~2017 年平均的 2.4%，驟升 1.3 個百分點至 2018~2022 年的 3.7%。現金流也受衝擊，「貸款不易回收」的比率，由 2008~2013 年的 3.7%，持續增加到 2018~2022 年的 4.2%。觀測期間，「勞動成本上升」的比率都維持在兩成以上。

🎯 表 9-25　在陸臺商營運環境評估

項目類別	2008~2013 年	2014~2017 年	2018~2022 年
同業競爭激烈	18.7	24.0	28.0
勞動成本上升	24.1	23.3	21.8
內銷市場開拓困難	9.4	12.6	13.4
利潤不易匯出	3.7	3.6	5.8
融資困難	7.9	5.6	4.4
貸款不易回收	3.7	4.0	4.2
存貨成本高	2.6	2.4	3.7

資料來源：本文整理自經濟部投資審議委員會(2023)，《海外投資事業營運狀況調查分析報告》，https://www.moeaic.gov.tw/chinese/news_stRt.jsp。

　　中國大陸外資政策更急遽緊縮。自 2016 年起，北京當局陸續制訂 11 項法規，含括《網路安全法》、《外商投資安全審查辦法》、《數據出境安全評估辦法》，並修訂《反間諜法》。影響所及，美光科技(Micron Technology)於 2023 年遭控存在網路風險。國安單位相繼搜查管理諮詢公司凱盛融英(Capvision)、思明智集團(Mintz Group)與貝恩(Bain)亦遭搜查（見表 9-26）。

🎯 表 9-26　中國大陸數據監管

時間	主要措施
2016/11	《網路安全法》
2019/1	《區塊鏈信息服務管理規定》
2019/10	《密碼法》
2020/12	《外商投資安全審查辦法》
2021/6	《數據安全法》
2021/8	《關鍵數據基礎設施安全保護條例》
2021/8	《個人信息保護法》
2022/1	《網路安全審查辦法》
2022/7	《數據出境安全評估辦法》
2023/2	《個人信息出境標準合同辦法》
2023/4	《反間諜法修訂》

資料來源：本文自行整理。

相關單邊立法亦層出不窮。中共於 2018 年底發布《黨支部工作條例》，只要企業含三名以上黨員，就需成立黨支部。準此，七成外資相繼成立黨支部，舉凡臺達電子、臺塑與鴻海旗下富士康。北京當局更鎖定金融與機敏機構，含括渣打(Standard Chartered)、ICT 巨擘高通(Qualcomm)與藥廠輝瑞(Pfizer)。中國大陸希冀藉此洞察外資動向，甚或攫取關鍵技術。

中國大陸尚藉由國有企業混合所有制與黃金股——持有 1%的關鍵股權，掌握董事會席位與決策權，確保公司經營方針符合國家政策。證券監督管理委員會於 2023 年更頒布《境內企業境外發行證券和上市管理試行辦法》，要求在陸首次公開募股(Initial Public Offerings; IPO)與增資(Secondary Public Offering; SPO)企業海外募資，皆須備案。此舉嚴重干擾臺商回臺上市計畫。

更嚴峻的是，中共總書記習近平於 2021 年 8 月中央財經委員會上提出「共同富裕」與「三次分配」，強調企業應主動捐贈，重新分配所屬資源與財富。對此，全國臺灣同胞投資企業聯誼會旋即成立臺商慈善公益基金會。惟多數臺商擔憂，此舉恐流於劫富濟貧與不樂之捐。

三、經濟脅迫

除前述終止觀光旅遊與陸生來臺就學外，中國大陸更頻繁動用「非關稅貿易壁壘」。例如：海關總署於 2020 年 4 月非正式要求，輸陸貨物一律需標示「中國臺灣」，凡標記中華民國或單獨「臺灣」字樣，均查扣銷毀；2022 年 8 月美國聯邦眾議院議長裴洛西(Nancy Pelosi)訪臺之際，海關總署又故計重施。

此外，中國國務院臺灣事務辦公室於 2021 年 1 月宣布，因臺灣開放含萊克多巴胺(Ractopamine)的美國豬肉進口，疊加高致病性禽流感疫情，故嚴禁臺灣生產或轉運的肉類產品輸入。隨後，北京當局同樣以檢疫為由，陸續禁止我方鳳梨、蓮霧、釋迦、石斑、柑橘類、白帶魚與竹筴魚輸陸。

中國海關總署更於 2022 年 8 月祭出《進口食品境外生產企業註冊管理規定》，暫停臺灣 100 多家食品業者 2,066 項產品進口，顯示北京當局對臺經濟脅迫，已由檢疫檢驗上升到標準設定。不僅如此，商務部還於 2023 年 4 月啟動貿易壁壘調查，含括農產品、五礦化工產品與紡織品等 2,455 項產品；隨後再追加到 2,509 項；脅迫範圍持續擴大（見表 9-27）。

表 9-27　中國大陸對臺灣貿易管制

單位：萬噸、占臺灣該產品外銷中國大陸比例(%)

時間	項目	規模	比例
2021/1/27	豬肉及其製品	57	1.4
2021/2/26	鳳梨	41,667	90.0
2021/9/18	釋迦	13,588	95.1
2021/9/18	蓮霧	4,792	97.0
2022/6/10	石斑	6,634	99.6
2022/8/2	調製食品	210	36.5
2022/8/3	白帶魚	9,146	100.0
2022/8/3	竹筴魚	2,161	51.1
2022/8/3	柑橘類	2,483	86.0
2022/8/3	天然砂	17	31.5
2023/4/12	農產、紡織與五礦化工	7,470	5.2

說明：灰色網底表示出口管制，其餘為進口管制。
資料來源：本文自行整理。

貿易限制恐由進口轉向出口。中國大陸早於 2005 年 8 月便限制天然砂在內高汙染、高耗能與資源性商品出口；2007 年更納入《出口授權管理貨物目錄》。惟 2008 年發布的《對臺灣地區天然砂出口許可證申領程式及相關事項》，允許 7 家企業對臺出口天然砂。直至 2022 年 8 月 3 日裴洛西訪臺之際，商務部完全暫停天然砂對臺灣出口。

中國大陸尚積極修訂涉外經貿法規，舉凡《不可靠實體清單規定》、《禁止出口限制出口技術目錄》、《出口管制法》，以及《兩用物項和技術進出口許可證管理目錄》。準此，商務部於 2023 年 8 月管制鎵(Gallium)與鍺(Germanium)出口。臺灣還需慎防《阻斷外國法律與措施不當域外適用辦法》，即中國大陸藉履行美國出口管制為由，開罰臺商（見表 9-28）。

🎯 表 9-28 　中國大陸出口管制相關立法

時間	發布單位	法規名稱
2019/5/31	商務部	不可靠實體清單規定
2020/8/28	商務部暨科技部	禁止出口限制出口技術目錄
2020/10/18	全國人民代表大會常務委員會	出口管制法
2020/12/31	商務部暨海關總署	兩用物項和技術進出口許可證管理目錄
2021/1/9	商務部	阻斷外國法律與措施不當域外適用辦法

資料來源：本文自行整理。

更嚴重的是，中國大陸依據《反分裂國家法》、《刑法》與《國家安全法》，擬定《臺獨頑固分子清單》，禁止臺獨分子及其金主赴陸港澳、經商與合作，並查扣與凍結境內資產，最重可判處無期徒刑，且終身追究刑事責任。制裁對象還擴及配偶與直系親屬。目前涵蓋 16 名我方政府官員與實體（見表 9-29）。

表 9-29　臺獨頑固分子關連機構與臺獨金主

時間	名單
2005/3	奇美集團*
2016/12	海霸王集團*
2018/3	福貞公司*
2021/11	遠東集團*
2022/8	國際合作發展基金會、宣德能源、凌網科技、天亮醫療、天眼衛星科技

說明：*表示臺獨金主。其餘為臺獨頑固分子關連機構。
資料來源：本文自行整理。

　　最後，中國大陸持續壓縮臺灣的國際經貿空間，場域更由國際組織延燒到跨國企業(Multinational Enterprise; MNEs)。例如：民用航空局於 2018 年要求，44 家外籍航空的訂票網頁，需將臺灣改為「中國臺灣」。同年，中國社會科學院發布《網絡法治發展報告》，點名 66 家世界五百強外資企業「錯誤標識」臺灣，應依法嚴厲處置（見表 9-30）。

表 9-30　中國大陸阻撓臺灣國際經貿空間事例

時間	事件
2005/6	世界貿易組織出版會員通訊錄，刪除臺灣常任代表團團員職銜
2011/1	東南亞國家中央銀行總裁聯合會通過中國大陸入會，並片面矮化臺灣會籍名稱
2016/4	中國大陸施壓經濟合作暨發展組織，拒絕臺灣出席高階官員對話會議
2016/7	中國大陸施壓聯合國糧食及農業組織，持臺灣護照禁入會場
2017/7	馬來西亞航空將進出中國大陸航班的臺籍機組員國籍，變更為中國大陸
2018/1	萬豪酒店等多家全球知名跨國企業暨 44 家外籍航空，被迫加註「中國臺灣」
2019/1	中國大陸點名蘋果等 66 家跨國企業網頁，加註「中國臺灣」

資料來源：　本文整理自外交部(2023)，《中國阻撓我國際空間事例》，
　　　　　　https://www.mofa.gov.tw/cl.aspx?n=671。

第五節　兩岸經貿的全球競爭

一、紅色供應鏈崛起

經濟合作暨發展組織(Organization for Economic Cooperation and Development; OECD)建構附加價值貿易(Trade in Value Added; TiVA)，追蹤原物料、中間投入與加工後產品流向，進而離析各國在全球價值鏈(Global Value Chain; GVC)上中下游的位置，顯示各國參與國際貿易的程度。

TiVA 的關鍵指標有二：一是向後參與關聯度(Backward Participation)，即國外附加價值占出口的比率，代表自上游國家進口原物料的依賴關係。如圖 9-11 所示，臺灣向後參與關聯度由 1996 年的 31.8%，緩步爬升到 2008 年的 45.4%；此後逐步降至 2017 年的 37.8%。直至 2018 年方略微回升至 39.8%。

二是向前參與關聯度(Forward Participation)，即國內附加價值占他國出口的比率，代表對下游國家的擴散程度。臺灣向前參與關聯度由 1995 年的 14.1%，穩定上升到 2007 年的 21.2%。2008~2013 年累計下挫 2.5 個百分點。此後開始反彈，至 2017 年來到 22.5%，創歷史新高。惟 2018 年小幅修正到 20.9%。

臺灣向後參與指數遠高於向前參與指數，凸顯我國屬缺乏天然資源，故進口原物料與中間財的比率偏高。特別值得一提的是，自 2010 年起，向前參與指數緩步提升，隱含臺灣產業技術顯著提升。受此影響，我方自其他國家進口中間財的比率下降，故向後參與指數緩步下滑。

惟臺灣大幅出口中間財，未顯著拉動中國大陸向後參與關聯度。其由 1995 年的 15.8%升至 2004 年的 23.8%；此後滑落至 2016 年的 15.8%；直至 2017 年方回升至 17.0%；2018 年再增加到 17.2%。這很可能肇因於紅色供應鏈的崛起。例如：中國大陸向前參與關聯度，由 1995 年的 12.6%爬升到 2018 年的 19.3%。

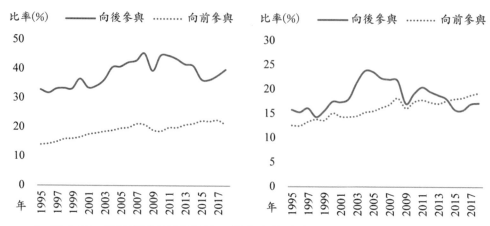

✦ 圖 9-11　兩岸附加價值貿易向前與向後參與關聯度（1995~2018 年）

（左：臺灣；右：中國大陸）

資料來源： 本文整理自 OECD(2023), Trade in Value Added,
https://www.oecd.org/sti/ind/measuring-trade-in-value-added.htm#access。

　　如果我們將向後與向前參與指數相加，則等於全球價值鏈(GVC)參與率。[8]如圖 9-12 所示，臺灣 GVC 參與率由 1995 年的 47.0%，漸趨升至 2008 年的 66.2%；此後逐步回落到 2016 年的 58.4%，直至 2017~2018 年方止住頹勢。中國大陸 GVC 參與率亦由 1996 年的 27.8%，爬升到 2008 年的 40.2%；此後滑落到 2015 年的 34.0%，再反彈至 2018 年的 36.6%。換言之，兩岸 GVC 參與率越趨一致，且與全球產業貿易漸趨脫節。

　　更嚴峻的是，紅色供應鏈恐取代臺商。GVC 地位指數(Position Index)，為向前與向後參與關聯度的相對比值。[9]由此觀之，1995 年臺灣與中國大陸 GVC 地位，分別為 0.4 與 0.8，臺灣低於中國大陸 0.4；至 2003 年一度收斂到 0.2。但此後又逐漸拉大，至 2018 年擴增至 0.6，顯示中國大陸獲取的淨附加價值（net value added）高於臺灣。

---

[8] Koopman, Robert, Zhi Wang, and Shang-Jin Wei (2012), "Estimating Domestic Content in Exports When Processing Trade is Pervasive," *Journal of Development Economics*, 99 (1): 178-189.

[9] Koopman, Robert, Zhi Wang, and Shang-Jin Wei (2012), "Estimating Domestic Content in Exports When Processing Trade is Pervasive," *Journal of Development Economics*, 99 (1): 178-189.

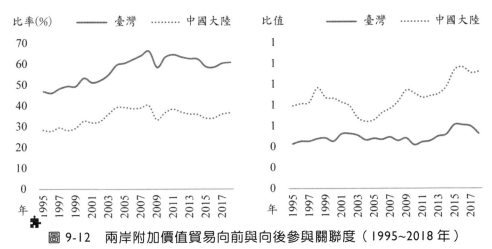

圖 9-12　兩岸附加價值貿易向前與向後參與關聯度（1995~2018 年）

（左：全球價值鏈參與率；右：全球價值鏈地位）

資料來源：本文整理自 OECD (2023), Trade in Value Added,
　　　　　https://www.oecd.org/sti/ind/measuring-trade-in-value-added.htm#access。

根據國際貨幣基金(International Monetary Fund; IMF)的公式測算，[10]兩岸出口產品相似指數(Export Similarity Index; ESI)由 1999 年的 58.0%，降至 2008 年的 34.4%；但 2016 年回升到 36.7%，2022 年再升至 49.7%，顯示臺灣與中國大陸出口商品逐漸趨同，再次印證紅色供應鏈崛起對臺衝擊。

特別是，臺灣對陸的出口重疊指數(Export Overlap Index; EOI)由 1999 年的 55.2%，竄升到 2022 年的 89.7%。反之，中國大陸對臺 EOI 則由 1999 年的 33.7%，降至 2016 年的 11.5%；2022 年方略微回升到 11.9%，顯示臺灣面臨陸資企業競爭壓力持續增加（見表 9-31）。

惟 2015~2022 年中國大陸自「絲綢之路經濟帶和 21 世紀海上絲綢之路」（一帶一路）沿線國家賺取 18,027 億美元的貿易順差，疊加 656 億美元的淨直接投資與 6,838 億美元的承包工程完成營業額，合計淨資產 25,521 億美元，中國大陸與沿線國家的收支嚴重失衡（見表 9-32）。

---

[10] 關於 ESI 與 EOI 的計算公式請參見 International Monetary Fund (2007), *Regional Economic Outlook: Asia and Pacific*. Washington DC: International Monetary Fund.

🎯 表 9-31　兩岸貨品的全球競爭壓力

時間	出口產品相似指數	出口重疊指數	
		臺灣	中國大陸
1999 年	58.0	55.2	33.7
2008 年	34.4	81.2	14.5
2016 年	36.7	88.9	11.5
2022 年	49.7	89.7	11.9

說明：本文以 HS 四位碼計算。

資料來源：　本文整理自 IHS Markit(2023), Global Trade Atlas, https://connect.ihsmarkit.com/。經濟部國際貿易局 (2023)，《中華民國進出口貿易統計》，https://cuswebo.trade.gov.tw/FSC3000C?table=FSC3210F。

🎯 表 9-32　中國大陸與帶路國家的國際收支

單位：億美元

時間	貨物貿易			直接投資			承包工程	合計
	出口	進口	均衡	OFDI	FDI	均衡		
2015	6,206	3,820	2,386	148	82	66	693	3,144
2016	6,013	3,657	2,356	145	68	77	760	3,193
2017	6,462	4,539	1,923	144	54	89	855	2,868
2018	7,166	5,636	1,530	156	61	96	893	2,519
2019	7,712	5,809	1,903	150	81	69	980	2,952
2020	7,945	5,714	2,231	178	83	95	911	3,237
2021	10,325	7,730	2,595	203	112	91	897	3,583
2022	11,996	8,893	3,103	210	137	73	849	4,025
合計	63,825	45,798	18,027	1,334	678	656	6,838	25,521

資料來源：　本文整理自中國商務部對外投資與經濟合作司 (2023)，〈統計數據〉，http://hzs.mofcom.gov.cn/article/date/。中國海關總署 (2023)，〈統計月報〉，http://www.customs. gov.cn/customs/302249/302274/302277/index.html。中國商務部外國投資管理司 (2023)，〈外商投資統計〉，http://www.fdi.gov.cn/1800000121_10000482_8.html。

在此脈絡下，部分國家開始抵制中國大陸，並轉向加強臺灣經貿關係。例如：立陶宛強調，發展與臺灣的經濟關係是重點戰略，並設立臺灣代表處。捷克元首帕維爾(Petr Pavel)亦與我國總統通話，且參眾兩院議長率團訪臺。斯洛伐克經濟部次長史維茲(Peter Svec)也組團訪臺。

對此，國家發展委員會也與中東歐夥伴簽署多項合作備忘錄(Memorandum of Understanding; MOU)；其中，臺灣與立陶宛將開展半導體、生醫技術、雷射與衛星技術、晶體研究與金融合作。臺灣與捷克將共同建構網路安全、航太工業、觸媒科技、綠能與智慧製造。臺灣與斯洛伐克則聚焦電動車、太空發展、中小企業數位轉型與智慧城市。

二、美中經貿與科技戰

美國貿易代表辦公室(Office of the United States Trade Representative; USTR)於 2018 年對 1,102 項中國大陸輸美商品，加徵 25%的懲罰性關稅，涉案金額為 500 億美元；目標鎖定「中國製造 2025」。9 月再對價值 2,000 億美元的 6,031 項貨品，加徵 10%的關稅；隔年 5 月提高到 25%。USTR 於同年 9 月，又對 1,200 億美元的產品加徵 15%的關稅；隨後（2020 年），雙方達成《第一階段經貿協議》，稅率折半到 7.5%。

期間（2018 年 5 月 22 日），美國參眾兩院提交《外國投資風險審查現代化法案》(Foreign Investment Risk Review Modernization Act; FIRRMA)，後併入《2019 年財政年度國防授權法》(National Defense Authorization Act; NDAA)。該法案旨在擴大美國海外投資委員會(Committee on Foreign Investment in the United States; CFIUS)的權限，避免外資併購美國企業，攫取美方科技。

本次修正案擴大外資併購的主動申報範圍，含括合資、聯盟、技術授權、風險投資基金，以及機敏資產——28 個關鍵技術(Critical Technology)、重要基礎設施(Critical Infrastructure)，以及 11 種敏感個資(Sensitive Personal Data)等。商務部尚需定期報告中國大陸在美投資情勢，舉凡實際受益人、資金來源與「中國製造 2025」的關聯性。

美國總統拜登(Joseph Biden)於 2022 年 9 月尚發布行政命令，要求 CFIUS 更嚴格審查外資併購美國企業，尤其是微電子技術(Microelectronic Technique)、人工智慧(Artificial Intelligence; AI)、生物技術 (Biotechnology)、量子計算(Quantum Computer)、先進清潔能源與氣候適應技術。華府希冀阻止陸資涉入美國關鍵技術領域。

CFIUS 未盡之處由出口管制補充。只要生產、設計乃至於組裝及開發任一生產環節，涉及新興與基礎技術，均須通報。商務部更新增《軍事最終使用者清單》(Military End User; MEU)；管制範圍涵蓋軍隊與協助生產軍需品的任何實體。國防部也於 2020 年發布「中共涉軍企業清單」，禁止美國民眾投資相關企業。

美國工業和安全局(Bureau of Industry and Security; BIS)還於 2022 年 10 月再擴大實施外國直接產品規定(Foreign Direct Product Rule; FDPR)，管轄權擴及所有採用美國科技製造的產品，並將最低門檻境外製造比率（微量原則(De Minimis Rule)），由現行的 75%拉高至 90%。華府於 2023 年更聯袂荷蘭，限制極紫外光(Extreme Ultraviolet; EUV)與深紫外光曝光機(Deep Ultraviolet; DUV)輸陸。日本也限制 23 種晶片設備出口（見表 9-33）。

表 9-33　美國對中國大陸科技管制

時間	事件
2019/12	量子稀釋致冷低溫系統、3D 列印技術、人工智慧、閘極全環場效電晶體、製作俄羅斯神經毒劑(Novichok)的化學物質，化學反應專用的單次用艙
2020/1	自動分析地理空間圖像的軟體
2020/10	混合增材製造/電腦數控工具、特定計算光刻軟體、5nm 晶圓加工技術、數位取證分析工具、監測電信服務通信軟體、亞軌道航天器
2022/8	第四代半導體材料氧化鎵(Ga2O3)和金剛石、GAAFET 架構的半導體 EDA 軟體、渦輪發動機的壓力增益燃燒技術
2022/8	高端圖形處理器與人工智慧晶片
2022/10	16 奈米以下邏輯晶片、18 奈米以下 DRAM、128 層 NAND Flash 晶片

資料來源：本文自行整理。

美國對中國大陸經貿與科技的全球圍堵，不僅於此。國務卿蓬佩奧 (Mike Pompeo)於 2020 年 4 月宣布，啟動經濟繁榮網絡(Economic Prosperity Network; EPN)的可信任夥伴聯盟，防止竊取商業機密與強制技術轉移。7 月再發布第五代行動通訊技術乾淨網路清單(5th Generation Wireless Systems Clean Network)，包括臺灣中華電信、臺灣大、亞太電信與臺灣之星在內 50 個國家 170 家電信公司。

拜登於 2022 年 5 月再啟動《印太經濟框架》(Indo-Pacific Economic Framework for Prosperity; IPEF)，成員國含括日本、韓國、澳大利亞、紐西蘭、印度、新加坡、馬來西亞、印尼、泰國、越南、菲律賓、汶萊與斐濟。同時，華府籌組含括美國、日本、韓國與臺灣的晶片四方聯盟(Chip 4 Alliance)。特別是，臺美於 2023 年 5 月達成第一階段《21 世紀貿易倡議》(U.S.-Taiwan Initiative on 21st-Century Trade)。

美國更攜手七大工業國集團(Group of Seven; G7)，於 2021 年啟動《重建更好世界》(Build Back Better World; B3W)倡議，計畫向開發中國家投入 40 兆美元，建立由民主國家主導、高標準、價值導向且透明的基礎設施，進而形成去中國大陸化的全球供應鏈。G7 已允諾於五年內募資 6,000 億美元，興建全球 5 到 10 個大型基礎設施，宣告 B3W 的正式開展。

為全面封鎖中國大陸一帶一路，美國再加碼《撒哈拉以南非洲的新戰略》(US Strategy Toward Sub-Saharan Africa)、《太平洋夥伴戰略》(Pacific Partnership Strategy)、藍點網絡(Blue Dot Network)計畫，以及亞得裡亞海 (Adriatic Sea)、黑海(Black Sea)，以及波羅的海(Baltics Sea)的「三海合作」。

最後，歐美各國相繼制訂《供應鏈法》，廠商須確保供應鏈中無侵害人權或破壞環境。例如：美國國會於 2021 年 12 月通過《防止強迫維吾爾人勞動法》(Uyghur Forced Labor Prevention Act)，全面禁止新疆產品進口，涉及石油、棉花、礦物、食糖到太陽能板。綜言之，美中經貿衝突延伸到政治體制。

第六節　結語：兩岸經貿的展望

　　中國大陸阻撓臺灣洽簽區域經貿協議(Regional Trade Agreements; RTA)，疊加《海峽兩岸經濟合作架構協議》(Cross-Strait Economic Cooperation Framework Agreement; ECFA)的實施，導致臺灣鎖入中國大陸經濟。例如：對陸貿易依存度由 1999 年的 3.0%，飆高到 2017 年的 24.2%。臺灣產業亦持續外移中國大陸，以致發展失衡——過度偏重 ICT 產業與薪資成長遲緩。臺灣的全球價值鏈(GVC)更歷經四年衰退。

　　須強調的是，臺灣對陸貿易依存度偏高，不意謂臺灣嚴重依賴中國大陸。反之，中國大陸亟需臺灣中間財，尤以半導體與晶片為最。中國大陸亦非臺灣最終財的主要銷售市場，此亦限縮北京當局經濟脅迫的範圍。特別是，臺商對陸經濟貢獻居功厥偉，含括 8.2%的外資、25.6%的出口、1.5%的就業與 11.9%的稅收。故北京當局仍積極獎勵臺灣企業赴陸投資。

　　惟在陸臺商的技術外溢(Technology Spillovers)，再加上北京當局的惡意挖角與竊取先進知識，促成紅色供應鏈的崛起。臺灣對陸的出口重疊指數(EOI)高達 89.7%；反之，中國大陸對臺 EOI 僅 11.9%，且出口產品相似指數(ESI)逼近五成(49.7%)，凸顯臺灣面臨陸企的全球競爭。兩岸 GVC 地位指數亦擴大到 0.6，顯示中國大陸恐取代臺灣在全球價值鏈的關鍵地位。

　　展望未來，中國大陸生產成本墊高，疊加北京當局監管緊縮，在陸臺商已陸續撤廠或轉移產能。尤其是美中經貿與科技衝突加劇，兩岸經貿緊密關係將持續收斂，邁入正常化軌道。後續關注重點有二：一是慎防中國大陸金融風暴，擴散臺灣的可能。二是國際經貿將由經濟效率，轉向經濟安全與韌性(Resilience)；這開啟臺灣經貿全球化的時代！

編著者　吳瑟致

CHAPTER 10

美中爭霸對兩岸關係的影響

第一節　前言

　　美中關係不睦，雙方相互競爭的態勢越來越激烈，無論是軍事、經濟、科技等面向，兩大國無不展現對抗的能耐，國際情勢也因為美中對抗陷入選邊站的壓力。2022 年 8 月，美國祭出《晶片法案》(Chips Act)，為的就是要壓制中國半導體產業的崛起，臺、日、韓等國也相繼加入美國主導的全球供應鏈行列，中國也因此被迫向「世界貿易組織」(WTO)提出投訴。這回美中兩國的對抗轉至外交領域，中國試圖挖美國在中東地區的牆角，美國也藉機拉攏非洲國家來拓展地緣影響力。

　　習近平 2022 年底前往沙烏地阿拉伯訪問，除了出席「海灣阿拉伯國家合作委員會」(GCC)高峰會，更舉辦了第一屆「中國-阿拉伯國家峰會」，與沙烏地阿拉伯簽署了多項投資協議，更在會後發表了聯合聲明，內容提及雙方會恪守「一中原則」，以及針對三個爭議性的島嶼主權問題取得共識，從結果來看，這是中國外交上的一大突破，畢竟沙烏地阿拉伯過去曾是美國在中東地區的盟友，近日雙方互動關係交惡，讓中國有了見縫插針的機會，有意挖美國牆角。

　　美中外交競爭關係越來越明朗，已經到了難以轉圜的狀態，值得留意的是，雙方在爭取外交關係的同時，也凸顯出各自外部制衡能力的優劣。中國在與沙烏地阿拉伯的聯合聲明中，觸及到沙烏地阿拉伯與伊朗之間對於爭議島嶼主權的衝突，以及針對伊朗核武問題、破壞區域穩定發表看法，這讓伊朗相當不滿，伊朗媒體還以「臺灣獨立，合法權利」來反諷中國，這相較於美國在非洲事務上謹慎且溫和的作法，外交情勢的判斷與對策能耐，過程中高下立判，美國的外交手法較為縝密。

　　中共總書記習近平正在為歷史性的第三任期做準備，進入中共二十大的中國政治發展，在習近平的領導下將會走向更「激進」的路線。美國國務卿布林肯曾表示，習近平掌控下的中共二十大，對內會更加壓迫，對外也會更加激進，這是跟過去有所不同的中國，對美國的利益和價值將帶來挑戰，言下之意，美國並不期待習近平會進行政治改革，反而他的延任會讓中國更走

向極權，中國在民主、自由、人權的價值上，以及經濟、安全等事務上，大多是站在美國的對立面。

2022 年 9 月下旬，布林肯曾表示對於中國軍事威脅的擔憂，他認為如果臺灣半導體遭到破壞，將會對全球經濟帶來毀滅性的影響；時隔不到一個月，布林肯又再度提及臺灣半導體的重要性，他指出臺灣生產晶片若被中斷，全球將會因此面臨經濟危機。布林肯要強調的是，中國武力脅迫對區域和平帶來的影響，甚至衝擊全球經濟穩定，換言之，中國採取破壞現狀製造局勢緊張的軍事動作，不但受到世界各國高度關注，美國也一再強調維持臺海和平穩定的立場。

美中關係很難有轉圜的機會，縱然在部分議題上採取相同的立場，但是競爭大於合作的態勢，往往衝突會讓合作的進展相當緩慢，甚至停滯，更不用說，兩大強權的談判過程相當複雜且冗長，不同議題之間相互影響，會讓原本的合作磋商不進則退，尤其是這些所謂的共同利益項目，兩大國誰都不讓誰，那很可能會是各吹各的調，至於雙方領導人的會談，恐怕也多是保持行禮如儀的互動、各說各話的場面，美中關係發展也難有更多的突破。

第二節 美中政治及外交對抗

美中關係自 2018 年開始下探，甚至已經是陷入谷底，2023 年 2 月因為一臺中國的間諜氣球闖入美國領空，最後被美方以飛彈擊落後，據傳又有一臺間諜氣球出現在拉丁美洲的上空，中國在國外施放氣球監測各國的動作，受到全球關注，就連德國都感到壓力，開始關注領空是否也遭到中國間諜氣球的侵入。目前仍無法具體掌握中國間諜氣球在全球分布的狀況，不過，國際社會擔憂美中兩國會不會因此爆發軍事衝突？全球安全問題浮出檯面，隱約有冷戰時期美蘇相互對峙的氛圍。

中國的間諜氣球闖入美國領空，惹得美國相當不開心，國務卿布林肯 (Antony Blinken)因此取消訪中計畫，白宮也旋即派出戰機將氣球擊落，顯然，美方並不接受中方的解釋，認為該間諜氣球上面有螺旋槳，不可能是因

為天候狀況而不小心飄錯了方向；此外，中國國防部在氣球被擊落後，警告美國將會採取後續處理動作，中國態度大轉彎，更讓美國認為是中國心虛使然，美中雙方早已互信不足，如今氣球事件導致關係越演越烈，外界擔憂兩國會不會因此爆發軍事衝突。

美國對中國間諜氣球的反應會如此激烈，主要原因是基於國家安全，以及對維護國際秩序的考量，尤其中國有意取代美國成為全球霸權，這從川普(Donald Trump)時期開始，就已經把中國視為戰略競爭對手，到了拜登(Joe Biden)上任後，除了延續川普的抗中路線，更積極在國際場合中布局圍堵中國的策略，對美國來說，抗衡中國威脅已在國內是跨黨派共識；換言之，美國不可能因為要緩和美中關係，而放任中國各種有違全球穩定的行為，特別是侵害國家主權的動作，當然偵測氣球闖入美國領空更不能接受。

其實，對美國來說，對於間諜行徑相當敏感，早在拜登上臺之前，就因為中國駐美大使館涉及間諜活動而動怒，不但要求中國大使館關閉，更引發美中雙方採取報復性撤館的外交衝突，當時讓外界相當關注的是，兩國會不會因此陷入斷交的邊緣。此外，拜登政府也陸續對中國展開科技戰，嚴禁政府部門使用中國製的電子產品及數位程式，更推出「晶片法案」，為的就是切斷中國取得高階技術，打造排除中國在外的全球供應鏈，如今中國間諜氣球大剌剌出現在美國上空，已是踩到美國的紅線。

回顧歷史，二戰結束後，全球進入美蘇對抗的冷戰時期，1960 年的 5月，當時美國洛克希德公司(Lockheed Corporation)生產的高空偵察機，從巴基斯坦的空軍基地起飛，沿途拍攝蘇聯的洲際導彈基地，不料被蘇聯導彈擊中，蘇聯將飛行員活捉，並保留了偵察機上的照相機，時任美國總統艾森豪(Dwight Eisenhower)誤以為偵察機已摧毀，以及飛行員已身亡，對外辯稱偵探機是美國太空總署的「氣象飛機」，最後被蘇聯反駁打臉，間接導致後來1962 年的古巴飛彈危機；有趣的是，這次角色互換，美國是受害者，中國則是始作俑者。

時空回到現在，中國間諜氣球讓美中關係呈現相當尷尬的狀態，中國對於美國擊落氣球一事相當不滿，警告將保留使用必要手段，言下之意，難道

中國也會有相同的手段來回擊嗎？倘若美國無人機進入中國的領海或領空，例如在南海島礁附近，中國也仿效美國採取飛彈擊落的話，這是否會讓整體局勢更為複雜？更加不穩？甚至是重蹈美蘇冷戰時期的軍事對峙，臺海情勢絕對是首當其衝，會不會再現臺海版本的「古巴飛彈危機」？恐怕這會開啟全球「新冷戰」局勢，美中陷入開戰的風險增高。

從中國的角度來看，會認為美國也有對全球各國進行偵查，為何中國就不可以？顯然，中國試圖要模糊「闖入他國領空」的事實；此外，南海屬公海自由航行是國際慣例，這完全不同於「國家對領空、領海、領土」不受侵犯的原則。問題是，近年來，中國試圖消除臺海中線的默契，軍機軍艦不斷有擾臺動作，美方擊落中國的間諜氣球，會對中國產生什麼啟示作用？如果臺灣也擊落出沒在臺灣領空的中國間諜氣球？勢必會擴大兩岸衝突，這次氣球事件所衍生出的後續效應，值得關注。

「氣球事件」加劇了美中兩國的緊張關係，原本在 2023 年 2 月初，布林肯要起身前往中國展開上任後的首次訪中計畫，但因為美方發現中國間諜氣球闖入美國領空，一氣之下取消出訪中國的行程，兩國關係又陷入冰點，讓 2022 年 11 月「拜習會」取得「修復兩國溝通管道」的共識破滅；不僅如此，拜登(Joe Biden)下令擊落中國間諜氣球的決定，更讓中國氣得直跳腳，縱然拜登表示這不會影響兩國關係，但整體情勢越來越不樂觀，兩國可以溝通避險的空間越來越小。

2023 年 2 月中旬在德國舉辦的慕尼黑安全會議，美國國務卿布林肯(Antony Blinken)和中共外事辦主任王毅舉辦非正式的場邊會談後，答案揭曉，布、王兩人會晤不但沒有任何交集，各說各話的過程中，相互指責對方的不是，眼看美中兩國要恢復溝通管道的目標，短時間內還得再等等。美中兩國的外交安全高層都會出席，雖然會議舉辦前，美中雙方對於是否舉辦場邊會晤低調不願回應，但是，這是「氣球事件」爆發後，兩國最有可能化解衝突的機會，在國際舞臺上，布林肯和王毅要見面並不難，困難的是兩人碰了面要說什麼，以及能否在溝通過程中緩和緊張局勢。結果顯示，布、王兩人確實安排了場邊會晤，但會談的氣氛不佳，兩人爭鋒相對，在各種議題的交涉過程中，幾乎是相互矛盾，甚至對抗。

　　外界原本猜測，慕尼黑安全會議勢必會聚焦在「俄烏情勢」，尤其是俄羅斯自 2022 年 2 月揮軍進攻烏克蘭，至今已快滿一周年，如何迫使蒲亭知難而退，以及支援烏克蘭抗衡俄軍，是這場會議商議的重點議題。布林肯在與王毅的會談中，也向中國提出警示，強調「不得」向俄羅斯提供任何直接或間接的援助，否則中國將面臨「嚴重的後果」；不過，王毅的反應表裡不一，表面上宣稱會與國際社會一同為和平努力，但卻又不願挑明批評俄羅斯的侵略行為。

　　沒有意外的是，王毅除了依舊難掩戰狼本性之外，中國更是利用慕尼黑安全會議大肆宣揚「一中原則」，強調不容許外國干涉內政，如果中國的領土完整被侵犯，將對臺海和平帶來威脅；王毅的說法，旋即被布林肯反駁，除了重申臺海和平穩定的重要性，更與日本聯手向中方施壓，尤其是日本外務大臣林芳正，緊接在布林肯之後和王毅會晤時，直接當面嗆王毅，並提出要求，未經允許不得讓飛行物侵犯他國領空，認為這樣的入侵行為必須避免再度發生。

　　值得留意的是，從王毅對於「氣球事件」的反應來看，中國並不認為自己有違反國際法，甚至還反問「天空氣球這麼多，難道要把每一個都打下來？」，顯然中國意圖規避自己所引起的國際爭議，主要的目的有二，首先維護自己的國家形象不得對外低頭，四兩撥千金還反嗆美國要拿出誠意糾正錯誤；其二，將偵查氣球飛越他國領空的行為合理化，甚至是有導向「常態化」的用意，這是為了後續國際社會商議飛行器航行規範而做準備，中方的動機十分不單純。

　　當然，外界相當關注美中關係後續發展，原本預期慕尼黑安全會議是兩國緩和衝突的機會，如今看來，恐怕雙方在認知上仍有巨大的落差，「氣球事件」或許可以視為個案，但是就整體形勢發展來看，美中之間雖然一再宣稱「尋求競爭，而不是衝突」，但雙方在競爭過程中，不斷衍生出戰略、利益及價值上的衝突，西方陣營已不再對中國採取綏靖主義，認定中國崛起會向全球進行具侵略性的擴張，對世界經貿、軍事、制度與秩序的衝擊，必須加以警惕。

中國對於美國及其盟友主導下的國際體系相當不以為然，認為應當建立一套新型國際關係，所以中共對於競爭的理解，並非只是要獲得巨大利益，壯大自己來提升國家競爭力，而是要與民主國家展開制度之爭；問題是，多數民主國家認為，中國與美國之間的對抗，將關係到世界價值體系的解構與重塑，進而對民主自由的生活方式構成威脅。這次「布王會」可以說是不歡而散，美中關係難以修復，美國對中態度勢必會更嚴厲，雙方未來可以周旋的空間將會更小。

第三節　美中經貿及科技對抗

2018 年年初，美國政府接連對中共祭出太陽能、大型洗衣機及鋼鋁產品的防衛措施及課徵懲罰性關稅，各界評判美國將對中共採取更積極的貿易制裁；果不其然，3 月下旬川普簽署「中共經濟侵略」(China's Economic Aggression)的總統備忘錄，即有關「301 條款」調查結果的行政命令，對中國大陸進口產品課徵高關稅與投資限制，開出美「中」貿易戰的第一槍；隨即，中共亦於不到 12 小時後提出報復措施，宣告美「中」貿易戰正式開打。

當各界關注美「中」貿易戰的發展，也提出各種不同視角的觀點，其中，認為這次是川普有意讓中共直接與美國面對面談判，解決美國對中共的鉅額貿易逆差。回顧過去，美「中」之間曾有互提報復清單的經驗，美國曾在 1991 年、1994 年及 1996 年分別對中共啟動「特別 301 調查」，「中」方都以報復清單的方式來回敬美方，縱然美國在 1996 年曾表示將對中國大陸產品課以高額的徵懲罰性關稅，但多次雙邊角力的結果都是透過談判解決及達成協議來落幕。

基此，美「中」之間都有持續進行貿易談判，涉及的議題包括降低中國對美國汽車徵收的關稅、中國大陸增加採購美國半導體及擴大開放美國企業參與中國金融業等，有輿論揣測美「中」貿易戰似有舒緩跡象；此外，有訊息傳出美國對中國課徵關稅產品清單的公示天數將從 30 天延長至 60 天，對

中國大陸貨品課徵關稅可能會延至 6 月初才會實施，美「中」之間可能透過協商來避免懲罰與報復關稅措施的消息甚囂塵上。

事實上，有論者認為川普已對「中」方在貿易解決的態度深感不滿，尤以川普自上任以來，執政團隊就一直關注美「中」貿易的失衡問題，思考如何解決超過 3,500 億美元的逆差數字，2017 年 4 月初川普與習近平首次以國家領導人身分會晤，針對貿易逆差議題商議出「百日計畫」的貿易解決方案，所涉及的內容涵蓋中國大陸減少淨出口餘額，以及向美國貨品大量採購的方式，來緩解雙邊貿易逆差情勢，「百日計畫」除意味著有時間性「以結果為導向」的意涵，同時代表著美方會持續要求中共必須有更多的經濟讓步。

美「中」貿易關係議題經過一年的發展，川普政府在國內外的壓力之下，已無太多耐性，採取更為強硬的對策來解決美「中」貿易失衡問題，已是美方對外思維的主要考量，自 2018 年 3 月下旬簽署「301 條款」調查的行政命令之後，美國政府隨即於 4 月初公布「301 條款」制裁清單，正式提出對「中」方特定產業，包括航空、太空、資訊通訊、機械人等採取 25% 的關稅制裁，商品總值約有 1.45 兆元新臺幣；中共也不落人後，以牙還牙立即提出反制措施，對美國大豆、汽車及飛機等價值約新臺幣 1.45 兆元的產品加徵 25%關稅，看似雙方貿易戰不僅沒有趨緩，反而有持續升溫的趨勢。

相關報導指出拜登政府將在 2023 年 8 月推出抗衡中國科技發展的行政命令，範圍包括半導體、人工智慧(AI)、量子運算等關鍵技術的防範措施，說白了，這是美國對於中國科技戰的延伸，這對中國經濟發展勢必帶來一定程度的壓力，同時也會影響美中關係。當然，中國對於美國可能的動作勢必不滿，甫上任的駐美大使謝鋒語帶威脅表示，中方一定會有所回應，顯然，這會再掀起美中相互角力的波瀾。

事實上，美中兩大強權，都相當重視科技產業的發展，這攸關著國家競爭力，特別是對中國來說，「科技創新」是決定中國能否「崛起」的關鍵因素，這解釋了為何中共一再強調「自主研發」、「自力更生」的路線。只是，

問題在於，中國具備多少條件來撐起「技術斷鏈」的空白？或是說，中國還有能耐和美國在「科技競爭」魚死網破嗎？恐怕必須從兩個層面來觀察，一是美國的戰略思維，另一是中國的因應作為。

首先，從美國的戰略核心來看，拜登政府對於中國科技發展的認知，不只是在「競爭」的層面，更多的是反應在對「經濟安全」的重視；換言之，中國科技的創新，無論是科研投入，或是技術應用，都涉及到「安全」問題。從美國的對中政策來看，解釋了為何美國近期在解釋與中國的經濟競爭，並非是要和中國「脫鉤」，而是要消除來自中國的「經濟脅迫」，而這不是美國的單邊作為，已是西方陣營的集體意識。

從美國具體的動作來看，除了要防範高端科技流入中國，例如 2022 年 8 月通過的《晶片法案》，限制掌握關鍵技術的企業在中國投資於生產，更衍生到整體供應鏈要排除「中國因素」，例如和晶片有關的伺服器生產也是其中一環。可以說，美國把中國視為「經濟安全」的主要威脅之一，這會扣緊著拜登政府對外戰略的主軸，特別是在 2024 年美國總統大選之前，相關策略作為不會減緩，甚至會拉高對中國的科技對抗。

其次，面對美國來勢洶洶的科技圍堵，中國也不會低頭示弱，絕對會燃起針鋒相對的煙硝，可能採取的反制作為，除了抬出關鍵原材料的供應限制，例如 2023 年 8 月開始生效「鎵、鍺」出口管制，過去也曾在 2010 年日中釣魚臺主權爭議、2017 年美中貿易戰時，祭出稀有元素、「稀土」出口配額限制及調高出口關稅，都是要藉此來爭取談判籌碼，進而來轉圜外部壓力。問題是，許多國家已建立「安全儲量」，中國「卡脖子」的效果仍有待觀察。

值得留意的是，中國也開始準備「內部因應」，強調「自主研發」來降低「技術斷鏈」的衝擊，例如 2023 年 7 月下旬的中共政治局會議中，強調「發揮政府投資帶動作用」，其實，這是中共一貫的經濟發展套路，由政府扮演市場發展的主導角色，特別是在面臨外部環境不利的狀態下，會強化「由上至下」的控制與介入，2020 年爭執美中科技戰開打之初，習近平提出「大煉芯」運動，預計在 2025 年投入近十兆人民幣，但成效不彰，2022 年宣告失敗。

第四節　「拜習對話」與美中關係發展

　　美國總統拜登與中國國家主席習近平在 2022 年的「二十國集團」(G20)舉辦場邊會晤，這是拜習兩人首次以國家元首身分面對面對話，外界相當關注的是，拜登與習近平過去五次電話視訊通話，卻都沒有帶來改善雙邊關係的成果，甚至兩大國之間的競爭越演越烈，實體的「拜習會」會有什麼具體成效？

　　結果顯示，拜登與習近平兩人雖然見了面，縱然表面維持相見歡的外交禮儀，但有限的公布內容仍是各說各話，沒有任何突破；現實上，美中之間矛盾甚多，各自都有無法退讓的原則，習近平要打造「中國式現代化」的國家目標，拜登會延續「美國回來了」的氣勢，美中相互競爭的格局沒有改變，甚至會加劇對抗。

　　拜登上任以來，一再對外表示，美國並不畏懼與中國競爭，但希望雙方能避免爆發衝突。所謂的「負責任管理競爭」，就是希望透過領導人之間的直接對話，清楚表達各自的優先事項及意圖，並提出可以管理競爭關係的辦法，所以，這次「拜習會」主要的目的並不是要達成兩國之間的共識，而是要表達某些議題的立場及原則，臺海和平穩定、中國侵犯人權行為、中國經濟霸凌其他國家的作為，是拜登會提出的關切議題。

　　值得關注的是，拜登已經四度公開表態，「如果中國入侵臺灣，美國將會出兵協防」，以及近年來，美國國會議員、官員陸續來臺訪問，2022 年 8月，時任美國眾議院議長裴洛西訪臺，中國過激的軍演反映，讓美方加快與印太國家的安全合作，可以說美國維持區域穩定的戰略作法，已從「模糊」逐漸走向「清晰」，拜登雖然向習近平面前提及「一中政策」不變，但也強調捍衛區域和平穩定的立場，清楚傳達美國的紅線，以及警告中國不要輕舉妄動，否則美國將會採取適時的回擊。

　　拜登行前已經對外表示，「臺灣準則從未改變，一定會討論臺灣」，「拜習會」針對臺灣議題的交鋒，呈現各說各話。近期，歐美國家對臺海情勢的關注，不再只是軍事安全、區域戰略價值的面向，還包括了臺灣半導體產業

對全球供應鏈的影響力，經濟安全、產業發展及科技應用等，都凸顯臺灣角色的重要性。更不用說臺灣作為一個民主國家，在亞洲政治價值更是不可取代，拜登與習近平對於臺灣問題的認知完全不同，那麼就算對話多少次，都難有任何轉圜的餘地，在雙方對峙的前提下，要把臺灣作為議價的棋子，難度越來越高。

值得留意的是，拜登與習近平兩人首次面對面進行對話，由於閉門會議所討論的內容不會公開，到底兩人有沒有爭鋒相對也就不得而知；不過，中國絕對無法接受美軍協防臺灣，但也深知軍力無法與美國抗衡的現實面，避免讓自己的缺陷表露無遺。習近平向拜登表示「臺獨」與「臺海和平穩定」水火不容，希望美中關係可以向上提升；而拜登則是強調「一中政策」與「對臺政策」沒有改變，表示習近平應當清楚美國的紅線在哪。

雖然拜登認為美中兩國不會出現「新冷戰」，以及中國不會有立即入侵臺灣的意圖；但是，對於美中合作力促區域穩定仍有所保留，無論是臺海情勢或是北韓核武議題，顯然雙方都沒有取得具體的進展。持平而論，對美中各自堅持的立場來看，「拜習會」的舉辦，形式意義大於實質意義，難有解決紛爭的效益，更無法藉此來扭轉關係惡化的趨勢，中短期內美中之間仍會維持對抗的格局。

第五節　臺美關係深化

美國眾議院各委員會通過多項抗中、挺臺法案，外交委員會通過 1 項挺臺法案、6 項抗中法案，金融服務委員會則通過挺臺、抗中法案各 3 項，總共 13 項法案將在數日後送交全院進行討論表決，預料眾議院院會將會進一步針對法案內容進行調整、合併等協商過程，讓美國對中、對臺政策能有效落實，並加強國會對美中、臺美關係進行監督，這無疑是美國各黨派對臺灣及臺海情勢的重視，同時打臉了無中生有的疑美論，深化臺美關係已是超越黨派的共識。

　　美國對臺海情勢的重視不言而喻，除了在諸多國際場合中多次強調「臺海和平穩定」的重要性，更與盟友展開各種形式的合作，無非就是要向中國亮劍，警告中國不要恣意妄為對臺軍事恫嚇。繼不久前，美國國務卿布林肯對外表示，臺海爆發衝突已「不是」中國基於主權下的內政問題，他強調這攸關全球穩定，一旦中國對臺採取軍事動作，將讓全球經濟帶來災難，顯然，從近期美國眾議院各委員會所通過的法案可以發現，美國挺臺、抗中的戰略越來越清晰。

　　近年來，美國不斷強化「中國威脅」的認知，不但將中國視為戰略競爭對手，也開始拉幫結派集結西方勢力來抗衡中國的崛起，尤其是中國有意凸顯兩大國之間的制度之爭，美國一再展現在各領域的國家實力，不但保有在軍事實力的地位，更藉由建構排除中國在外的全球供應鏈，擴大促進「經濟安全」的合作對象，防範中國藉機竊取高階科技，以免中國對西方民主國家進行各種滲透行徑，可以說，這 13 項法案對於抗衡、限制中國發展，幾乎是拳拳到肉。

　　從美國眾議院剛通過委員會審查的各法案中，可以發現美方已不再對中國採取綏靖主義路線，直指中國已不能再被視為「發展中國家」，因此過去因為考量經濟發展而將政治價值放一旁的認知，已經難以適用當前的國際現況，包括市場經濟的公平競爭、維護人道及人權的標準、人民幣及匯率的透明化、金融威脅及基金影響力、數位科技與認知作戰、領空主權的維護等，透過立法程序來要求中國必須符合國際規範，同時凸顯中國在各領域已構成威脅，美國必須加以防範。

　　除了這些抗中法案可以間接發揮挺臺效果之外，美國眾議院各委員會也通過 4 項直接力挺臺灣的法案，包括支持臺灣加入國際貨幣組織、協助臺灣因應中國的各種威脅、檢視臺美交往準則等，都是確保美國對臺政策能持續在深化雙邊關係的方向前進，換言之，從這次眾議院所通過的法案中可以發現，「抗中」與「挺臺」是一體兩面，除了聚焦在因應中國威脅的作為之外，更要連結到對臺政策，美中競爭不只是關係到美國的國家利益，也會牽動著臺美關係的發展。

　　值得留意的是，美國國會展現出對臺灣的強勁支持，不是只有單純的呼籲及決議聲明，更會落實在國會與行政部門之間的溝通，而這包含了立法與行政之間的監督制衡，同時也凸顯了府會之間在對臺政策的合作關係。「抗中」與「挺臺」已是美國跨黨派的共識，對美國來說，最擔心的就是臺海爆發衝突，所以必須加以防範中國對臺採取武力攻擊，特別是強化臺灣在軍事、經濟抗衡中國的能力，提供臺灣鮮明的武器、同時減少經濟依賴中國，方能防止衝突發生。

　　不過，讓人憂心的是，美國強化對臺支持的態度與作法有增無減，臺灣近期內部出現「疑美論」及「投降主義」的聲音，還透過不成熟的民調設計，得出臺灣民眾傾向「親美和中」的扭曲結果，其實這有嚴重誤導臺灣社會及國際社會的疑慮；首先，這些操作「疑美論」的人士，再進行民調時並不會把當前的國際現況誠實說明，尤其是刻意製造本來就不可能同時存在的「親美」與「和中」，此外，透過「和中」來稀釋臺灣民眾對「中國對臺武力恫嚇」的認知，「向侵略者促和」不但與現實脫軌，更是把臺灣陷入險境，可以說，這些「疑美論」的套路，透過不負責的民調，背後都是深藏著親中的政治動機。

　　對臺灣來說，美國不斷展現出「抗中」、「挺臺」的態度，從國會到政府部門，一再強調美國不會坐視不管，尤其是要防止中國武力犯臺，為了維護臺海和平穩定，美國內部針對臺美軍事、經濟合作的意志越來越強，而這一方面是要向中國表態，讓習近平打消武力犯臺的念頭，另一方面則是要釋出「堅決挺臺」的原則與立場，尤其是臺灣內部親中人士及組織近期不斷操弄「疑美論」的風向，警示中國「和平承諾」的風險，臺灣如果選擇「和中路線」，不但有損臺美關係，更會讓自己陷入中共設下「促統」的圈套與壓力。

第六節　結　語

　　美中關係持續下探，已回不去過去的榮景，競爭大於合作的現況，美國一再出手圍堵中國，全球兩大強權的關係要觸底反彈，恐怕不太容易。中國

進入中共二十大的新時代，習近平延任木已成舟，美國如何看待這個更加極權的對手，美方過去也強調過，美中之間雖然是競爭關係，美方也不畏懼與中國競爭，但仍會就共同利益的領域展開兩國的合作；不過，近年來，雖然美中舉辦過外交高層會談，雙邊領導人也多次對話，但彼此間的分歧卻不減反增，敵意螺旋不斷攀升。

當前全球政經情勢已有了巨大的轉變，美國起手的反中聯盟正逐漸擴大，無論是建構更實質的亞太地區多邊機構，讓「印太戰略」朝向多元對話與組織制度化發展，將會是未來美國主要的戰略高度，這並不會受國內政局改變而有所影響。

中國能在短期內克服西方陣營的科技宣戰，恐怕會是難以招架，縱然中國掌握了部分關鍵原材料在全球的供應占比，以及在 AI 技術的投入能量與美國相去不遠；但是，中國科技研發的成熟度仍是一大罩門，這從中國國內電動車意外事件頻傳便可窺知。此外，科技能否發揮影響經濟的作用，仍必須「應用」於市場，中共一再強調「擴大內需」，短期內可以帶來國內規模效果，但無助於在全球市場擴大效益，更遑論是建立標準化。總的來說，從內、外部形勢來看，中國科技產業發展勢必「內捲化」，這場科技戰中，長期誰勝誰負或許難評斷，但中國身陷困境，已是事實！

對臺灣來說，最擔憂的是美國為了討好中國，會在「拜習會」中大讓步，甚至國內親中人士警告美國會犧牲臺灣；不過，事實上，拜登重申美國對臺基本方針不變，包括「臺灣關係法」、「三份聯合公報」及「六項保證」，不會放任中國為所欲為。臺灣無論是戰略位置的價值，或是對於科技產業發展的貢獻度，不但不會被邊緣化，甚至是全球聚焦的核心之一，況且以當前的臺美關係來看，不僅僅只是利益共同體，更是價值共存的戰略夥伴，美國必須在臺灣議題中展現身為全球隊長的姿態，捍衛臺灣的民主自由與安全穩定，這些都是拜登強調「臺灣準則」的主要內涵。

持平而論，臺灣應當清楚掌握目前的國際態勢，為了追求平衡且過於模糊的對外關係及兩岸政策恐怕將跟不上國際局勢的變化；換句話說，面對美國逐漸清晰的戰略方向，臺灣已無法重回過去模糊不清的「美中臺戰略架

構」，卑躬屈膝的友中完全不符當前國際現勢。美中兩大強權的對抗與競爭不會輕易了結，會有多次回合的競合互動，拜習兩人都有各自內部壓力的限制，會持續堆疊成了下一次兩人再度碰頭的障礙；事實上，習近平堅持「反獨促統」的根本立場，而且也不會放棄「武力犯臺」的選項，這是美中之間難以彌合的分歧，甚至雙方有兵戎相見的可能性，這不會因為「拜習會」的舉辦而轉圜，至少在 2024 年之前，美中關係要觸底反彈有難度，臺灣大可不必自己嚇自己，反而應該關注拜登所提的「臺灣準則」，這攸關著臺灣整體的國家安全及利益。

MEMO

編著者 林威志

CHAPTER

11

臺灣民主發展及中國極權滲透

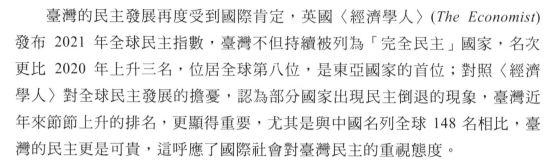

第一節　前言：國際情勢與臺灣民主成就

　　臺灣的民主發展再度受到國際肯定，英國〈經濟學人〉(*The Economist*) 發布 2021 年全球民主指數，臺灣不但持續被列為「完全民主」國家，名次更比 2020 年上升三名，位居全球第八位，是東亞國家的首位；對照〈經濟學人〉對全球民主發展的擔憂，認為部分國家出現民主倒退的現象，臺灣近年來節節上升的排名，更顯得重要，尤其是與中國名列全球 148 名相比，臺灣的民主更是可貴，這呼應了國際社會對臺灣民主的重視態度。

　　二戰結束後，中華民國政府因內戰因素與臺灣有了連結，成立臺灣省行政長官公署與臺灣警備總司令部，仿效日本臺灣總督府，以更獨裁方式統治臺灣。而到了 1947 年，爆發二二八事件。在此事件中，臺灣仕紳曾提出要求地方自治，讓人民投票選出議員及行政官員，但並沒有被中華民國政府接受。在二二八事件結束後，臺灣省行政長官公署被改組為臺灣省政府，但是省政府官員仍由中央指派，省議會議員也是由官派。1949 年，國民政府更是因國共內戰宣布戒嚴，而戒嚴令下的白色恐怖更是使得臺灣民主化發展十分遲緩。

　　1950 年代，臺灣的選舉制度漸為完善，民眾的參政權有明顯提升，但仍陷於戒嚴與權威體制下。臺灣開始實施地方自治，將直接選舉的範圍向上延伸至縣市層級，並舉行了第一屆縣市長選舉、第一屆縣市議員選舉、以及第一屆鄉鎮市區長選舉；1954 年 1 月，司法院大法官做成釋字第 31 號解釋，因國家逢重大變故，國民大會、立法院、監察院等國會機關無需改選，形成「萬年國會」，1969 年實施有限度的國會議員增選補選（含國民大會、立法院、監察院），但在任之「萬年國會」維持不改選。

　　1980 年代，臺灣面臨國際現實的壓力，1971 年退出聯合國、1979 年與美國斷交，同時國內力求政治改革的聲音不斷擴大，出現了大量的黨外運動，1977 年中壢事件開啟了社會街頭運動之序幕，1979 年 1 的橋頭事件，同年 12 月爆發美麗島事件，許多黨外運動人士被逮捕並進行軍事審判，使國際輿論開始對臺灣人權情況施加壓力。1980 年代，發生林宅血案、陳文成事件、江南案等，加速了民主化的發展，1986 年民主進步黨成立，是首

個非國民黨且可以參政及競爭的政黨成立，1987 年政府宣布解除實施超過 38 年的戒嚴令，開放黨禁、報禁。

1990 年代開始，臺灣快步邁入民主化的發展，逐漸成為全球民主社會的典範，也讓許多民主國家看到了國家的韌性，2000 年完成首次政黨輪替，這不但是全球華人國家之首，更立下亞洲民主國家的典範。臺灣民主發展進入成熟期，至今已完成了三次政黨輪替以及舉行公民投票等成果，進一步完善民主制度。2014 年爆發太陽花學運，首次國會立法院遭到示威人士占領，臺灣在多次民主選舉的舉行，以及媒體、輿論及思想自由的社會氛圍，民主穩定已是常態，更受到國際社會的肯定，這對照鄰近的極權中國，更成了明顯的對比，換言之，臺灣民主的成就，發自過去民主人士的付出和爭取，以及臺灣民眾的堅守與認同，共同維護了民主價值，這關係到臺灣國家安全，也是主權獨立的象徵，甚至是國家競爭力不可或缺的一部分。

第二節　中共維穩政權的專制思維

〈經濟學人〉對全球民主提出警示，全球人口生活在民主國家的比重正在下滑，有超過三分之一的人口生活在專制政權的國家，其中，中國就占了絕大多數，顯然，這意味著兩個意涵。首先，中國是全球最大的「專制政權」國家，同時也是許多民主國家最憂心的威脅來源；第二，中國正利用自己的人口紅利，結合經貿利益、國際事務來對外進行滲透，尤其是影響民主國家的運作，這從中國持續對立陶宛進行貿易懲罰便可窺知。

2021 年的全球民主指數評比結果，正好打臉了中國自稱的「全過程人民民主」，近年來，美國積極建構全球民主合作聯盟，號召民主盟友對抗中國的各種侵害，去年底主辦「民主峰會」(Summit for Democracy)，為了就是要鏈結各國來預防專制國家的侵擾，其中，劍指的目標就是中國；當然，中國也不示弱，除了積極拉攏親中國家，更透過這些國家來聯手反制「反華對手」，白俄羅斯對立陶宛的經貿報復正好是一個例證。

　　中國的政體是不是屬於民主，這是不證自明的判斷，畢竟沒有定期且有意義的選舉、實質競爭性的政黨政治、具監督制衡的政府體制、開放的公民社會等，中國僅以尊重國情不同與不干涉內政來應對國際社會的質疑，強調這是具中國特色的民主，西方民主國家是不可能接受這樣的說法。〈經濟學人〉的「2020 民主指數評比」，中國僅獲 2.27 分被歸類為「專制（威權）政權」(Authoritarian Regimes)，全球排名為 151 位。

一、從感性到法制化的愛國主義

　　2024 年 1 月開始，中國《愛國主義教育法》正式生效實施，把「愛國意識」法制化這是近年來中共有意刻劃的動作，而進一步將「愛國」主義化、教條化，甚至與「教育」連結成具強制性的法律。顯然，中共對於愛國的強調不只是意念上的提出，更不會只停留在政治訴求來高喊口號，更具有透過「國家機器」由上至下的立法位階，將「愛國」的抽象意念更具體操作。

　　只是《愛國主義教育法》中，「何謂」愛國？「如何」愛國？以及愛國的「目標」為何？有意透過法條來加以規範，至於誰來「認定」、「裁量」？當然就是中共當權者習近平及其隨眾。《愛國主義教育法》雖然清楚說了要落實愛國教育及愛國精神，但為何要以法制模式來加強愛國主義則沒提及，如果立法的目的只是為了「加強」、「傳承」及「弘揚」，那麼這根本是部畫蛇添足的具文法令，但這就是獨裁專制國家的特性，將法律作為政治權力運作的工具，這在民主國家是不可能有的現象。

　　推演《愛國主義教育法》虛假的立法宗旨背後事實，要「加強愛國主義教育」，意味著習近平認為老百姓「不夠愛國」，所以要「再教育」來強化，要「傳承和弘揚愛國主義精神」，表示中國長期以來愛國精神不足，必須以「典範模板」來加以傳承跟弘揚。一部毫無立法必要的法律卻可以洋洋灑灑訂定出 5 章 40 條的內容，這就像是「發癢文」一樣濫竽充數，扣除憲法、國家統一、國家安全和國防等部分看似有深層意涵之外，但其實這些內容也和其他法律重疊；至於其他如思想、歷史文化、國家象徵、壯美河山、文化遺產、民族團結、英烈模範事跡等內容，足以讓人疲於細看，不是太八股、

就是過於政治宣傳標語。問題是，為何中共還是要立法？除了是習近平意志的原因之外，難道真的是只是為了立法而立法嗎？恐怕不是如此，會把愛國主義的內容及推動法制化，倘若就權力工具的角度來看，中共試圖提升「愛國的可操作性」。

《愛國主義教育法》的推行對象，是全面性且不分身分、年齡、族群、定居國內外等差異，換句話說，中共要求「遵守愛國」的對象是全體被認定是「中國身分」的任何一個人，無論是哪個職業類別，高大上的權貴、血汗的農民工都一樣，也不分年紀大小，就算沒有法律行為能力的兒童也必須遵照規定。

除此之外，旅居在外已有他國國籍的華人僑民，就連「互不隸屬」的臺灣都被劃入接受「愛國主義教育」，這是何等巨大工程及願景的想像，天經地義把「愛中國」框為全球華人的責任，顯然中共有意凸顯愛國的神聖性。讓人疑惑的是，《愛國主義教育法》正式生效後會如何推行，如果從學校教育進行愛國洗腦，那麼該如何區別和過去作法的差異？恐怕會更具焦在「愛國」與「愛黨（中共）」、「愛習（近平）」的連結，無論是所謂的中國夢、中華民族偉大復興，奠定中共創立「中華人民共和國」的歷史重要性，以及強化習近平是引領中國走向社會主義現代化的模範及崇拜。

那麼所有貫徹習近平意志的黨政推動事務，包括國防安全、經濟監管、社會維穩等，都跟「愛國」有關，就連家庭教育都要配合，彰顯進入習近平全面掌權的新時代愛國主義工程，人民的所作所為都必須符合「愛國」，反之則是詆毀國家。至於《愛國主義教育法》中規定內容涉及臺灣，「臺灣同胞對國家和中華優秀傳統文化的認同，自覺維護國家統一和民族團結」，除了在中國求學、就業、生活的臺灣民眾會直接受影響之外，如果僅是從「教育」的面向來看，實質上很難有實質的效果。

但是，值得留意的是，該法在實際推行上，可能會將「愛國」視為檢視政治正確的標準，未來有需要仰靠中國市場或利益的人，恐怕必須自我審查自己的「愛國意識」，不允許「吃飯砸鍋」的行徑，那麼就必須力證「愛國精神」，過去是「言行表現愛國」，《愛國主義教育法》立法後，法規強制性極有可能要求修畢「洗腦課程」以作為中共的「愛國認證」。

二、洗腦教育下的中國社會

　　2023 年 6 月，中國的江西工業職業技術學院發生一件讓中國網民炸鍋的消息，當時網路上熱傳「江西一高校飯菜中疑吃出老鼠頭」的短影音，引起軒然大波，這原本是校園學生餐廳食安及衛生議題，卻演變成校方聯手地方政府打壓學生言論及檢驗造假的醜陋行徑，外界嘲弄這根本是「古有指鹿為馬，今有指鼠為鴨」，顯然這是中共專制體制下的荒誕現象，而這也只是中國極權主義面貌的冰山一角。

　　「指鼠為鴨」事件後續發酵餘波盪漾，網路流傳著一位中國小學教師對小學生進行的一個測驗，該名教師手持一張老鼠的圖卡，向學生說這是一隻鴨子，結果竟然有將近一半的小學生認同老師「指鼠為鴨」，這位教師還以少跑一圈操場利誘，更多小學生因而接受這個違背常理的說法。該影片點出了中國社會被壓抑的殘酷事實，「盲從奴化、利益薰心」讓原本是傳道解惑的學校，成了權威者可以輕易洗腦的場域。

　　其實，中國會有這樣的現象並不讓人意外，主要原因在於，中共長期控制下的思想教育及政治氛圍，早已讓受教者失去自我省思、判斷的能力，不僅是大學生「積極點讚對學校有利的評論」來一起說謊餐食中是「鴨脖」，舉報的學生還得在校方的施壓下認錯道歉；就連還在啟蒙的小學生，在老師刻意的測試中，理應是要天真無邪的表示質疑，卻出現被收買而拋棄原本對常理的認識，這凸顯中國教育體系的敗壞，解釋了中共全面社會控制的必然結果。

　　而這樣的問題，不是一天兩天造成，也不會因為輿論披露後而有所改變，特別是在習近平確立完全掌權的黨政結構下，附從於權力底下享受政治利益的習家軍，已展開對內各階層的「習思想」入腦、入心、入魂，習近平被神格化且神聖不可侵犯，不只是要鞏固政權地位，還要讓每個中國民眾都要以習近平為尊，黨的機器成了宗教器皿，每個人從小到大都要灌輸習近平思想，儼然是「習分身」，「條條塊塊」下讓每個中國人都成了「習近平」的信眾。

　　中國學生是「習思想」要入腦、入心、入魂的最佳對象，一來透過學校及老師的絕對權威地位，學生為了順利領取畢業的心理壓力下，不能反駁、只能臣服於校方的控制及壓迫；二來這比過去中共慣用的「民族主義」、「愛國主義」的洗腦手段還要精進，學生在「蘿蔔與棒子」的軟硬兼施下，唯有守分際的「政治正確」才能獲得苟且偷生「利益」。可以說，「功利」思維已在中國教育生態中根深蒂固，可以想像的是，中國「公民社會」更薄弱，且在不久的未來蕩然無存，人民只能附和在極權機器下被滾動。

　　「指鼠為鴨」或許可以推諉是校方宰制學生的荒唐，卻也點出中共對於社會反動的敏感神經，或許習政權的淺碟思維裡，認為民以食為天，餐食出現鼠頭會引起學生或民眾對於食品衛生的不安情緒，這不是習近平指的吃飯砸鍋問題，而是鍋裡不乾淨卻要吃飯著悶不吭聲，還得頌揚掌權者賞飯吃的邏輯荒謬，習近平持續掌權下的統治亂象四起，卻仍無法泛起中國社會的反思，甚至帶來更殘忍的結果，為了生存只好隱忍，這或許是中共一再宣稱的制度自信跟優勢。

三、中共專制自圓其說：全過程民主

　　1989 年是中國政治轉折的重要一年，中共第二代領導人鄧小平主政下，1980 年代中國進入改革開放的時代，漸進國際連結的步驟，讓中國嚐到市場經濟的甜美，同時也揚起國內知識份子與青年族群有了政治改革的期待；再加上，世界吹起「民主化」的浪潮，中國內部出現巨變的可能，各地學校的有志師生群起往北京邁進聚集，天安門廣場成了中國民主火苗孕育的沙盒。

　　不過，中共將這場民主運動視為「病毒」，定性是危及政權地位的政治鬥爭，對著手無寸鐵的學生民眾展開無情、泯滅人性的武力鎮壓，寫下了人類悲劇之一「六四天安門事件」。

　　1989 年「六四天安門事件」至今已多年，對那些曾經參與這場民主運動的人來說，有些人垂垂老矣，對於中國能否民主化的想像是否越來越模糊，尤其是經過 1990 年代「大投資」的洗禮之下，中國社會沉浸在「經濟

優先」的氛圍，特別是共產蘇聯「瓦解」，對比「蘇東波」的命運，充斥著「中國崛起」的民族自信感，中共藉此樹立統治的正當性，同時也削弱國際社會對中國政治改革的期待，近年來，西方民主國家對中政策紛紛放棄「綏靖主義」路線。

2022 年中共進入二十大，習近平強奪第三任期成功，中國政治進入史無前例的權力分配模式，習近平強人統治的時代來臨，對內管制動作勢必會越來越大。其實，早在中共十九大後期，習近平為了鞏固權位及鋪陳連任目標，早就採取各種壓制手段，政治上營造愛國「民族主義」，經濟部分則是擴大「監管」面向，顯然中共統治地位沒有因市場開放而弱化，反而因為習近平全面掌權而強化中共極權主義，可以說，1989 年的民主火苗已被壓制難以在中國蔓延。

2019 年香港「反送中運動」，讓國際社會關注香港民主化的發展，以及能否對中國社會產生反思的擴溢效果；然而，中共為了壓制香港的民主聲浪，2020 年 7 月由上至下強推《港版國安法》，以疫情為由延後立法會改選，再片面進行「選舉改制」，以「愛國者治港」資格審查來排除民主派人士參選，嗣後展開政治抓捕與司法濫抓，2023 年再進一步修改「選舉制度」，直選比例大幅減少，香港的自由民主完全削弱殆盡。

如今，香港已不是那個外界所熟悉的香港，不但「五十年不變」被毀諾，香港原本所具備的自由風氣，在中共大力懲治香港之後，早已不復存在，沒有扮演監督的自由媒體，那些象徵民主力量的公民社會也已殘破不堪，在《港版國安法》施行之後，一直承接六四精神的香港維園六四燭光晚會也不再舉行，悼念六四事件死難者的儀式與氛圍，此時此刻早已絕響成過往雲煙，也或許會逐漸在香港社會的記憶中流逝，缺乏這樣自省的風氣，又何來讓中國專制得以覺醒？

何謂民主？可以是政治學專有名詞的解釋，也可以是具道德的理念論述，當然，在一般的認知當中，民主直接體現在政治制度的運作，以及表現在社會文化的型態，人類歷經思想的辯證及歷史經驗的積累，民主已不是空泛的概念，也有其檢視的標準。一個國家有沒有民主？不是自己說了算，必

須有達到各種指標要求的條件，同時民主不只是形式上，還需要有成熟的社會內化過程；換句話說，民主絕對不是嘴嘴說說就可以，光說不練的民主是「假民主」，一個真正的民主國家不會去跟另一個民主國家把「誰比較民主」爭得你死我活，只有自欺欺人的非民主國家，才會把自己的「不民主」甩鍋推給其他民主國家掌握了「民主專利」，這是很可悲的自我感覺良好。

事實上，就是有這樣的非民主國家天天對外喊「民主」，卻背後不斷施行不人道且違反民主的統治模式，這個國家便是中國，一個只想跟風但又害怕民主的「不民主國家」。可笑的是，過去中國為了爭國家顏面，頂多假裝自己是「德先生」(Mr. Democracy)，反正說久了就連自己都信。但是，習近平還不太滿意這種自我催眠的騙術大談民主，直接對內洗腦中國是「全過程民主國家」，說了一嘴好民主煞有其事般，中國內部當然沒人敢反對，只要遇到敏感的政治議題就「團體盲思」(Groupthink)，更遑論一個極權者在談民主是如此可笑，也要小心這是「引蛇出洞」的怪招，他對參政權、投票權、監督制衡無所不談，聽習一席民主真諦的話，沒人敢說他不懂民主，但也沒人敢表示自己是「德先生」。

習近平要表達的是中國已經是民主國家，標準自訂、名詞自創，所以有社會主義民主制度的優越性，這自然成就了「中國式民主」的內涵；只是，習近平自以為聰明，但籠外的世人卻看成笑話，因為中國始終不是民主國家，說白了，中國連徒有形式的民主都沒有，因為中共將「統治」的科學觀巧妙穿上民主的國王新衣。超過一世紀前，中國的「五四運動」，中國內憂外患讓知識分子憂國憂民，「德先生」和「賽先生」(Mr. Science)成了解救民族國家危機的萬靈丹，隨著時代的演變，掌握政權強制力的中共，搭配著數位技術的運用，「科學治國」成了改革開放後的統治思維；在看到近年來美中對峙的國際環境，中共所談的崛起大國，一方面要避免進入西方社會的語境，另一方面也要樹立足以擔當霸權的制度「詮釋權」及「制定權」，那麼對內、對外都要先混淆當下全球的主流意識，再從中高舉中國在「制度之爭」的制高點。

對中國來說，絕對不會遵循西方民主模式的脈絡，這不單會顛覆中共的正當性，更可能讓中國失去跟美國進行「霸權競爭」的能力，說白了，中國

必須堅守「制度之爭」的路線，以此來凸顯中國式統治的競爭力，並成為其他國家仿效的典範。因此，中國對美國拉起民主聯盟的動作，也提出具「中國特色」的民主詮釋，「全過程人民民主」來對比西方民主，就是要宣示「民主」絕非只有資本社會的標準；換言之，中國要強調的是「美國並不是真正的民主」，中國所設計的「全鏈條、全方位、全覆蓋」制度才是民主的一種表現。

從香港的《港版國安法》擴大言論審查，香港國安公署的權力已凌駕特區政府之上，今年選舉改制後，原本有限的參政權被「愛國者治港」削弱，就連司法體制都無法力保最後一道防線，香港民眾正面臨著可能會被「送中」的政治風險。此外，媒體界也是風聲鶴唳，僅有的言論自由不復存在，中共不允許香港境內出現任何批評政府、妄議中共的言論，而媒體對中共政權來說就只是為黨國喉舌的意義。如果說媒體是民主的第四權，但明天開始，香港社會將不復見蘋果日報蹤跡，香港自由早已被北京中央及港府給閹割殆盡。

可以想像的是，中共對內的數位極權統治能力正在提身當中，在習近平還沒確定連任掌權之前，近二至三年將會持續對內採取更嚴格的政治管制，為了箝制網路上的言論自由，開發了各種科技工具來進行大規模監控行動，尤其是在疫情爆發之後更是加重控管。從中共專制的統治邏輯來看，中共政權等於國家安全，所以必須限制人權及自由，不過，國際社會對此能採用的反制工具卻相當有限，要確保中國內部的人權不受統治者打壓，更需要中國內部有志之士願意起身反抗，然而，這恐怕不太容易。

第三節　中國滲透及臺灣民主防衛

臺灣作為一個民主國家，除了在軍事上面對著中國的威脅，政治運作也深受中國的干擾，中國利用國內親中人士及組織，製作各種假訊息並操作輿論風向，抨擊民進黨政府的執政成效，更利用臺灣的民主制度展開政治攻防，試圖滲透臺灣的民主社會，部分中共在臺代理人，表面上利用言論自由

的空間表述自己的觀點，實質上是配合中國對臺進行統戰，甚至製造社會紛亂，這從 2020 年的防疫升級、疫苗引進到 2021 年的四大公投，以及近期的開放福島食品，都可以看到國內部分人士配合中國演出的言行。

在民主與專制的二元化趨勢下，臺灣早已是民主價值陣營的一員，看待兩岸關係的發展，更應當以民主自由為出發點。

一、滲透受害者的他山之石：英國

2023 年 10 月，英國國會陷入共諜疑雲，尤其是被影射的單位是由國會補助設立「中國研究小組」(China Research Group; CRG)，因為該組織的主要發起人都是英國政府的重要閣員，一位是現任安全部長圖根哈特(Tom Tugendhat)議員，另一位則是現任外交委員會克恩斯(Alicia Kearns)，該組織成員被指控接受中國政府吸收，消息一出立即引爆英國輿論熱議，無端激起英國國會內部對中路線的爭議，尤其是 CRG 和另一個國會內部次級組織「對華政策跨國議會聯盟」(Inter-Parliamentary Alliance on Chin; IPAC)之間的對立關係，不但讓英國政壇一片譁然，內部傳出對首相蘇納克(Rishi Sunak)中國立場及政策的檢討聲。

英國身為老牌歐洲民主國家的位階，國會議員大多對中採取強硬的立場，特別是針對人權、新疆、香港議題的關注，可以說，英國多數政要抨擊中國的口氣鮮少好過；更不用說，隨著美國近年來對中態度越來越強硬，與美國同是「七大工業國集團」(G7)成員的英國，也逐漸放大檢視中國對外的經濟脅迫行為。換言之，英國比過去更看重中國威脅的挑戰，國會內部雖然對於中國的態度仍有「國安威脅」及「經貿機會」的相左立場，但英國政府早已經中國視為「劃時代的挑戰」，重視中國的脅迫行徑，同時也沒有要跟中國「脫鉤」，保持對話的同時，要避免中國對英國滲透及施壓，這讓蘇納克陷入難題：「是否要提高對中國的警示」？

不過，英國國會的共諜事件恐怕短期內很難水落石出，一來是因為當事人一再否認涉及間諜行為，二來過去相關案例也都是雷聲大雨點小，近期在英國最具代表性的諜報事件是在 2022 年初爆發的「華裔英國律師身兼中共代理人」消息，英國情報單位指證歷歷，這位華裔律師拿中國資金經營政治

關係及干預政治運作，只是通報至今已快滿兩年，尚未進入訴訟程序。英國處理中國滲透的作法不力，理由無論是因為程序牛步化，或是英國政府有意大事化小、小事化無，甚至是為了不要影響兩國之間的經貿投資合作，但都凸顯出英國政府在抗衡中國滲透的實際作為上並不積極。如今有部分英國媒體質疑，國會這次對於自己內部人員涉嫌共諜案的態度相當低調，難道又會落得無疾而終的結果？

　　英國政府對於中國滲透的無可奈何，也有著內部結構性問題所致，經貿部門顧慮到兩國之間的經貿往來，內政及外交安全部門則是多認同應該提高對中國的警示，缺乏有效的運作機制來掌握及監管中國在國內的代理人（組織），沒有一套登記制度及政策工具來防禦中國對民主政治的干涉，這是英國媒體及一些鷹派國會議員對於政府抗中不利的不滿質疑。同樣的問題也在臺灣有類似的情形，推動「境外勢力代理人登記」制度的落實似乎不太順利，而立法排程上的《境外勢力代理人法》草案、《反滲透法》修正草案等也一再遭到「友中立委」的阻礙，這些親中勢力卻濫用「投資自由」、「個資保護」等理由來阻撓，實在讓人啼笑皆非，比英國國會共諜案的狀況還要扯。

　　英國正在為沒有完善的「反滲透機制」苦惱，特別是建置「代理人登記」已受到英國社會的關注，更有聲音直接抨擊英國遠落後在美國及澳洲之後；反觀離中國最近的臺灣，嚴肅的國安問題卻一再被在野黨拿來作為政治攻防的議題，有國會議員涉嫌洩露國防機密，還馬不知臉長、事不關己的推諉「交給司法調查」，還有立委的競選看板「刪減新式戰機採購預算 100%」為自豪，實在讓人搖頭。防範中國脅迫及滲透，這已是全球民主國家的共同認知，作為國會議員應當是理性探討在國際趨勢及臺灣現狀中，採取有效維護國家安全的作法，如今看來，臺灣「防禦性民主」恐怕還是要社會大眾先有自覺，淘汰那些不適任的立委諸公，否則一旦親中勢力掌握國會，這個傷痛恐怕不只是 2008 年之後「經濟依賴中國」的遺毒，而是讓中國滲透更猖狂，進而腐蝕甚至是摧毀民主政治。

二、中共對外反制民主的首當其衝：對臺滲透

　　每當臺灣舉辦大型選舉，選情雖然有高低起伏，但是，對於中國因素及中共干預動作，臺灣仍不能大意、輕忽，探悉中共對臺介選，有著短、中、長期的政治目的，短期內影響選舉結果，藉由各種手段來影響投票結果，至少可以作為未來對臺統戰效果擴大的機會，中、長期來說，對臺策略有「擴溢」至軟硬兼施的各種手段，在軍事外交上對臺施壓，以及進一步讓兩岸社經融合發展，尤其是臺灣對中國的依賴，因此，中共勢必對臺灣政治發展採取各種動作，包括政治、經濟、社會、軍事、外交等面向，其中，網路成了介選的最佳工具，不但成本最低，可以操作的模式及影響的對象最容易進行，網路也會是中共對臺統戰的主要手段之一。

　　隨著整體國際形勢及社會網絡關係的變化與發展，中共對臺的手段更會有因應對策的改變，特別是應用科技、數位途徑進行對臺滲透與影響，這不是近期才有的作為，早在 COVID-19 疫情爆發前，許多民主國家就已經在關注中國數位威權主義(Digital Authoritarianism)的建立，在 2012 年 2012 年 11 月，中國住建部頒布了《國家智慧城市試點暫行管理辦法》，這是中共對內數位監控的具體立法動作，用數位壓制技術來對內控制訊，進而強化強化中共統治的合法性及控制力。

　　除此之外，中國也試圖對外輸出數位威權，中國以廉價的數位應用程式迅速向外擴散，例如抖音(TikTok)風行全球用戶超過 10 億，阿里巴巴(Alibaba)擴大全球電子商務系統，騰訊微信(WeChat)深入海外華人數位生活，可以說，中國正在擴大「數位主權」來提升國家影響力。

　　中國數位威權輸出的模式，對數位開放自由的臺灣來說，必然會帶來影響，尤其是從中擴散各種資訊的傳遞與操弄，以 TikTok 為例來看，全球使用 TikTok 社群系統的用戶不但超過 10 億，更帶來每年約 120 億美元的營收，2023 年 TikTok 在臺灣共有 520 萬用戶，呈現持續成長的跡象，使用率達 35.2%，平均 3 人就有一位 TikTok 用戶，且有非常年輕化的趨勢，18 歲至 34 歲的用戶占了 6 成以上，八成的臺灣用戶是 45 歲以下的中青世代，顯然，TikTok 在臺灣的網路社群媒體市場是有一定程度的占有率，同時是增加

的趨勢，這勢必也會是影響著臺灣社會發展與價值認同。TikTok 對臺灣的影響同其他國家一樣，認為中共是可以直接控制 TikTok，要求配合宣傳及交出用戶資料。

各國為了因應中共可能透過數位工具進行對該國社會及政治的滲透，甚至蒐集資料以危害國家安全及社會穩定，紛紛採取各種防範及限制措施，例如美國已超過 20 個州限制公用設備安裝 TikTok 程式、印度已發布對內全面禁用等，臺灣也將 TikTok 列為「危害國家資通安全產品」禁止政府部門安裝及使用。不過，目前民主國家的因應對策恐怕只能達到治標的效果，對於臺灣社會的影響，無法限制一般民眾使用，就民主防禦的角度來看，難以發揮「治本」的作用，而這也是數位威權主權對外輸出，所產生對民主國家的侵害，這恐怕會是長期的挑戰，更不用說是對民主選舉的影響，民眾對形勢發展的判斷能力有限，在資訊爆炸的環境下，「短語音」及「簡易圖卡」的傳播，體現出民主脆弱的一面。

中共要介入臺灣選舉的邏輯大致有二，首先，交付「代理人」來打選戰，透過臺灣內部親中勢力，以及有意爭取政治資源的政黨組織，進行政治與選舉議題操作，藉由媒體及網路聲量，主導社會輿論的風向及主流觀點；其次是由中共交付「小粉紅」或創建「假帳號」進行宣傳及網路騷擾，甚至由官方直接「御駕親征」明言進行各種回應及壓制。

事實上，中共已言明要透過各種手段來干涉及介入臺灣 2024 年總統大選，例如全國政協主席、中共對臺工作第二把手王滬寧，據傳曾下達對臺工作任務，包括營造「兩制臺灣方案」的「民主協商元年」氛圍、緊扣「戰爭與和平」來影響臺灣輿論、樹立中國形象來增加臺灣民眾對中認同，顯然中共不再遮掩，直接表露介入臺灣選舉的動作，指導性的要點結合了介選目標，其中，「數位網路」是主要的核心策略之一。

早在 1999 年 11 月中共首次提出要建立「網軍」的概念，這是繼傳統的陸、海、空三軍及二砲之後的新軍種，主要任務是網路主權、網路作戰的任務，當時，中共解放軍也將訊息戰、駭客攻擊、網路攻擊等納入軍事演習範圍；從中共對臺操作網路戰的做法中，2016 年 12 月，解放軍空軍在微博上

張貼一張「轟-6K」的飛行照片，並宣傳該照片和玉山同框，當時在國內主流媒體及平臺引發熱烈討論，影響民眾對國家安全的信賴及恐戰心理。

中共對臺展開網路戰的手段，已超越過去傳統軍事作戰的時間與空間限制，又可以稱之為「無國界」或「無煙硝」的戰爭，據美國統計，臺灣自 2019 年開始，每月面臨來自中國的網路攻擊高達 20 萬次、甚至是 4000 萬次，顯見網路已是中共對臺統戰的重要工具之一。

而每當臺灣進入選舉階段，網路更是重要的選戰場域，中共當然不會缺席，尤其是針對中央層級的總統、副總統及立委選舉，更是中共傾全力對臺施壓，2024 年二合一選舉，中共網路攻擊的主要操作手法有兩個特性，首先是「形塑外部環境及氛圍」，在兩岸關係上營造軍事緊張、兵凶戰危的態勢，這是「認知作戰」的延伸，其次是「操作面」的手法，透過網路平臺將整體策略及氛圍發揮極致，將臺灣既有及已發生的新聞事件進行再製包裝，以各種渠道來加強散播，包括 YouTube、Instagram、Facebook、TikTok 等網路平臺。

值得留意的是，中共對臺介選網路操作的「載體」，簡易歸納可分成三種，包括成立大量假帳號、利用網紅名人及結合大數據運算等，社群媒體帳號來大量洗版，以及網紅名人帶風向，大數據演算來配合受眾群的喜好，精準推播訊息來影響認知。

第四節　結　語

從臺灣的角度來看，與其期待中國民主化，還不如思考如何鞏固臺灣民主不受到侵害，當主要民主國家開始關注中國的滲透，近鄰中國的臺灣更要居安思危，必須深思中國正再利用臺灣的民主制度，來進行影響政治運作與發展。臺灣作為全球民主國家對抗中國獨裁的第一線，應當善用自己的戰略地位，做好民主防衛的各種準備，這不單是確保臺灣的民主不受到侵害，更要藉此來對其他民主國家有所貢獻，當中國對自己的獨裁專制無法理直氣壯時，這場「民主」與「獨裁」的制度之爭，臺灣的重要性不言而喻。

　　長期以來推動民主改革的成效，再加上整體國際情勢變化，西方民主國家對中國威脅的擔憂，更重視臺灣民主政治的韌性與國家安全的強韌；此外，面對中國獨裁專制的威脅與干擾，臺灣要和相同價值觀的國家展開各層面的緊密合作，也對國際社會有所貢獻，臺灣的經濟、安全、民主鑲嵌在國際情勢之中，民主自由讓臺灣成為世界的臺灣，臺灣擁有強韌的國家韌性，世界看到了「一個更好的臺灣」。

　　當前的國際情勢正有走向「二元化」的趨勢，民主國家與專制國家之間的對峙越來越明顯，去年習近平向拜登強調「專制的競爭力」，以及拜登批評習近平「骨子裡根本沒有民主」，以美國為首的民主陣營，以及中、俄為核心的獨裁政體，政治制度與意識形態的壁壘分明，將會牽動未來國際政經發展，臺灣更無法置身事外，這不只是攸關著地緣政治情勢，更與臺灣的國家安全及國際關係息息相關，在民主與專制的價值選擇，臺灣沒有模糊空間，尤其不能存有左右逢源的僥倖心理。

　　中共對民主國家的滲透，成效如何並非單就選舉結果是否符合「北京的期待」，而是選後影響政治運作的可行性，說白的，倘若「親中勢力」能進入決策系統，成為民主政體中的「代理人」，這才是中共滲透民主國家的主要目的。當然，就最理想的狀況是行政、立法部門都是「自己人」，裡應外合才可以隻手遮天；但是，民主社會的反省，會讓這樣算計化為烏有，2014年太陽花學生運動讓中共深知物極必反的道理，中共對臺更偏重「製造內部矛盾」，朝野對抗反而更有利！

　　2016 年開始，中共不時對外表達不在意「臺灣的選舉結果」，這並非接受臺灣的民主運作，也不等於默認臺灣的主流民意，而是對於專制極權國家來說，從來不會正面看待民主價值，說白了，就中共務實的認知，「民主」只是「權力分配」的遊戲規則，所以獨裁的習近平才會臉皮厚的說自己也是「民主」，硬扯中國是「全過程民主」。換言之，對於 2024 年臺灣的中央選舉，縱然結果並不如北京期待，但仍是複製 2022 年地方選舉的操作手法。

　　中共必然會無所不用其極的介入臺灣選舉，而且進入選舉後期，介選的力道勢必越來越大，各種議題攻防會被放大，中共見縫插針的動作更加明顯

且毫無遮掩，都會伺機而動營造推波助瀾的效果，這都是中共對臺「認知作戰」的一部分，影響臺灣民主選舉是一場無煙硝的戰爭，選舉結果不只牽動臺灣政治局勢，更會是臺灣民主發展的重要轉折，換言之，中共介選不只是影響當下，而是關係到未來整體情勢。

臺灣需要加強國防、經濟安全、民主合作及維持區域穩定的戰略思維，正而這都本著「民主」的價值深化，換句話說，只有民主價值才是評判國家合作與關係的基礎，這也解釋了為何自 2016 年開始，許多民主國家與臺灣交流互動，因為民主自由將可以促進全球的和平穩定，這並非是過度的自我感覺良好，確實過去民主國家之間鮮少爆發戰爭。

在現實層面上，當然對臺灣來說「國家安全」相當重要，臺灣要避戰，不只是要維持現狀，以及不會成為民主陣營的麻煩者，而是要表現出「備戰」的能耐與決心，「必須做最壞的打算、做最好的準備」，而這除了是要提升自己的安全感，同時也是要讓中國深知侵略臺灣的成本並不低，以及向外表示「防衛國家」的意志，而這些確實都是臺海避免戰爭的重要環節，絕對不能因為懼怕戰爭而向中國妥協乞和，這反而會傷害臺灣的國家自主和民主結盟，對民主體制威懾的來源是中國，就全球民主發展的意義，讓臺海安全就是世界安全的認知更為明確。

從過往經驗的警示，香港在 1997 年主權回歸中國，就已步上不確定的道路，與其歸咎中共不守承諾的作為，還不如就此看穿與獨裁政權打交道的風險，臺灣除了同情香港的處境，也要從中理出對兩岸關係的客觀認識，中共對臺的文攻武嚇、經貿統戰、溫情喊話等都只是手段，不能因而臣服或輕信。

中共對臺的「網路戰」是一種複合式的策略，配合中共對臺政策再進一步包裝成可以操縱的「資訊戰」，例如 2022 年美國眾議院前議長裴洛西(Nancy Pelosi)訪臺、2023 年 4 月蔡英文總統出訪及 8 月賴清德副總統出訪，中共透過對發動軍演行動，同時結合「散布爭訊」、「大外宣」等手法加大「認知作戰」的力度，營造「瀕臨戰爭」的氣氛，網路就是一個重要的媒介。

　　對於中共來說，透過網路進行對臺灣政治發展的干預及滲透，最終的目的是為了改變臺灣民眾的政治認同，進而塑造有利於「促統」的環境，換言之，在數位化的時代，臺灣民眾已習慣從網路平臺來獲得資訊，同時也依賴各種簡短、醒目的訊息，中共也是藉由這樣的數位網絡，以及利用一般民眾查證訊息真偽能力受限的狀態下，展開各種訊息的包裝，這包括網路攻擊、散布假訊息等，同時也和立場親中的媒體合作，擴大訊息傳播的效果，甚至是營造可以操弄輿論的氛圍。

　　隨著 2024 年總統副總統、立委選舉投票逼近，中共對臺的動作勢必會越來越多，2019 年底，臺灣通過《反滲透法》讓「國安五法」更為完善，不過，由於網路具有多樣性且多變性，同時在民主自由的社會中，很難透過政府的強制力來限制民眾網路資訊的取得，再加上目前已進入選舉熱期階段，政府相關部會應當採取更嚴密的機制來防範中共介選動作，而中共對臺網路策略與手法並不會因為選舉結束而停止，臺灣必須採取不同階段的整體性規劃。

　　因應中共對臺採取網路戰，首先，短期內因應中共對於選舉的干涉與介入，政府部門應當擴大「因應情勢專案」機制的運作，全面性從各部會來提出針對各種訊息查證與對應；選舉結束後的中期階段，政府應當採取進一步的立法，可以參考美國國會《臺灣網路安全韌性法案》，透過立法來強化臺灣的網路資訊安全，這是國家安全的一部分；最後就長期來說，應當強化臺灣社會對於中共對臺統戰的危機意識，同時建構訊息查證系統的便利性，以提升民眾資訊判斷真偽的能力，這需要透過教育及社會等途徑來進行，國家與社會協作才能讓臺灣的國家安全及社會穩定長治久安。

新文京開發出版股份有限公司

NEW WCDP　新世紀・新視野・新文京 — 精選教科書・考試用書・專業參考書